선언

새사연 지식숲 시리즈 1.

사람 중심 사회로 가는 길

선언

박세길 지음

윤촌판

책을 읽으며 저자와 마주쳤던 몇 번의 만남을 떠올렸습니다.

한번은 2000년 남북정상회담을 앞둔 때였습니다. 당시 시민사회 운동 진영에서 300인 선언을 추진했는데, 그때 초안 작성을 책임진 사람이 저자였습니다. 저자의 초안은 큰 이견 없이 통과되었습니다. 다양성을 중요한 가치로 생각하는 시민 영역에서 300인이 모였는데 발표 선언문이 이처럼 쉽게 합의가 된 것은 이례적인 일이었습니다.

두 번째 만남은 2006년 무렵, 새로운 전망을 마련할 목적으로 내가 '희망제작소' 건립에 몰두하고 있을 때, 저자 또한 '새로운 사회를 여는 연구원' 설립을 추진하고 있었습니다. 반가운 마음으로 서로의 문제의식을 나누었습니다. 우리 두 사람은 기존 진보운동을 지배하고 있던 콘텐츠로는 새로운 미래를 기약할 수 없다는 데에 생각을 같이 했던 것 같습니다.

우리는 '다른 결과를 원하면서 같은 방법을 반복하는 것은 어리석은 짓이다'라는 아인슈타인의 말처럼, 각자 한국 사회의 '다른 결과를 위한 다른 방법'을 찾고 있었습니다.

최근 어느 모임자리에서 저자의 발표를 들을 수 있는 기회가 있었습니다. '역사의 변곡점, 창조경제, 시대정신, 사람 중심, 생태계 기반' 등의 용어가 기억에 오래 남았습니다. 늘 안주하지 않고 새로운 시대의 문제에 응답하기 위해 노력하는 '시대혁신가' 박세길의 '선언'에 먼저 반가운 마음이 들었습니다.

'선언'은 논리적 일관성과 통일성에서 읽는 사람을 강하게 사로잡습니다. 부분적인 이견이 있더라도 전체적인 기조에는 동의할 수밖에 없도록 만드는 힘이 있습니다. 분야별로 제시한 대안도 추상적 개념에만 의존하지 않고 생생한 현장 사례를 기반으로 한 것입니다. 특히 새로운 연결의 시대에 '집단 지성'을 통한 사회 변화를 이야기하는 대목은, 자칫 관념으로만 흐를 수 있는 참여와 민주주의 문제에 다시금 생기를 불어넣어 주고 있습니다.

세월이 흐르다 보면 상상력도 녹슬고 언제나 하던 방식을 고집하며 살게 마련입니다. 그럼에도 늘 깨어 있고자 노력하는 저자는, 새로운 변화를 사회문제 해결을 위한 중요한 계기로 삼기 위해서 배우기를 멈추지 않습니다. 그리고 이 책은 그 배움의 성과입니다.

희망을 포기하지 않으면 결국 세상은 바뀐다는 것을 박세길의 '선언'은 선언하고 있습니다. 그래서 그의 '선언'은 동사입니다.

박원순 (서울특별시장)

역사의 계절이 바뀌면
사상의 옷을 갈아입어야 한다

이 책은 새로운 사회를 향한 꿈을 담은 것이면서 동시에 내 인생의 꿈이 고스란히 담긴 것이기도 하다. 새로운 사회의 비전을 찾아보자는 것이 지난 수십 년 내 삶을 지배한 가장 큰 꿈이었기 때문이다.

새로운 사회 비전 찾기라는 소박한(?) 꿈을 갖게 된 게 1992년이니 벌써 오래 전 일이다. 서른을 갓 넘은 팔팔하게 젊은 시절이었다. 당시 사회주의 지향이 강했던 진보 진영은 소련 사회주의 체제의 붕괴 여파로 극심한 사상적 혼란을 겪고 있었다. 나 역시 크게 다르지 않았다. 그 무렵 피터 드러커의 『자본주의 이후의 사회』라는 책이 번역 출간되었다. 책 내용 중에 선진국 대부분이 탈자본주의 사회로 진입하고 있다는 구절이 일순간에 나를 매료시켰다.

미래 사회를 엿보고 싶은 강한 호기심은 끝없는 탐구 욕망을 자극했고 결국 내 인생 행로 전체를 규정짓고 말았다. 그런데 새로운 사회 비전을 찾는 일은 처음 생각했던 것과는 비교도 할 수 없이 어렵고도 힘든 작업이었다. 어쩌면 그것은 무모하기 짝이 없는 목표였는지도 모른다.

2005년 무렵부터는 뜻 맞는 동료들과 함께 새로운 사회 비전을 좀 더 조직적이고 체계적으로 탐구할 연구단체 결성을 추진했다. 그렇게 해서 만들어진 것이 '새로운 사회를 여는 연구원'(새사연)이었다. 새사연 활동은 그동안 내가 유지해왔던 낡고 고루한 사유의 틀을 무참하게 무너뜨렸다. 더불어 나의 지식 기반이 얼마나 취약한지를 통렬히 깨닫게 만들었다. 이 과정이 없었다면 오만과 독선에 사로잡힌 채 여전히 낡은 틀 안에서 고루한 사색만을 반복했을 것이다.

문제는 낡은 사고의 붕괴 이후 새로운 사고 틀을 갖추기까지 너무 많은 시간이 소요되었다는 점이다. 나는 심리적으로 좌절했고 막다른 골목으로 내몰렸다. 2007년 가을부터는 모든 것을 포기하고(새사연과도 이별했다) 오직 새로운 사회 비전을 찾는 데만 골몰했다. 인생을 건 것이다. 이후에도 몇 걸음 옮기다 쓰러지기를 끝없이 반복했다. 그래도 훌훌 털고 일어나면 손 안에 무언가가 쥐어져 있었다. 그것은 '명제'였다. 가령 소련 사회주의 체제 탐구를 통해 "국가가 모든 것을 책임지고 국가에 모든 것을 의존하는 국가사회주의는 대안이 아니다."라는 명제를 얻을 수 있었다. 이런 식으로 필요한 명제들이 차곡차곡 쌓여갔다. 2015년 하반기에 이르러서는 난제 중의 난제였던 실행 전략 문제도 해결의 실마리를 찾을 수 있었다.

이 시기에 노력을 기울였던 또 다른 문제는 청년의 관점을 획득하는 것이었다. 청년의 시선으로 세상을 보고 사고할 때만이 답을 찾을 수 있다고 생각했기 때문이다. 청년의 순수한 열정이 아니라면, 현재를 뛰어넘는 새로운 미래를 탐색하는 것은 불가능하다고 여겼다. 50대에 접어드는 시점에서 나 자신을 거꾸로 뒤집는 지극히 어려운 과정을 거쳤다.

2016년 초, 나는 새사연과 다시 결합했다. 제대로 책임지지도 못한 채 말없이 떠났던 곳이 세상으로의 복귀 무대가 된 것이다. 원망의 대상일 수밖에 없었을 텐데 다시 받아준 점이 무척 고마웠다. '선언'은 그 보답으로 이루어진 나의 첫 작업 결과다. 다행스럽게도 나는 '선언' 작업을 진행하면서 애초 계획보다 앞당겨 그간의 탐구 과정을 결산할 수 있었다. 축복이 아닐 수 없다.

기존 사상으로부터의 독립 선언

새로운 사회 비전을 찾아가는 과정은 필요한 명제를 차곡차곡 쌓아가는 과정이었지만 끊임없이 기존 틀을 깨고 나오는 과정이기도 했다. 나를 지배해온 기존 사상 체계와의 험난한 혈투의 연속이었다.

젊은 시절(지금도 여전히 젊다고 생각하지만) 나는 진보적인 다양한 사상을 편력했다. 그중에서도 부익부 빈익빈의 자본주의를 대체하는 사회주의는 가장 분명한 대안이었다. 사회주의의 아시아적 변형이었던 중국의 마오이즘이나 북한의 주체사상 역시 그 연장선에서 진지한 탐구 대상이 되었다. 나는 이들 사상이 지닌 긍정적 요소를 흡수하기 위해 부단히 노력했다. 그러면서 한 순간도 긴장 관계를 풀지 않았다.

1991년 소련 사회주의 붕괴는 사상 환경에 근본적인 변화를 야기했다. 사회주의에 몸담았던 대열이 썰물처럼 빠져나갔다. 사회주의를 보는 사회적 시선 또한 싸늘하기 그지없었다.

하지만 나는 사회주의를 포기하지 않았다. 다만 그것을 넘어서기 위해 치열하게 노력했을 뿐이다. 일각에서는 사회주의를 고수할 것인가 포기할 것인가를 고민했지만, 나는 안주할 것인가 넘어설 것인가의 문제로 보았다. 나는 사회주의라는 인류 사상의 성취 지점에서 뒤로 물러서는 것이 아니라 앞으로 나아가고자 했다.

그로부터 고통스런 성찰과 탐색이 뒤를 이었다. 내가 어떤 틀에 갇혀 사고하고 있는가, 그 틀은 적합한가를 고민했다. 변화하는 현실을 있는 그대로 관찰하기 위해 노력했다. 한 예로 IT와 벤처기업 세계를 깊숙이 파고들었고 그로부터 많은 영감을 얻을 수 있었다.

분명한 것은 과거 내가 생각했던 것 이상으로 현실 세계가 빠르게 변화하고 있었다는 사실이다. 좀 더 정확히 이야기하면 역사 자체가 전혀 다른 국면인 탈산업사회로 진입하고 있었던 것이다.

모든 사상은 시대 상황을 반영하며 궤적을 그린다. 시대 상황과 무관한 사상은 관념일 뿐이다. 사회주의 역시 이로부터 자유로울 수 없다. 지난날 사회주의는 매우 진보적인 사상이었지만 어디까지나 산업사회의 산물이었다. 긴 역사적 맥락에서 보면 과거형일 수밖에 없었던 것이다.

역사의 계절이 바뀌면 사상의 옷을 갈아입어야 한다.

'선언'은 내가 편력했던 기성의 모든 사상 체계로부터의 독립 선언이다. 역사를 조각한 위대한 사상가들에게 막대한 빚을 지고 있지만 더는 그들을 추종하지 않기로 한 것이다. 매우 소박한 수준이지만 나는 사회주의를 넘어서는 새로운 지점에 가까스로 발을 내디딜 수 있었다. '선언'의 목표는 사상의 역사에서 새로운 막을 올리는 데에 작은 디딤돌을 놓는 것이다.

진정으로 원하는 것은 모든 사람이 함께 노력해 이 디딤돌을 딛고 더 높은 단계로 나아가는 것이다. 새로운 사상의 정립은 낡은 사상과의 치열한 투쟁을 수반할 수밖에 없다. 참으로 새로운 것이 등장하기 이전에는 낡은 것이 새로운 것 행세를 한다. 그럴 때 '선언'이 새로운 것과 낡은 것을 판별하는 기준 정립에 일조하기를 원한다.

그리하여 내가 사는 이곳에서 새로운 시대를 이끌고 갈 새로운 사상이 태동하기를 간절히 염원한다.

집단 지성에 대한 믿음

'선언'은 현실 변화를 규명하고 대안을 탐색하기 위한 새로운 이론 틀이다. 새롭다는 점은 큰 장점이지만 동시에 심각한 단점이 될 수도 있다. 많은 사람이 변화와 혁신을 뒷받침할 새로운 이론 틀을 원하지만 정작 새로운 것이 나타나면 선뜻 받아들이지 못하고 거부감을 보인다. 새로운 것은 낯설고 위험해 보이기 때문이다.

어쩌면 '선언'은 이단의 성격이 강할지도 모른다. 이단은 종종 배척의 대상이 되어왔다. 매우 낯설고 이질적이며, 기존 신념 체계를 흔드는 불편함을 안겨주기 때문이다. 하지만 지나온 역사는, 모든 변화와 혁신은 기성의 것과 결별한 이단으로부터 시작되었음을 알려준다. 문자 그대로 모든 혁명은 이단이었다. 그런 점에서 '선언'이 이단으로 간주되더라도 나는 두려워하지 않을 것이다.

내가 이런 관점을 밝힐 수 있는 것은 독자들에 대한 믿음이 있기 때문이다. 나는 대부분의 독자들이, 익숙한 것인가 낯선 것인가를 참 거짓의 판별 기준으로 삼지 않을 것이라 믿는다. 역사가 새로운 국면으로 진입하는 시기에는 익숙한 세계에 갇혀 있을수록 시대 흐름에 뒤처질 가능성이 크다. 그러니 객관 현실 변화를 정확히 반영하고 있는가, 그리고 논리적 정합성(일관성과 통일성)을 갖추고 있는가를 기준으로 내용의 참 거짓을 판별해줄 것을 바란다. 아울러 기존 틀로 새로운 내용을 판단하고자 고집하지 않을뿐더러 새로운 내용에 비추어 기존 틀의 적합성까지도 따져보는 개방성을 보일 것이라 믿어 의심치 않는다.

물론 '선언'이 제시한 이론 틀이 최종 해답이라고 단언하는 것은 결코 아니다. '선언'은 수많은 쟁점을 품고 있다. 해명한 것보다 해명해야 할 것이 훨씬 많은, 기나긴 탐색의 과정 중 일부를 보여주고 있을 뿐이다. 이 같은 한계에도 불구하고 서둘러 내놓는 것은 적어도 최종 해답을 찾아가는 과정에서 징검다리 역할은 할 수 있을 것이라는 어느 정도의 확신이 있어서이다. 혼돈의 시대에 출구를 찾는 데 의미 있는 기여를 할 수 있을 것이라는 판단에서이다. 그리고 1997년 외환위기 이후의 기나긴 겨울을 벗어나 '진보의 새봄'을 여는 데 도움이 될 것이라고 기대한다.

이런 기대를 가질 수 있는 건 나름대로 믿는 구석이 있기 때문이다. 그것은 '집단 지성의 힘'이다. 적지 않은 사람이 다양한 현장에서 대안의 세계를 열기 위해 지난한 실험을 거듭해왔다. 황무지를 옥토로 개간해 새로운 진보의 씨앗을 뿌리고 가꾸기를 거듭한 고된 농사의 과정이 있었다. '선언'이 담고 있는 새로운 사회의 메시지는 전적으로 그러한 노력에 의존하고 있다. '선언'의 임무는, 새로운 실험이 틔워낸 싹의 의미를 해석하고 보편적 언어로 기술하는 것이었다. '선언'은 결코 책상머리에서 고안된 것이 아니다.

그리고 '선언'은 다시금 현장에 뿌리를 둔 집단 지성에 의해 냉엄한 검증 과정을 거칠 것이다. 이 과정에서 '선언'이 지닌 약점과 한계 또한 극복되고 보완될 것이라 믿는다. '선언' 이후 내가 풀어야 할 과제 또한 집단 지성에 의해 주어질 것이고, 나는 집단 지성과의 교감 속에서 발전할 것이다.

사회운동에 발을 담근 이래 나는 시종일관 현장을 교과서 삼고 대중을 스승 삼아 지금까지 살아왔다. 현장 속에 길이 있고 대중 속에 답이 있다는 것은 위기의 순간마다 빛을 발해온 절대적 진리였다. 앞으로도 나는 이 원칙을 변함없이 간직하고 살아 나갈 것이다.

'강요된 숙명론'을 끊는 칼이 되기를!

'선언'을 발표하는 이 순간, 만감이 교차하는 중에도 가슴 깊이 소박하면서도 뜨거운 열망 하나가 들끓고 있다.

1990년대 초로 되돌아가 미래의 모습을 상상해보자. 1인당 국민소득이 3만 달러를 넘어섰다. 아파트가 일반적인 주거 공간으로 자리 잡았고, 자가용 승용차가 보편화되었으며, 스마트폰이 거의 모든 생활의 편의를 돕는다. 해외여행도 누구나 누릴 수 있는 일이 되었다. 세계적 수준에 오른 한국 가요와 영화, 각종 공연은 사람들에게 보고 즐길 거리를 풍성하게 제공한다.

2016년의 현실은 1990년대의 상상 그 이상이다. 그런데도 삶의 질은 도리어 악화된 느낌이다. 세상은 너무나 각박하고 삶을 짓누르는 무게는 숨 쉬기조차 버겁다. 특히 외환위기 이후 구조적 모순이 집중 전가된 청년세대의 현실은 지옥이나 다름없다. 우리는 오늘날의 현실에서 사회 구조적 모순이 삶의 질에 어떤 영향을 미치는지를 극명하게 확인할 수 있다.

참으로 고통스러운 것은 고통스런 현실 그 자체보다 거기서 벗어날 수 없다는 절망감이다. 고통스러운 삶을 무조건 받아들이라고 하는 '강요된 숙명론'이야말로 고통의 진짜 실체인 것이다. '선언'은 바로 이 강요된 숙명론의 사슬을 끊어내기 위해 노력할 것이다. 따라서 '선언'은 우리가 살고 있는 현실과 그에 결박된 삶이 유일한 선택지거나 벗어날 수 없는 숙명이 아니라는 것을 보여주고자 한다. '선언'은 또한 우리 시대에 새로운 세계가 펼쳐질 수 있으며, 우리의 삶을 완전히 새롭게 구성할 수 있음을 입증하고자 한다. '선언'이 강요된 숙명론을 끊는 칼이 되기를 바란다.

그동안 수많은 현장에서 혼신의 힘을 다해 투쟁해온 사람들이 있다. 그들은 오직 사람에 대한 따듯한 마음 하나로 더 나은 미래를 열기 위해 가난과 역경을 견디어왔다. 그들이야말로 이 시대의 희망이다. '선언'이 그들의 확신과 열정에 조금이나마 보탬이 된다면 세상에 나온 보람은 충분하다 할 것이다.

스스로 희망이고자 하는 사람들을 받들어
박세길 합장

[차례]

돈의 노예가 된
대한민국

햇빛이 환한 대낮에는 사물이 또렷이 보인다. 하지만 시간적으로는 현재, 공간적으로는 가시거리 안에서만 보일 뿐이다. 반면 어둠이 깔리고 밤이 되면 광대한 우주가 펼쳐진다. 수백 수천 광년 너머의 별들이 쏟아져 들어온다. 기나긴 세월 쉼 없이 달려온 그 별빛에서 우리는 까마득히 먼 과거를 본다. 지금 우리가 보는 북극성의 별빛도 실은 400여 년 전에 반짝였던 것이다. 인식은 오히려 어둠에 힘입어 끝없이 뻗어간다. 어둠은 인식의 장애물이 아니라 해방자인 것이다. 미네르바의 올빼미가 황혼녘이 되어서야 날갯짓을 하는 것도 이 때문이다.

한 사회가 그런대로 유지될 때 지식인의 사고는 그 사회를 좀체 뛰어넘지 못한다. 웬만하면 그 사회의 틀 안에서 문제점을 찾고 해법을 구하고자 고심한다. 지식인의 사고가 기존 사회의 틀을 벗어나는 때는 그 사회 위로 어둠이 내려앉는 황혼녘이다. 외환위기 이후 우리 사회를 집어삼켰던 신자유주의의 본질을 인식하는 데서 한국의 지식인들은 미네르바의 올빼미와 같았다. 그로부터 빚어진 비극의 역사를 돌아보면서 지금 우리는 어디에 서 있는지 짚어보자.

1
민주 정부 10년과
신자유주의

참으로 어이없는 사기극이 백주 대낮에 온 세상을 덮쳤다. 돌이켜보면 매우 교묘하기는 했지만 실상 유치하기 짝이 없는 사기극이었다. 그런데도 세상을 한 손에 쥐고 흔들던 엘리트 집단 대부분이 그 사기를 대세라 판단해 적극 추종하고 편승했다. 믿어지는가?

1997년 외환위기를 계기로 한국 사회는 일순간에 신자유주의의 광풍 속으로 빨려 들어갔다. 한국 사회 엘리트 집단들은 신자유주의를 의심할 여지없는 시대의 대세로 받아들였다. 몇 가지 이유가 있었다.

먼저 소련 붕괴 이후 일극 체제의 정점에 선 미국을 본고장으로 한다는 점이 지식인들의 사고를 압도했다. 게다가 미국 경제가 신자유주의 체제로 완전히 진입한 1990년대 10년 동안 사상 최고의 호황을 누렸다는 사실은, 신자유주의호가 곧 성공 열차라는 믿음을 갖게 했다. 외환위기 이후에 정부를 담당한 주역은 과거 독재정권에 맞서 민주화투쟁을 전개한 사람들이었다. 그들은 반독재투쟁 과정에서 국가의 개입과 통제에 대한 거부감을 체질화하고 있었기에 국가의 개입을 거부한 신자유주의에 쉽게 동화되었다. 결국 김대중·노무현 정부는 신자유주의로 치달았고, 한국인 대부분은 별다른 의심 없이 신자유주의 열차에 몸을 싣게 되었다.

거품 위의 신경제

그토록 많은 사람을 홀린 신자유주의의 정체는 무엇이었던가? 흥미롭게도 이에 대한 결정적인 해답을 준 곳도 다름 아닌 신자유주의의 본고장 미국이었다. 결론부터 이야기하면 신자유주의는 금융자본의 이익을 극대화하는 데 최적의 환경을 조성해주는 것이었다.*

　신자유주의는 금융자본이 기업을 점령해 자유롭게 이윤을 추출하도록 보장했다. 금융자본은 기업의 주주로 변신했고, 기업은 주주

---

* 신자유주의를 전 지구적으로 확장하기 위한 전략이 함께 추진되었고, 이를 가리켜 흔히 신자유주의 세계화라고 부른다. 신자유주의 세계화 전략은 시기와 적용되는 나라에 따라 다소 차이가 있지만 기본적으로 다음과 같은 요소를 지닌다.
　첫째, 투자 공간을 전 지구적으로 확장한다. 이를 위해 기존 국민국가 단위의 장벽을 허물고 세계 시장을 하나로 통합한다. 둘째, 사적 자본의 활동을 제약하던 국가의 기능을 축소 혹은 철폐한다. 각종 규제는 폐지해야 하고 공기업은 민영화하며 재정적자 해소를 위해 사회복지 부문은 전면적으로 축소한다. 국가는 더 이상 시장 위에 군림하여 조절하고 통제하는 존재가 되어서는 안 된다. 셋째, 노동의 유연화를 통해 이윤율을 최대한 끌어올릴 수 있어야 한다. 노동력은 더 이상 국가의 보호 대상이 아니라 자유롭게 구매하고 처분할 수 있는 상품의 하나로 간주해야 한다. 무엇보다도 대대적인 인원 감축과 노동강도의 강화, 비정규직으로의 전환을 자유롭게 추진할 수 있어야 한다.

의 이익을 최대로 증가시키는 데(고상하게 주주가치의 극대화라 한다) 초점을 맞추어 움직였다. 주주자본주의는 이를 가리키는 용어였다.

미국 기업 경영자들이 주주 이익을 증대시키기 위해 동원한 대표적인 수단은 지속적인 구조조정, 자사주 매입, 초고배당, 장기기술개발투자 억제 등이었다. 이러한 수단들이 동원된 덕분에 미국 종합주가지수는 1990년대 10년 동안 지속적으로 상승했다. 지속적인 주가 상승은, 소득 증가 – 소비지출 확대 – 기업 매출과 이윤 증가 – 주가 상승이라는 선순환 구조를 가능하게 했다. 미국 경제는 전례 없는 호황을 구가했다. 지식인들은 이 새로운 현상에 대해 '신경제'라는 호칭을 부여했다. 하지만 신경제의 성공 속에는 무서운 함정이 도사리고 있었다. 지속적인 주가 상승을 뒷받침한 수단은 공통적으로 기업 가치를 약화시키는 요인들이었다. 되풀이되는 구조조정은 종업원의 충성심과 작업 집중력을 약화시켜 노동생산성 저하로 이어졌다. 자사주 매입과 초고배당은 기업의 투자 능력을 약화시켰다. 장기기술개발투자 억제는 그 자체로 기업 경쟁력 약화를 초래했다.

주가를 결정짓는 기본 요소는 기업 가치인데, 주가 상승을 위한 다양한 시도는 미국 기업의 가치를 상대적으로 약화시켰다. 그런데도 주가는 지속적으로 상승했다. 이는 기업 가치와 주가 사이의 간격이 더 벌어졌음을 의미한다. 과연 그 간격을 채운 것은 무엇이었을까? 바로 거품이었다.

1990년대 미국 경제 호황은 그 거품을 바탕으로 한 것이었다. 거품은 때가 되면 반드시 꺼지기 마련이고 실제로도 그랬다. 2000년 4월, 주가가 대폭락을 시작한 것이다. 주가 대폭락으로 단 하루 만에

1조 달러가 허공으로 사라지기도 했다. 미국 경제가 통째로 붕괴될 수도 있는 위기 상황에서 연방준비제도이사회(FRB)가 구원투수로 나섰다. 그 결과 한 해 동안 금리가 무려 11차례나 인하되면서 엄청난 자금이 시중으로 풀려나갔다. 위기는 가까스로 수습되었다.

고도의 금융 사기극─서브프라임 사태

신자유주의 1막은 주가 대폭락과 함께 종료되었다. 하지만 그 이후 미국 사회를 막장으로 몰고 가는 2막이 시작되었다.

초저금리로 시중에 돈이 풀리자 일반 시민을 대상으로 한 주택담보대출이 크게 인기를 끌었다. 자연스럽게 대출업체가 우후죽순으로 생겨났는데, 이들 대출업체들은 대출 원리금을 직접 환수하지 않았다. 자신들은 수수료만 챙기고 '대출 원리금 상환청구권'은 투자회사에 팔아넘겼다. 투자회사에는 이런 식으로 각지에서 넘어온 청구권이 산더미처럼 쌓였다. 청구권은 대출자 신용 상태에 따라 종류가 달랐다. 신용이 높은 경우는 이자가 낮았고 신용이 낮은 경우는 이자가 높았다. 서브프라임이라는 것은 그중 저신용자 등급을 가리킨다.

투자회사에서는 이들 청구권을 대출자 신용을 기준으로 크게 상중하 세 등급으로 나눈 뒤 패키지로 묶었다. 그런 다음 이것을 고객들에게 판매했는데 이것이 바로 파생금융상품이다. 파생금융상품을 구입한 고객 중에는 일반 금융기관도 있고 헤지펀드나 개인 투자자도 있었다. 은행은 지불준비금으로 파생금융상품을 구입하면서 안전조치의 일환으로 위험대비보험에 가입했다.

수수료로 수익을 올리던 대출업체 입장에서는 대출자가 원리금을 상환하느냐 여부는 전혀 상관이 없었다. 그들은 무조건 대출을 많이 줘서 수수료를 챙기는 게 이익이었다. 그래서 시가의 100퍼센트까지 주택담보대출을 해준 것은 물론이고 주택담보 능력이 충분하지 않은 사람들에게도 대출을 해주었다. 그 결과 고위험 원리금 상환청구권의 비중이 너무 높아졌고 덩달아 위험대비보험도 증가했다. 보험 가입 신청이 쇄도하자 보험회사들은 담보 능력을 무시한 채 보험을 받아주었다. 이렇게 해서 먹이사슬로 복잡하게 얽혀 있는 금융 생태계 전체에 위험성이 증가하기 시작했다.

미국 시민들은 대출을 받아 새 집을 샀다. 너도나도 집을 사니까 집값이 올랐고 주택 건설 붐이 일어나면서 미국 경제 전체가 흥청거렸다. 시민들은 값이 오른 집을 팔아 대출금도 갚고 프리미엄도 챙길 수 있었다. 문제는 집값이 영원히 오를 수 없다는 데 있었다. 집값이 일정한 한도를 넘어서면 더 이상 구매자가 생기지 않는다. 그 순간부터 수요가 사라지면서 집값이 급격히 떨어진다. 실제로 그런 일이 벌어진 것이다. 부동산 시장에 형성되었던 거품이 꺼지기 시작했다.

집값이 폭락하기 시작하자 신용 등급이 낮은 사람들이 직격탄을 맞았다. 집을 팔더라도 대출금을 상환할 수 없는 상황이 된 것이다. 결국 이들은 집은 집대로 날리고 파산자 신세가 되어 거리에 나앉았다. 그리고 대출금 상환이 어려워지자 청구권을 바탕으로 만들어진 파생금융상품들도 일거에 휴지조각으로 전락하고 말았다. 다급해진 은행들은 앞다투어 보험사로 몰려갔다. 하지만 담보 능력을 초과해 보험을 받은 보험사들은 제대로 응할 수 없었다. 세계를 떠들썩하게 했던 '서브프라임 사태'가 터진 것이다.

서브프라임 사태가 발생하자 금융 생태계 먹이사슬이 잇달아 파열되면서 위기의 쓰나미가 초거대 금융기관들을 덮치기 시작했다. 초거대 금융기관이 차례로 무너져 내리면서 대규모 투자자뿐만 아니라 일반인들까지 거덜이 났다. 2008년 한 해 동안 글로벌 금융위기로 인한 미국 가계의 손실은 총 11조 달러에 이르렀다. 금융위기의 파괴적 영향은 미국에만 머물지 않고 전 세계로 퍼져 나갔다. 2008년 9월, 미국발 금융위기로 인해 세계 주식시장은 대략 20조 달러 이상의 손실을 보았다. 이는 2007년 전 세계 GDP 46조 달러의 거의 절반에 해당하며, 미국과 EU의 1년 GDP와 맞먹는 엄청난 액수였다. 전 세계가 1년 동안 힘들여 생산한 부의 절반 정도가 금융위기를 거치며 한 방에 날아간 것이다.

그동안 월가의 금융기관들은 돈이 돈을 번다는 환상을 연출하기 위해 첨단 금융기법을 총동원했다. 하지만 두 차례의 금융위기를 거치며 실체가 드러났듯이 신자유주의는 전 세계를 무대로 한 고도의 금융 사기극이었을 뿐이다. 한국의 엘리트 집단은 탄성을 연발하며 기꺼이 그 사기극의 추종자가 되었다. 물론 진보 진영 일각에서는 시종 신자유주의 반대를 외친 이들도 있었다. 하지만 그 정체를 폭로하는 데는 실패했으며 대안을 제시하지도 못했다.

2008년의 글로벌 금융위기로 신자유주의는 대세의 자리에서 물러나 뚜렷하게 몰락의 길을 걸었다. 고통스런 성찰과 고백이 뒤를 이을 거라는 기대가 높았다. 그러나 아직까지도 제대로 된 성찰과 고백을 들은 기억이 없다. 성찰이 따르지 않는 역사는 과오를 반복한다. 그 끝은 과연 무엇일까.

돈 중심 사고와 세월호

외환위기 이후 10년 동안 한국 사회는 신자유주의 광풍 속에 철저하게 길들여졌다. 사람들의 사고와 사회 메커니즘 모두 신자유주의 독소에 중독되었다. 그러한 중독 증세는 2008년 이후 신자유주의가 몰락의 길을 걷는 중에도 쉽게 치유되지 않고 오랫동안 지속되었다.

신자유주의는 승자독식을 옹호한다. 신자유주의 세계에서 승자독식은 비난의 대상이 아니라 찬사와 추앙의 대상이었다. 이러한 분위기를 타고, 재벌을 중심으로 한 기득권 세력은 승자독식의 탑을 스스로도 감당하기 어려울 만큼 거대하게 쌓아올렸다. 그 결과는 과잉축적으로 마땅한 투자 기회를 못 찾아 거리를 배회하는 900조 원이 넘는 부동자금과, 재벌 대기업 안에 쌓인 천문학적인 규모의 사내유보금으로 나타났다. 2008년 이후 5년간 20대 대기업의 사내유보금은 322조 4490억 원에서 588조 9500억 원으로 두 배 가까이 늘어났다. 2008년 이후에도 승자독식이 지속되었음을 입증하는 증거이다.

> 신자유주의는 승자독식을 옹호한다.
> 신자유주의 세계에서 승자독식은
> 비난의 대상이 아니라 찬사와 추앙의 대상이었다.

승자독식은 사회의 양극화를 심화시켜 반대편에는 거대한 빈곤의 탑을 쌓아올렸다. 대표적인 예가 2016년 현재 1200조 원을 넘어선 가계부채이다. 가계부채 누적은 가처분소득을 감소시켜, 소비지출 감소 – 내수 시장 축소 – 기업 매출의 상대적 감소 – 소득 감소 – 가계부채 증가로 이어지는 악순환의 연쇄를 만들었다. 다시 말해 나날이 불어나는 가계부채는 한국 사회 전체를 일시에 파멸로 몰고 갈 수도 있는 뇌관으로 부상하고 있는 것이다.

신자유주의는 또한 철저하게 돈을 중심으로 세상을 보게 한다. 이는 신자유주의의 주인공인 금융자본이 자신을 중심으로 세상이 돌아가도록 만들면서 나타난 필연적 결과였다. 돈 중심 사고가 세상을 지배하면서 더 빨리 더 많이 더 쉽게 돈을 버는 사람은 찬사의 대상이 되고, 그렇지 못하면 열등한 인간으로 취급받았다. 돈에 절대적 가치가 부여되면서 방법과 수단은 전혀 문제가 되지 않았다. 돈을 벌기 위해서라면 무슨 짓을 해도 된다는 풍조가 널리 퍼졌다.

그러한 풍조는 2008년 금융위기 이후에도 쉽게 치유되지 않은 채 지속되었다. 돈 중심 사고는 사람들의 도덕 감각을 마비시켰다. 안전불감증은 그 결과로 나타난 한 현상이었다. 즉 돈 중심 사고가 본질이자 원인이고 안전불감증은 그 결과였을 뿐이다. 언론에서는 좀처럼 치유되지 않는 우리 사회의 안전불감증을 두고 한탄을 늘어놓았지만, 돈 중심 사고가 사람들을 지배하는 한 결코 사라지지 않을 것이다.

2014년 4월 16일, 세월호 참사가 발생했다. 그 참사의 배경을 추적하다 보면 돈의 노예들이 벌였던 역겨운 장면이 끝도 없이 이어진다.

그 저주스런 탐욕에 수많은 꽃다운 생명이 차가운 바닷속에 희생양으로 내던져졌다. 어린 학생들이 이해할 수 없는 죽음을 맞이하던 순간부터 우리는 고개조차 들 수 없는 죄인이 되었다. '4.16'은 모두의 가슴 위에 새겨진 주홍 글씨이다.

신자유주의는 또한 철저하게 돈을 중심으로 세상을 보게 한다. 이는 신자유주의의 주인공인 금융자본이 자신을 중심으로 세상이 돌아가도록 만들면서 나타난 필연적 결과였다.

희생자들은 어쩌면 자신들의 죽음으로, 외환위기 이후 사람들의 삶을 뒤틀리게 만들었던 낡은 한 시대가 마감되기를 갈망했을지 모른다. 마치 1980년 5월 광주의 희생자들이 자신들의 죽음으로 독재 시대가 마감되기를 갈망했던 것처럼 말이다. 그런 희생자들 앞에서 떳떳해지는 길은 그 갈망에 응답하는 것뿐이다. 2014년 4월 16일은 새로운 시대를 만들어가는 출발선이 되어야 한다.

2
돈 중심
운영체제의 위기

2014년 4월 16일이 새로운 시대를 향한 출발선이 되어야 한다는 것은 결코 감상적 요구가 아니다. 세월호 참사가 발생한 때는, 한국 사회가 기존 틀 안에 갇혀 있다가는 매우 위험한 상황에 처할 것이라는 사실이 명확해지는 시점이었다. 요컨대 세월호 참사를 계기로 한국 사회의 운영 틀과 기조가 획기적으로 바뀌어야 한다는 것은 객관적 요구가 되었다.

한국 경제의 경쟁력 약화 요인

무엇보다 나날이 심화되는 한국 경제 위기가 심상치 않다. 한국 경제 성장률은 바닥을 기고 있다. 연간 3퍼센트 수준을 유지하기도 쉽지 않은 상황이다. 수출과 수입이 덩달아 주는 데다 이제는 기업 매출마저 줄고 있는 실정이다. 2014년 국내 전체 기업의 매출은 2231조 원이었는데 이는 2013년 2257조 원보다 1.2퍼센트 감소한 것이다. '주식회사 한국'의 연간 매출액이 줄어든 것은 통계청이 조사를 시작한 2006년 이후 처음이다. 2008~2009년 글로벌 금융위기의 여파로 세계 경제가 극도로 경색되었을 때조차도 없었던 일이다.

표면상 이유로 가장 쉽게 꼽는 것은 중국 부메랑이다. 1990년대부터 중국은 새로운 기회의 땅이었다. 중국과의 교역 및 투자 급증은 한국 경제의 지속적인 성장을 떠받쳐온 가장 큰 동력의 하나였다. 이러한 분위기에 편승해 다수 한국 기업이 중국에 현지 법인을 설립했다. 그러나 중국인들은 영악했다. 한국 기업에 취업한 중국인들은 우수한 생산기술을 완벽하게 소화한 뒤 자신들이 기업을 설립했다. 그러고는 세계 시장을 향해 나갔다. 시간이 흐르면서 중국 기업은 가격은 물론 기술력까지 한국을 능가했다. 중국의 공세 앞에서 한국 기업들은 맥없이 시장을 내주어야 했다. 그동안 한국의 수출을 이끌어온 주요 부문이 이러했다.

하지만 이는 어디까지나 표면적 이유일 뿐이다. 문제의 근원은 한국 경제의 경쟁력 약화에 있었다. 한국 경제의 경쟁력이 지속적으로 상승했다면 중국의 추적은 충분히 뿌리칠 수도 있었을 것이다. 한국 경제의 경쟁력 약화 원인은 무엇인가. 이에 대한 전문가들의 진단은 대체로 일치한다. 재벌 대기업 중심의 기존 성장 모델이 수명을 다했다는 것이다. 지난날 정부 정책을 총괄했던 경제 수장들의 의견 역시 크게 다르지 않다.

대기업 중심 체제가 벤처기업의 성장을 억눌러왔다.
그로 인해 신기술 발전이 지체되면서
기업 전반의 생산성 또한 향상되기 어려웠다.

오늘날 기업 생산성 향상은 ICT(Information and Communication Technology) 분야를 중심으로 한 신기술과 기존 기술의 융합을 통해 이루어진다는 견해가 일반적이다. 신기술은 주로 벤처기업을 통해 개척된다. 안전 위주의 경영을 하는 대기업이 모험을 하기는 쉽지 않다. 문제는 (앞으로 더 자세히 살펴볼 기회가 있겠지만) 대기업 중심 체제가 벤처기업의 성장을 억눌러왔다는 데 있다. 그로 인해 신기술 발전이 지체되면서 기업 전반의 생산성 또한 향상되기 어려웠다. 재벌 대기업 중심 체제가 성장을 가로막는 장해가 된 것이다.

1997년 외환위기가 급성질환이라면 지금의 한국 경제 위기는 만성질환 성격이 강하다. 알다시피 급성질환보다 만성질환을 더 조심해야 한다. 고치기는 더 어렵고 방치하면 생명을 위협할 수도 있다. 체질을 완전히 바꿀 정도의 대수술을 각오하지 않으면 안 된다.

돈 중심 OS—대기업 중심 앱

어느 모로 보나 성장 모델의 전환이 불가피하다. 이 점에 관해서는 공감대가 비교적 넓게 형성되어 있다. 그런데 성장 모델만 바꾸면 문제가 해결될까? 결코 그렇지 않다.

내 앞에 놓인 노트북으로 이야기를 풀어보자. 노트북에는 다양한 애플리케이션이 깔려 있다. 애플리케이션은 일정한 운영체제(OS)* 위에서 구동된다. 운영체제는 최신의 것으로 작동에 문제가 없는데 애플리케이션이 오래된 것이어서 문제가 된다면 해당 애플리케이션을 교체하면 된다. 그런데 운영체제가 낡은 탓에 기능 장애를 일으키고 제대로 작동하지 않는다면 문제가 다르다. 이 경우는 애플리케이션 교체만으로 해결되지 않는다. 노트북을 깨끗이 포맷하고 새로운 운영체제를 깔아야 하는 것이다.

지금까지 한국 경제에서 노트북의 운영체제와 같은 역할을 해온 것은, 돈 버는 것이 최고 목적이고 돈 흐름을 중심으로 움직이며 돈이 모든 권력의 원천이 되는 '돈 중심 운영체제'였다. 대기업 중심 성장 모델은 이러한 돈 중심 운영체제 위의 대표 애플리케이션이라고 할 수 있다. 돈 중심 운영체제란 쉽게 '돈 중심 사회'라 부를 수 있다.

돈 중심 사회라는 말이 사회과학적 범주로 자리 잡기 위해서는 그 실체에 대한 지속적인 규명이 필요하다. 다만 여기서는 돈 중심 사회와 자본주의의 관계에 대해서만 간략히 짚어보도록 하자.

돈 중심 사회는 자본주의 안에 존재해왔지만 자본주의와 동의어는 결코 아니다. 역사적으로 살펴보면 둘 사이의 차이가 분명하게 드러난다. 자본주의 초기에는 경제와 정치, 사회의 모든 분야가 돈을 기본으로 움직이는 말 그대로 돈 중심적 성격이 강했다. 정치 분야만 봐도 일정 규모 이상의 재산이 있어야만 선거권과 피선거권을 행사할

---

* 하드웨어를 제어하고 응용프로그램을 위한 기반 환경을 제공하면서 사용자가 해당 기기를 이용할 수 있도록 중재 역할을 해주는 소프트웨어. 윈도우, 리눅스, IOS, 안드로이드 등이 이에 해당한다.

수 있었다. 하지만 이후에는 자본주의의 틀은 유지되면서도 노동자, 경영자, 소비자 등 다양한 '사람들'의 억제력이 강해졌고 그에 따라 돈 중심 사회라는 성격이 크게 약화되었다.

> 한국 경제에서 노트북의 운영체제와 같은
> 역할을 해온 것은, 돈 버는 것이 최고 목적이고
> 돈 흐름을 중심으로 움직이며 돈이 모든 권력의
> 원천이 되는 '돈 중심 운영체제'였다.

냉전 시기 사회주의 진영의 위협은 이 같은 자본주의 내부 억제에 더욱 힘을 실어주었다. 2차 세계대전 이후 유럽과 미국을 중심으로 한 '이해관계자(당사자) 자본주의', '경영자 자본주의' 등은 이를 반영한 용어들이다.* 자본주의는 내부 억제력을 통해 다양한 모습으로의 변신이 가능한 체제였던 것이다.

그러다 냉전 해체와 함께 신자유주의가 부상하면서 돈 중심 사회의 성격이 극단적으로 강화되었다. 외환위기 이후 한국 역시 이 같은

---

* 이해관계자 자본주의는 독일 등 유럽을 중심으로 성립된 것으로서 노동자, 경영자, 주주, 소비자, 지역민 등 다양한 이해관계자들이 균형을 이루는 방향으로 기업 경영을 추구한 것을 가리킨다. 경영자 자본주의는 미국의 경제학자 존 케네스 갤브레이스가 주창한 용어로서, 전문 경영자가 실권을 갖고 다양한 이해관계자들을 함께 만족시키는 방향으로 기업을 경영한 것을 가리킨다.
  이해관계자 자본주의나 경영자 자본주의가 정착된 환경에서는 돈줄을 쥔 주주들이 기업 경영에 관여하기가 쉽지 않았다. 그들은 다만 주식시장 동향에만 촉각을 곤두세웠을 뿐이다. 설령 권한을 행사하려고 해도 자신의 이익을 극대화하기에는 다양한 법적 제도적 제약이 막아섰다. 적대적 인수합병 같은 수단을 통해 경영자를 압박하는 것은 거의 불가능에 가까웠다. 무엇보다도 냉전 시기 사회주의 진영으로부터의 체제 위협이 만만치 않은 조건에서 주주들이 무제한의 이윤을 추구하는 것에 대한 사회적 저항이 매우 강했다.

돈 중심 사회의 모습을 적나라하게 드러냈다.

돈맥경화증

그런데 현재는 돈 중심 운영체제에 기능 장애가 발생했다. 돈 중심 사회도 유기체와 비슷한 성질을 갖고 있다. 유기체의 건강은 물질대사가 원활해야 유지될 수 있다. 돈 중심 사회 역시 돈이 잘 도는가 여부에 건강이 좌우된다. 돈 흐름이 둔화되거나 막히면 건강에 심각한 이상이 초래될 수밖에 없다. 바로 그 돈 흐름에서 문제가 발생했다.

외환위기 이후 승자독식 체제가 양산한 두 개의 거대한 돈더미가 돈 흐름을 막고 있다. 앞서 이야기했듯이 이미 위험 수위를 넘어선 가계부채 누적은 가처분소득을 감소시켜 내수 시장을 위축시키고 있다. 이는 기업의 투자 기회 축소로 이어지고, 투자 기회를 찾지 못한 부동자금은 흐르지 못하고 한군데 쌓여갔다. 2009년 이후 5년 동안 대기업의 사내유보금은 두 배 가까이 증가했지만 같은 기간 실물 투자는 3분의 1로 크게 줄었다.

이런 요인들이 복합적으로 작용하면서 돈이 제대로 돌지 않는 '돈맥경화증'이 심화되었다. 돈맥경화증은 돈 흐름을 매개하는 은행이 예금을 기피할 정도로 심각한 수준에 이르렀다. 금융기관 내부에서는 돈 굴릴 데도 없으니 제발 예금 좀 받지 말라는 지침이 반복해서 시달되는 형편이다. 돈 흐름이 막히다 보니 정부가 재정을 투입해도 경기가 활성화되지 못하고 금리를 인하해도 소비가 늘지 않는다. 거시와 미시 경제 모두에서 기왕의 이론과 처방이 무력해지고 있는 것이다.

연구기관들에 따르면 돈을 풀어도 돈이 돌지 않는 현상은 '잃어버린 20년'으로 진입하던 1990년대 초 일본 상황보다 심각한 것으로 나타났다. 2014년 2분기 말 한국의 화폐유통속도*는 0.74로 1992년 일본의 0.95보다 낮았다. 이는 지난 25년간 평균 속도(1.9)의 절반에도 못 미치는 것이었다.

모든 징표가 돈 중심 사회의 상태가 매우 심각함을 나타낸다. 돈 중심 운영체제가 여러 가지 기능 장애를 일으키며 마비 증상을 보이고 있는 것이다. 이런 상태에서는 그 어떤 성장 모델도 제대로 구동하기 어렵다. 이런 상황에 대해 '한국판 잃어버린 20년'이 현실화되고 있다는 진단이 쏟아졌다. 하지만 이조차도 현실을 제대로 모르는 한가한 이야기일 뿐이다. 한국은 일본과 같은 상황에 직면하면 버티기가 쉽지 않다. 일본은 인구 1억 2천만을 보유한 안정적 내수 시장과 100년 이상 축적된 자본, 기술의 뒷받침을 받을 수 있었지만 한국에는 그러한 조건이 없다. 한국이 이 상태로 계속 간다면 망할 가능성이 매우 높다. 적어도 그렇게 전제하고 대처해야 한다.

세계 경제도 백약이 무효

세계 경제로 눈을 돌려보면 문제는 한층 명확해진다. 세계 경제가 침

---

* 화폐유통속도는 일정 기간 동안 돈의 주인이 몇 번 바뀌어서 움직였는지를 잰다. 화폐 한 단위가 일정 기간 동안 경제 구성원들의 상품이나 용역 거래 혹은 소득 거래에 평균적으로 몇 회 사용되었는가를 나타내는 지표다.

체의 늪에 빠지면서 디플레이션 위험이 갈수록 커지고 있다. 이미 세계 주요 경제국들의 물가는 제로에 가깝거나 그 이하로 내려가는 등 디플레이션이 현실화될 조짐을 보인다. 물가수준이 지속적으로 하락하는 디플레이션이 되면 매우 심각한 양상이 벌어질 것이다. 물가가 하락하면 기업은 이윤 감소를 우려해 투자를 미룬다. 소비자는 물가 하락에 대한 기대 심리로 소비를 미룬다. 그 결과 시장이 더욱 위축되면서 기업은 투자하지 않고 소비자는 소비하지 않는 악순환이 발생한다.

모든 징표가 돈 중심 사회의 상태가
매우 심각함을 나타낸다. 돈 중심 운영체제가 여러 가지
기능 장애를 일으키며 마비 증상을 보이고 있는 것이다.

세계 각국은 디플레이션 방지를 위해 가능한 모든 수단을 동원해왔다. 그동안 경기 침체로부터 탈출하기 위해 사용된 대표적 수단은 통화정책이었다. 금리를 내림으로써 통화 공급을 증가시켜 경제를 활성화시키는 방법이었다. 하지만 선진국 대부분이 수년 동안 기준금리를 제로 수준으로 유지했음에도 사정은 나아지지 않았다. 중앙은행이 채권 매입 형태로 일반 은행의 자금 보유고를 몇 배 이상 증가시킴으로써 대출 확대를 유도하는 양적 완화 정책을 추진했지만 별 성과가 없었다. 급기야 마이너스 금리 제도를 도입해 예금을 하지 말고 돈을 쓰도록 유도하는 극약 처방까지 등장했으나 소용없었다.
전문가들은 통화 공급 조절로 문제를 해결하는 전통적인 통화정

책이 더 이상 기능을 발휘할 수 없는 상황에 이른 것으로 보고 있다. 그러자 일각에서는 정부의 재정정책이 구원투수 역할을 해야 한다는 입장을 내놓는다. 하지만 노인 인구 증가 등으로 정부 지출은 증가하는 데 반해 경제 침체로 세수가 주는 상황이니 정부의 여력이 있을 리 없다.

전통적 처방들이 모두 유명무실해지자 중앙정부가 돈을 찍어 국민에게 나누어주는 이른바 '헬리콥터 머니'가 관심을 끌기도 했다. 세계적인 주류 경제학자들이 제안한 정책이다. 하지만 이에 대해서도 자칫 경제 시스템을 붕괴시킬 수 있는 위험한 선택이라는 지적이 많다.

문제의 핵심은 세계 경제 전반이, 아무리 돈을 풀어도 경기 활성화를 기대하기 힘든 구조에 놓여 있다는 점이다. 1990년대 이후 세계 경제성장은 개인과 기업, 국가 모두에서 부채 규모의 급증을 바탕으로 이루어졌다. 마침내 더 이상 부채가 증가한다면 파산할 위험성이 매우 높은 상황에 이르렀다. 그 결과 모든 경제 주체가 부채를 줄이는 데 혈안이 되어 아무리 돈을 풀어도 끌어다 쓰지 않는 것이다.

어떻게 하든 돈 중심으로 경제를 운영해서는 답을 찾기 어려운 상황이다. 돈 중심 운영체제의 수명이 다해가는 것은 전 세계적인 차원에서 일어나는 보편적 현상임을 알 수 있다.

기존 틀 안에 갇힌 채 최대한 버티며 시간을 버는 것은 결코 우리의 선택지가 될 수 없다. 주류 사회 내부에서조차 한국 경제의 틀과 운영 기조를 바꾸지 않으면 위험한 상황에 직면할 수 있다는 목소리가 커지고 있다. 물론 이러한 문제의식의 상당 부분은 기존 돈 중심 사회의 유지를 전제로, 발생하고 있는 기능 장애들을 기술적으로 치유할 수 있다는 믿음에 기초하고 있다. 하지만 (앞으로 살펴보겠지만) 역사의 변곡점을 통과하면서 일어나는 근원적인 변화는 그러한 믿음을 부질없는 것으로 만들고 있다. 생산력 발전이 새로운 단계로 진입함에 따라 기존의 돈 중심 운영체제는 수명을 다해가고 있는 것이다.

> 문제의 핵심은 세계 경제 전반이, 아무리 돈을 풀어도
> 경기 활성화를 기대하기 힘든 구조에 놓여 있다는 점이다.

이래저래 시대 상황은 돈 중심 사회라는 기존 틀 안에 안주하는 것을 더 이상 허락하지 않는다. 보수적 입장만이 아니라 진보적 입장에서 접근하더라도 결론은 마찬가지이다.

진보적 정책전문가들은 분배를 강조한다. 소득주도 성장 전략도 그중 하나다. 각종 통계 지표가 입증하듯이 불평등이 전반적인 경제 상황을 악화시키는 중요한 요소임은 분명하다. 그런 점에서 분배의 중요성은 아무리 강조해도 지나치지 않다. 하지만 분배 문제만을 따로 분리해 강조하는 것은 또 하나의 낡은 관성이라고 할 수 있다. 경제가 성장 국면을 달릴 때는 진보가 분배만 강조해도 충분히 제 역할을 다할 수 있었다. 하지만 지금과 같은 상황에서 분배만을 주장하는 것은 실질적 문제 해결에 큰 도움이 되지 않는다. 소득재분배는 소득 창출과 불가분의 연관성이 있다. 소득 창출 기능을 담당하는 것은 주로 기업이다. 지금처럼 다수 기업이 경쟁력 약화로 인해 생존 자체가 버거운 상황에서 소득재분배 여지는 많지 않다.

재분배 과제 역시 성장 모델은 물론이고 돈 중심 운영체제의 변화를 함께 추진해야 풀릴 수 있다. 그럴 때에야 경제가 활력을 되찾고 소득재분배 여지도 넉넉해질 것이다. 단언컨대 이것만이 우리에게 허용된 선택지이며, 한국 경제가 현재의 위기에서 탈출할 수 있는 유일한 길이다.

3
산업화·민주화의
신화에 갇히다

점점 더 많은 사람이 현재 한국 사회가 직면한 위기와 관련해 기존 틀 안에서는 답을 찾을 수 없음을 깨달아가고 있다. 비록 소수지만 돈 중심 운영체제를 그대로 둔 채 문제를 해결할 수 없다는 점을 알아챈 사람들도 생겨났다. 하지만 현실은 기존 틀을 고수하려는 움직임이 훨씬 강력하다. 다름 아닌 성공의 추억이 그렇게 만들고 있는 것이다.

한국 현대사를 훑어보면 수많은 성공 신화로 엮어진 장대한 드라마가 떠오른다. 대부분의 성공 신화는 무에서 유를 창조하고 불가능을 가능으로 만든 극적인 것들이다. 그러기에 성공 신화의 주역들은 그 누구보다도 강한 긍지와 자부심으로 충만해 있다. 도대체 어떤 장면들이 드라마를 채우고 있는 것일까? 한국 현대사의 흐름을 뒤바꾸어놓은 대표 장면 몇 가지를 살펴보자.

기적 같은 산업화

한국의 성공 신화를 이야기할 때 결코 빼놓을 수 없는 장면 하나가 산업화의 성공이라고 할 수 있다. 무엇보다도 그 성공이 극단적일 만큼 열악한 환경에서 이루어졌기 때문에 더 그러하다.

관찰자의 눈으로 본 1960대 초 한국은 어디에서도 희망이라고는 찾아보기 힘든 황폐한 곳이었다. 자본과 기술이 전혀 갖추어져 있지 않아 경제 건설에 성공할 가능성은 거의 없어 보였다. 남미의 브라질처럼 풍부한 지하자원이나 거대 국내 시장이 형성되어 있지도 않았다. 분단으로 인해 북방으로의 진출이 차단돼 교역의 요충지로 기능할 수도 없었다. 비슷한 시기 경제 건설에 성공했던 타이완, 홍콩, 싱가포르 등 아시아의 용들과 비교해보더라도 결론은 비슷했다. 타이완, 홍콩, 싱가포르는 모두 중국계 나라들로서 한결같이 통상을 통해 성장했는데 그 배경에는 전 세계적으로 형성된 막강한 화교 네트워크가 있었다. 하지만 한국은 화교 같은 배경도 없었다. 말 그대로 맨땅에 헤딩을 해야 하는 처지였다.

한국은 산업화 초기 부족한 자본을 외국자본 도입을 통해 보충했다. 외국자본 도입은 종속 우려가 큰 직접투자보다 갚으면 내 것이 되는 차관 도입이 주를 이루었다. 덕분에 한국 기업 대부분이 경영권 독립을 유지할 수 있었다. 빈약한 기술 문제 역시 외국의 중고 기술을 도입해 해결해 나갔다. 한국 기업들은 외국에서 들어온 기술을 완벽하게 소화해 자기 것으로 만들었다. 거기서 더 나아가 외국인 기술자들의 어깨너머로 몰래 배우기를 서슴지 않았다. 심지어 외국인 기술자가 갖고 다니던 007가방의 비밀번호를 알아낸 다음 그가 자리를 비운 사이 가방 속 설계도를 훔쳐보기도 했다. 그런 식으로 고급 기술을 하나 둘씩 습득해 나갔다.

한국의 산업화 성공이 명확한 사실로 입증되고 경제성장의 성과가 가시화되기 시작한 것은 대략 1990년대 초였다. 그로부터 몇 년 뒤 예의 외환위기가 밀어닥쳤다. 외환위기는 한국인의 자존심을 송두리째 흔들어놓을 만큼 치욕적인 사건이었다. 하지만 한국 기업들에게는 외환위기가 체질 개선의 기회가 되었다. 그동안 정부 보호 아래서 차입경영과 과잉중복투자를 일삼는 등 방만한 경영에 익숙해 있던 기업들은, 혹독한 수술을 거치면서 부채 비율을 두 자리 수로 끌어내리는 등 부실 요인을 과감하게 털어버렸다. 그 결과 이전보다 강인한 체력을 확보할 수 있었다.

또한 한국 기업들은 신기술 개발을 바탕으로 세계 시장 공략에 나섰다. 마침내 조선, TV, 휴대폰, 메모리반도체, 자동차 등에서 글로벌 강자로 부상했다. 2000년 이후 한국의 수출은 사상 최고 신장률을 보였고, 2004년에 이르러서는 상장기업들의 수익률 또한 사상 최고치를 기록하기에 이르렀다. 외환보유고도 2000억 달러를 넘어서서 세계 유수 채권국으로 변신했다. 외환위기 직후 그때만 해도 연건평 최대 규모를 자랑하던 서울 강남 파이낸스 센터를 외국자본에 매각했던 한국이 10여 년 뒤인 2009년에 미국 월가의 최고층 빌딩인 AIG 본사 빌딩을 매입한 것은 이러한 변화를 보여준 상징적인 사건이었다.

산업화 초기 한국 기업이 외국의 자본과 기술 도입을 위해 기댔던 대표적인 나라는 일본이었다. 일본은 과거 한국을 식민 지배했던 나라다. 그런 역사적 배경 탓에 일본 기업인과 관료들은 한국을 노골적으로 멸시했다. 한국을 발톱의 때만큼도 여기지 않았다. 대놓고 "니들이 뭘 하겠다고 까부느냐"며 경멸했다. 사정이 이러하다 보니 한국의 기업인들 대부분은 일본에 대해 깊은 원한을 품을 수밖에 없었으며 어떻게 해서든지 일본을 이겨보겠다는 강한 열망을 품기에 이르렀다. 미국 스탠퍼드 대학 수석연구원으로 안정된 직장을 갖고 있었던 황창규 박사가 도무지 가망성이 없어 보이는 삼성 반도체 사업에 합류하기로 결심하고 귀국하자 의아하게 여긴 기자들이 이유를 물었다. 황 박사의 대답은 간명했다. "일본을 한번 이겨보기 위해서"라는 것이었다.

하지만 일반 국민의 시각에서 볼 때 일본을 넘어선다는 것은 도무지 가당치 않은 일이었다. 국민들 대부분은 기술력이나 모든 점에서 일본과 한국 사이에는 넘어서기 어려운 벽이 존재한다고 느꼈다. 특히 전자 분야는 1990년대까지만 해도 소니, 파나소닉 등 일본 업체가 최강자의 위치에서 세계 시장을 뒤흔들던 판국이었기에 더욱 그러했다. 이런 상황에서 한국 전자업체가 머지않아 일본을 추월할 것이라고 상상한 국민이 과연 몇 명이나 되었겠는가? 하지만 조선과 전자 등 일본이 난공불락의 철옹성을 구축했던 분야에서 한국 기업들은 대역전 드라마를 펼쳐내는 데 성공했다. 상상도 못하던 일이 현실로 나타난 것이다.

민주화의 등대, 80년 광주

주제를 바꾸어 민주화로 눈을 돌려보자. 한국의 민주화 역시 다른 나라와는 비교할 수 없이 열악한 환경에서 이루어졌다.

한국은 분단국가이다. 더욱이 같은 분단국가였던 독일과 달리 남과 북이 서로 총부리를 겨누고 전쟁을 치렀던 나라이다. 전쟁을 경험한 분단국가라는 특수성은 북한을 제외하고는 세계에서 인구 대비 가장 거대한 규모의 군사조직을 가진 나라로 만들었다. 여기에 그치지 않고 군조직을 배경으로 한 강력한 정보조직(중앙정보부에서 출발해 오늘날 국가정보원에 이르는)이 가동되었다. 이를 바탕으로 군사정권은 물 샐 틈 없는 대국민 감시망과 함께 강력한 물리적 억압 시스템을 구축했다. 1980년 5월 광주에서 극적으로 드러났듯이 억압 장치들은 때로 대규모 학살을 자행할 만큼 극도의 잔인성을 가졌다. 목숨을 걸지 않으면 저항이 쉽지 않은 상황이었다.

여기에 덧붙여 한국전쟁 트라우마로 북한 위협만 들먹이면 꼼짝 없이 움츠러드는 상황이 이어졌다. 군사정권은 민주화 요구를 북한을 이롭게 하는 국론 분열로 간주했고, 상당수 국민들이 그에 굴복했다. 다른 나라에서는 찾아볼 수 없는 물리적 억압보다 더 강력한 심리적 억압이 가해졌던 것이다. 한국과 비슷한 시기에 고도성장을 구가한 타이완, 홍콩, 싱가포르 등 아시아 국가에서는 민주화투쟁이 없었거나 상대적으로 미약했다. 이들 나라에서는 경제적 성공에 만족하면서 정치적 요구를 억제하는 경향이 나타났다. 군사정권은 이 같은 양상이 한국에서도 나타나기를 기대했다. 그리고 다행스럽게도 경제가 지속적으로 성장했다. 군사정권은 경제성장으로 배가 부르면 국민들이 민주화라는 사치스런(?) 요구에 관심을 두지 않을 것이라 믿었다. 하지만 한국인들은 경제성장에 아랑곳없이 민주화에 목숨을 걸었다.

이렇듯 이중 삼중의 장애에도 불구하고 민주화투쟁은 끝없이 이어졌고 마침내 1987년 6월 대투쟁을 통해 국민들은 승리를 거머쥐었다. 이 과정에서 결정적 역할을 한 것은 1980년 5월 광주민주화운동이었다. 광주민주화운동에서 가장 주목해야 할 장면은, 5월 21일 계엄군의 도청 앞 집단 발포 직후 일어난 시민군의 등장과 5월 27일 최후의 진압작전에 맞서 시민군이 도청을 사수한 것이었다. 시민군의 등장과 도청사수 투쟁은 이후 군사독재에 대한 굴종과 타협을 합리화할 수 있는 여지를 깨끗이 지워버렸다. 한 걸음 더 나아가 군부독재에 목숨 걸고 항거하지 않으면 양심의 목소리에서 잠시도 자유롭지 못하도록 만들었다. 결국 광주민주화운동은 수많은 사람들로 하여금 군부독재에 맞서 목숨 걸고 투쟁할 것을 결심하도록 만든 역사적 계기가 되었다.

1987년 승리의 봉우리에 올라선 한국의 민주화 여정은 그 뒤 상당한 우여곡절을 겪었다. 1987년의 직선제 개헌을 바탕으로 치러진 대통령 선거는 야권이 분열됨으로써 군부 출신 후보에게 승리를 헌납하고 말았다. 1990년에는 민주정의당, 통일민주당, 신민주공화당의 3당이 민주자유당으로 합당함으로써 한국 사회는 보수의 절대 우위가 확고해지는 위험 상황으로 치달았다. 드라마는 멈추지 않고 계속되었다. 3당합당을 바탕으로 1992년 대통령에 당선된 김영삼은 군부 세력을 향해 연거푸 포화를 터뜨렸다. 고위층 재산공개를 추진함으로써 군부 세력의 기반을 허물었고, 군사쿠데타의 온상이었던 하나회

조직을 일거에 날려버렸다. 마침내 전두환·노태우를 위시한 군사쿠데타 주역들을 구속시킨 뒤 유죄 판결을 받도록 함으로써 군정종식 작업을 마무리했다.

광주민주화운동은 수많은 사람들로 하여금
군부독재에 맞서 목숨 걸고 투쟁할 것을 결심하도록
만든 역사적 계기가 되었다.

김대중·노무현의 신화

1997년, 김종필과의 연합을 통해 어렵사리 정권 획득에 성공한 김대중은 한국 사회 지형을 일거에 바꾸어놓는 회심의 카드를 내놓았다. 2000년 남북정상회담을 성사시켜 한반도 상황을 180도 바꾸어놓은 것이다. 남북 당국의 협력을 바탕으로 평화를 정착시키는 것이야말로 최고의 안보 전략임이 분명해지면서 다수의 합리적 보수층이 김대중 정부를 지지하는 쪽으로 선회했다. 3당합당으로 형성된 보수 절대 우위가 크게 균열을 일으키며 무너져 내린 것이다.

이처럼 변화된 상황에서 특유의 승부사 기질을 발휘하며 새로운 드라마를 써 내려간 주인공은 다름 아닌 노무현이었다. 노무현의 드라마는 여전히 수많은 지지자들의 사고를 지배하고 있기에 좀 더 자세히 살펴볼 필요가 있다.

노무현은 소속 정당인 통일민주당이 3당합당을 선택했을 때 이를 거부하고 가시밭길을 택했다. 그의 행보는 젊은 유권자들에게 신념과 지조를 갖춘 정치인이라는 이미지를 심어주었고, 숱한 우여곡절 끝에 1998년 서울 종로구 보궐선거에서 국회의원에 당선되었다. 그로부터 2년 뒤인 2000년, 노무현은 예상을 뒤엎고 그의 정치 인생 전체를 좌우할 승부수를 던졌다. 서울 종로구 공천을 포기하고 그 대신 지역주의 타파를 외치며 당선 가능성이 희박한 부산 지역에 출마한 것이다. 호남 지역에 기반을 둔 정당의 후보가 영남 핵심 지역에 뛰어든 것이다. 결과는 당연히 낙선이었다. 하지만 노무현의 행보는 수많은 사람을 감동시켰고 그 결과로서 '노무현을 사랑하는 사람들의 모임'(노사모)이 탄생했다.

노무현은 노사모의 적극적인 지지 덕분에 민주당 대통령 후보 자격을 획득하기는 했지만 여론조사에서의 낮은 지지율로 시종 고전을 면치 못했다. 결국 노무현은 정몽준과의 후보 단일화로 난관을 돌파하려 했다. 그러나 투표 하루 전날 정몽준이 후보 단일화 합의를 파기했고, 그럼에도 불구하고 노무현은 대통령에 당선되었다. 결과적으로 정몽준의 합의 파기는 노무현이 공동정부 구성의 거추장스런 짐을 벗어던지는 데 기여했을 따름이다. 뛰어난 승부사로서의 노무현의 정치 행보는 재임 기간 중에도 이어졌다.

노무현을 지지하는 40여 명의 국회의원들은 민주당을 박차고 나와 열린우리당을 결성했다. 그리고 2004년 총선을 약 한 달 앞둔 시점에 대통령 노무현은 총선에서 열린우리당 지지를 호소하는 듯한 발언을 했다. 한나라당과 민주당 등 야당은 노무현의 발언을 문제 삼아 3월 12일, 국회에서 헌정사상 최초로 대통령에 대한 탄핵 소추안을 가결시켰다. 그러나 대통령 탄핵은 오히려 엄청난 역풍을 불러일으켰고, 결국 총선에서 열린우리당이 과반 의석을 차지하게 되었다. 그 얼마 후 헌법재판소는 대통령 탄핵 소추안에 대해 기각 결정을 내렸다. 역전의 명수 노무현이 완승을 거둔 것이다.

그리고 노무현의 마지막 승부가 남았다. 뇌물수수 혐의에 대해 검찰 수사와 여론몰이가 극심해지던 2009년 5월, 삶과 죽음이 따로 있지 않다는 유서를 남긴 채 스스로 몸을 던져 세상과 하직한 것이다. 그 얼마 전까지 노무현의 지지자들 사이에 번져가던 냉소주의는 일거에 날아가 버렸다. 그가 못다 이룬 정치적 꿈이 대중의 가슴속에서 다시금 살아나기 시작했다. 노무현은 자신의 정치 역정 마지막 순간에 죽음을 통해 또 한 번 반전을 일구어낸 것이다.

과거로의 역주행

지금까지 우리는 산업화와 민주화를 중심으로 한국 현대사의 성공 신화에 대해 살펴보았다. 이 일련의 사실은 성공 신화의 주역들이 왜 그토록 강한 긍지와 자부심을 갖고 있는지를 설명해준다. 문제는 찬란했던 지난날의 성공이 새로운 미래 개척을 방해한다는 데 있다.

성공의 추억은 주역들로 하여금 과거의 틀과 방식에 집착하도록 유혹했다. 관료와 경제인들은 여전히 대기업 중심 성장 모델에서 벗어나지 못하고 있다. 이들은 문제가 생기면 삼성과 현대자동차를 쳐다보는 것이 습관이 되었다. 정치 세계 역시 마찬가지이다. 민주화투쟁의 정통을 잇고 있다는 정치집단들 다수는 여전히 김대중과 노무현의 유산에 의존하고 있다. '친노'로 불리는 정치집단은 여전히 승부사 노무현의 추억 속을 헤맨다. 모두가 과거에서 벗어나지 못하고 있는 것이다.

> 문제는 찬란했던 지난날의 성공이
> 새로운 미래 개척을 방해한다는 데 있다.

최근 노동개혁을 둘러싼 공방전은 대한민국을 이끄는 이들의 사고 틀과 수준을 집약적으로 보여주었다. 정부 여당이 내놓은 노동개혁안은 철저하게 노동 비용을 줄이기 위한 방편이었다. 노동을 창조적 에너지의 원천으로 보는 것이 아니라 단순한 비용으로 보았다. 산업화가 본격화되었던 1970년대식 사고에 갇혀 있는 것이다. 그에 반대하는 야권의 대응 또한 영양가 없기는 마찬가지다. 대안적 관점에서 노동개혁의 방향을 놓고 다투는 것이 아닌 반대 입장만 취하는 야권의 모습은 현상 유지를 바라는 것으로 비쳐질 수밖에 없었다.

대한민국의 역사를 만들어온 주역들은 문제가 생기면 화려했던 과거 속으로 달려가는 역주행을 거듭한다. 그들은 내 식대로 해서 안 된 일 없다며 팔을 걷어붙이고 달려들지만 돌아온 결과는 당혹스러울 뿐이었다. 박근혜 정부 경제팀은 전통적(?) 해법으로 경제 살리기에 총력을 기울였으나 성적표는 제로에 가까운 경제성장률뿐이다. 김대중과 노무현의 후계자들 역시 오랜 기간 축적된 전통적(?) 방식으로 용감하게 전투를 벌였으나 돌아온 것은 지지자들의 균열과 이탈뿐이었다. 주역들의 지나친 자신감은 자만심이라는 독소가 되었다.

과거의 경험을 공유하지 못하는 청년세대의 눈에 비친 주역들의 모습은 어떨까? 더도 덜도 아닌 '꼰대들의 행진'이 아닐까. 역사가 아놀드 토인비는 "역사적 성공의 반은 죽을지도 모른다는 위기의식에서 비롯되었고, 실패의 반은 찬란했던 시절에 대한 기억에서 시작되었다."고 말했다. 그 말처럼 지금 한국 사회를 이끄는 주역들은 과거 성공에 취해 실패의 길을 향해 걷고 있다. 이대로 가다가는 죽을 수도 있다고 생각해야 하는 상황에서 벌어지고 있는 일이다.

지금 우리는 진행 방향이 급격히 바뀌면서 수많은 전제가 뒤집어지는 역사의 변곡점을 통과하고 있다. 과거의 성공이 미래에는 실패가 될 확률이 대단히 높은 상황이다. 이제 성공의 추억과 과감하게 결별할 때다. 그렇지 않으면 오늘의 주역들을 역사가 냉혹하게 축출할지도 모른다.

사회주의
사회민주주의는
가능한가

지금 우리는 기존 환경을 유지한 채 여러 장치들을 개선하는 것만으로는 문제를 해결할 수 없는 상황에 놓여 있다. 우리에게 필요한 것은 환경 자체를 통째로 바꾸는 것이다. 과거 총체적 환경 변화를 추구하는 대안으로 좌파 전략이 제시되기도 했다. 과연 전통적 좌파 전략은 대안이 될 수 있는가?

전통적 좌파 전략은 다양한 변형이 있었으나 기본적으로 사회주의와 사회민주주의 전략의 연장선에 놓여 있다. 이 두 전략의 핵심 내용을 살펴보면서 지금 상황에 적합한지 여부를 확인해보자.

1
87체제는 사회주의를 허용하지 않는다

오랫동안 사회주의는 자본주의의 가장 확실한 대안이었다. 자본주의 모순이 심화되면 예외 없이 사회주의 지지자들이 확산되었다. 적어도 사회주의에 대해 우호적인 분위기가 만들어질 수 있었다.

역사적으로 사회주의의 전 지구적 확산에 중요한 계기가 된 것은 러시아혁명이었다. 러시아혁명의 성공은 사회주의를 세계적인 유행병으로 만들었다. 그러나 사회주의에 결정적으로 찬물을 끼얹은 것도 아이러니하게 러시아혁명의 산물인 소련 사회주의 체제의 붕괴였다. 그 충격적인 사건은 사회주의에 대한 인식에 근본적인 변화를 초래했다.

성공한 사회주의는 없다

러시아혁명의 아버지 레닌은 자유롭고 독립적인 개체들의 연대와 협력이 궁극적으로는 국가의 강제력을 대체하는 사회를 꿈꾸었다. 레닌은 국가가 최소의 수단이기를 원했던 것이다. 하지만 그의 후계자들이 만들어낸 현실 사회주의 모델은 극단적일 정도로 정반대의 모습을 보였다. 한마디로 소련 사회주의는 국가가 모든 것을 책임지고 인민은 모든 것을 국가에 의존하는 '국가사회주의'였다. 국가사회주의 체제에서는 대부분의 기업이 국가 기구의 일부였으며, 경제활동 역시 국가의 중앙집권적 계획과 통제 아래에서 움직였다. 최소여야 할 국가가 최대가 된 것이다.

국가사회주의는 건설 초기에는 절대빈곤에서 탈피하고자 하는 인민의 폭발적인 열망과 자원 배분에서의 선택과 집중 등을 바탕으로 자본주의 사회에서는 도무지 불가능한 초고속 성장을 일구어내기도 했다. 하지만 종국에는 인민을 나약하고 의존적인 존재로 만들었고 사회 전체가 뿌리 깊은 관료주의에 오염되면서 심각한 비효율을 낳고 말았다. 결국 소련 사회주의 체제는 혼란과 정체, 퇴보를 거듭하다 끝내 붕괴로 치닫고 말았다. 그와 함께 요란스런 이념의 치장도 함께 벗겨졌다.

중국, 북한 등은 공식적으로는 여전히 사회주의 국가를 표방한다. 그러나 시장경제가 확대되는 등 전통적인 국가사회주의와는 전혀 다른 길에 접어들었다고 할 수 있다. 지금의 중국을 두고 사회주의 사회라고 할 수 있는지에 대해서는 회의적인 시각이 많은 게 사실이다. 북한 역시 1990년대 중반 대위기*를 거치며 상당한 변화를 겪고 있다. 특히 국가 배급체제 붕괴와 함께 자생적으로 형성된 시장이 빠르게 확대되고 있다. 이미 지방정부는 대부분 시장경제에 의존해 재정을 유지하는 것으로 파악된다. 북한 사회의 미래는 현재로선 매우 유동적이다. 다른 예로 베네수엘라 차베스 정권 등이 내세운 이른바 21세기 사회주의**를 들 수 있는데 그와 같은 새로운 실험이 성공적으로 안착한 경우는 아직 없다.

사회주의의 과거와 현재, 미래에 대해서는 판단의 여지가 많은 것이 사실이다. 비록 소수지만 사회주의 혁명을 꿈꾸는 사람들도 아직 남아 있다. 하지만 한국 사회의 전망과 관련해서는 결론이 비교적 명확하다.

사회주의는 산업사회 기반 모델

마르크스레닌주의는 사회주의가 성공하려면 기존 국가 권력을 철저

---

* 1990년대 중반 발생한 위기로서 북한에서는 '고난의 행군'이라 부른다. 직접적 계기는 소련 붕괴였다. 소련 붕괴로 구상무역(물물교환) 형태로 들어오던 원유 공급이 중단되었다. 또한 전기 관련 시설의 상당수를 소련에 의존해왔는데 더는 노후 시설을 교체하기가 힘들어졌다. 전기 공급에 차질이 빚어지는 것과 함께 에너지의 다른 한 축인 석탄 생산마저 어려워졌다. 에너지 공급 체계가 붕괴하자 원료 공급과 수송이 덩달아 힘들어지면서 경제 전반이 마비되기에 이르렀다. 연료 공급이 안 되자 인민들은 나무를 베어 땔감을 조달했다. 순식간에 인근 야산이 민둥산으로 돌변하면서 토사가 휩쓸려 내려와 하천을 메웠다. 그런 상태에서 장맛비가 내리자 일순간에 대규모 홍수가 발생, 논밭을 덮쳤다. 결국 농업 생산이 붕괴되면서 심각한 식량난을 일으켰고 급기야 많은 사람이 굶어 죽었다. 이러한 상황이 3년 정도 지속되었다. 그 과정에서 그동안 유지되던 국가사회주의 체제가 상당 정도 기능을 상실하고 말았다.
** 개인보다 집단(공동체)의 가치를 우선하면서도 시장경제와 자유선거 등을 수용한다는 점에서 전통적 사회주의와 구별된다.

히 분쇄한 뒤 아래로부터 새롭게 창출된 권력 기구에 의지해야만 한다고 말한다. 기존 국가 기구 자체가 부르주아적 이해관계를 갖고 있기 때문에 이를 토대로 사회주의 사회를 건설하는 것은 원천적으로 불가능하다고 본 것이다. 실제로 20세기 현실 사회주의 국가들의 건설 과정이 이를 뒷받침한다. 가령 최초로 사회주의 혁명에 성공한 러시아의 경우는 기존 권력을 접수하는 게 아니라 소비에트라는, 아래로부터 창출된 새로운 권력 기구를 바탕으로 혁명을 추진했다. 북한 역시 식민지 권력의 인수가 아니라 인민위원회라는 아래로부터 형성된 권력 기구를 바탕으로 했다.

이와 달리 민주화 성공과 함께 '87체제'*가 수립된 한국 사회는 국가 권력에 관한 한 강력한 '경로의존성'이 형성되었다. 암묵적이든 명시적이든 헌법이 보장하는 틀 안에서 기존 권력의 접수만을 허용한 것이다. 요컨대 좌익 민중봉기나 우익 군사쿠데타를 모두 배제한다. 다시 말해 기존 권력의 분쇄와 아래로부터의 권력 기구 창출을 바탕으로 한 사회주의 사회로의 이행 경로가 차단된 것이다.

더욱 분명한 것은 경제적 토대 변화로 사회주의가 더 이상 가능하지 않게 되었다는 점이다. 사회주의 핵심 가치는 '생산수단의 사회화' 즉 집단 소유의 실현에 있다. 이를 떠난 사회주의란 있을 수 없다. 과거 공장, 토지 등 생산수단이 물질화된 형태로 존재할 때는 생산수단의 사회화가 국유화 등의 형태로 실현될 수 있었다. 하지만 (뒤에서 자

---

* 1987년 민주화투쟁 승리 이후의 개정된 민주헌법을 기초로 한 체제를 가리킨다. 직선제에 의한 대통령 5년 단임제가 핵심이다. 민주화 세력과 군부 세력의 협상과 타협으로 안이 마련되고, 절대다수 국민의 동의를 거쳐 만들어진 헌법이었다는 사실이 중요하다. 요컨대 이 헌법이 허용하는 틀 안에서 국가 권력 문제를 다루자는 보이지 않는 국민적 합의가 있었던 것이다.

세히 살펴보겠지만) 탈산업사회 이후 주요 생산수단이 '창조력'으로 전환되면서 사정이 완전히 달라졌다. 창조력이란 개개인 각자에게 체화되는 것이므로 이를 개인에게서 분리시켜 집단 소유로 만드는 것이 원천적으로 불가능해진 것이다.

> 87체제는 좌익 민중봉기나 우익 군사쿠데타를
> 모두 배제한다. 기존 권력의 분쇄와 아래로부터의
> 권력 기구 창출을 바탕으로 한 사회주의 사회로의
> 이행 경로가 차단된 것이다.

간략히 이야기하면 창조력이라는 새로운 생산수단에 대한 소유의 진화 방향은, 사적 소유에서 사회적 소유로 가는 게 아니라 소수 개인의 소유에서 다수 개인의 소유로 바뀔 것이다. 대학교육이 일반화되고 인터넷의 확산 등 디지털 문명이 꽃을 피우면서 더욱 많은 사람이 창조력을 보유할 수 있기 때문이다. 이러한 소유 관계의 진화 방향은 기존 사회주의 사회의 구성 원리와는 완전히 다른 것이다. 여기서 우리는 사회주의란 산업사회를 기반으로 특정한 역사적 국면에서 성립된 사회 모델임을 알 수 있다. 역사를 초월한 사회 모델이나 이념은 관념적 허구일 뿐이다.

2 한국에서 사회민주주의의 실현 가능성

그동안 한국 사회에서는 사회민주주의가 많은 관심을 받아왔다. 복지가 중요한 화두로 떠오르면서 매우 자연스럽게 복지국가를 선도해 온 이념인 사회민주주의가 관심을 끌게 된 것이다. 민주화 이후 한국 사회의 이행 경로와 관련해서도 사회민주주의와 접목될 수 있는 여지가 많아졌다.

사회민주주의는 본디 사회주의의 다른 이름이었다. 뿌리는 사회주의였던 것이다.* 그러나 사회민주주의는 주어진 상황에 적응하면서 사회주의와는 전혀 다른 길을 걷기 시작한다. 그 출발은 서유럽과 북유럽 등에서 진행된 일반민주주의의 확립이었다. 일반민주주의가 확

---

* 러시아혁명의 주역인 레닌 등은 각종 저작물을 통해 자신들을 사회민주주의자로 표현한 바 있다.

립되면서 사회민주주의 정당의 의회 진출이 가능해졌는데 이는 거꾸로 그러한 방식의 합법적 집권만이 허용되었다는 의미이다.

사회민주주의 정당은 일정한 과정을 거쳐 집권에 성공할 수 있었다. 하지만 기존 국가 기구를 손에 넣었더라도 이를 무기로 사회주의 사회로 나아갈 수 없었다. 마르크스레닌주의의 지적대로 기존 국가 기구 자체가 부르주아적 이해관계를 갖고 있었기 때문이다. 이러한 조건에서 사회민주주의 정당에게 허락된 것은 자본주의 틀 안에서 국가의 시장 개입을 통해 부를 재분배하는 역할이었다. 복지국가는 바로 이와 같은 의도하지 않은 타협의 결과로 만들어질 수 있었다.

앞서 말한 대로 87체제 수립과 함께 한국 역시 민주화가 정착되어 가면서 사회주의로의 이행 경로는 차단되었다. 과거 유럽에서 사회민주주의자들이 직면한 것과 유사한 상황이 벌어진 것이다. 이를 근거로 일각에서는 사회민주주의 수용을 선택의 여지가 없는 것으로 보기도 한다. 스스로 사회민주주의자라고 자처하는 사람들도 늘었다. 과연 이 같은 판단은 올바른 것일까?

사회민주주의 성공의 조건

전통적인 사회주의와 마찬가지로 사회민주주의 역시 일정한 역사적 조건에서 태동하고 발전한 것이다. 유럽을 무대로 성립된 사회민주주의는 대략 세 가지 조건이 충족되어야 성공할 수 있었다.

첫째는 노동의 헤게모니 확립이었다. 산업화와 함께 동질적 의식을 지닌 노동자들이 꾸준히 확대되었고 인구의 다수를 차지하기에 이르렀다. 산별노조는 이들 노동자를 하나의 정치부대로 만드는 데 기여했다. 덕분에 사회민주주의 정당들은 상당한 정도의 안정적인 집권 기반을 마련할 수 있었다. 경제 분야에서는 자본의 헤게모니를 인정하면서도 정치 분야에서는 노동의 헤게모니를 확립한 것이다. 바로 이 상이한 두 헤게모니의 결합이야말로 사회민주주의의 요체였다.

둘째, 시장에 대한 국가의 우위가 확립되었다. 단적으로 사회민주주의 정당이 집권한 나라에서는 GDP 중 정부 재정이 차지하는 비중이 절반을 넘어선다. 국가가 시장을 통제할 물적 토대가 확고하게 구축되어 있는 것이다. 적어도 재정을 지렛대 삼아 소득재분배를 일정하게 강제할 수 있는 조건은 갖추어졌다.

셋째, 지속적인 경제성장을 바탕으로 한 계급 타협이 이루어졌다. 2차 세계대전 이후 몇십 년 동안 자본주의 황금기가 이어지면서 경제는 지속적인 성장을 이어갔다. 이러한 조건에서 노동자 대중은 생산성 향상을 위해 노력했고, 그에 상응해 자본가는 증세를 통한 복지 재정 확보에 협력하면서도 적정한 이윤을 확보하는 게 가능했다. 그 결과 복지국가가 성립해 한 시대를 지배할 수 있었다.

바로 이러한 조건에서 사회민주주의 모델 혹은 전략이 수립되었다. 오늘날 북유럽 나라들에서 복지국가 모델이 그런대로 유지될 수 있는 이유도 그 과정에서 형성된 거대한 유산 덕분이다. 이 점에서 한국 사회는 뚜렷한 차이를 보인다. 사회민주주의 모델의 성공을 가능하게 했던 세 가지 조건의 확보가 어렵거나 거의 불가능하게 된 것이다. 제대로 된 복지국가의 경험이 별반 없으니 북유럽 국가들과 같은 축적된 유산이 없는 것은 두말할 필요도 없다.

사회민주주의와 한국의 현실

여기서 한국 사회에 사회민주주의가 성공할 수 있는 조건이 갖추어져 있는지 살펴보자.

첫째, 노동 헤게모니가 확립되어 있지 않다. 가장 큰 원인으로는 인구의 다수를 포괄할 수 있는 수준으로 산별노조를 만드는 게 쉽지 않다는 점을 들 수 있다.

> 동일노동 동일임금의 토대가 약화된 데다가
> 뿌리 깊은 기업별노조 의식, 대기업 정규직의 이기주의 등이
> 가세하면서 산별노조가 성공하기가 매우 어려워졌다.

과거 산업사회는 노동을 지속적으로 단순화, 표준화시켰다. 이로부터 산별노조의 기본 전제인 동일노동 동일임금의 토대가 마련될 수 있었다. 하지만 탈산업사회로 진입하면서 양상이 완전히 달라졌다. 탈산업사회를 이끄는 신산업에서는 노동의 동일성보다는 다양성이 중시되는 것이다. 단적으로 노동의 '차이'를 둘러싼 관점과 태도가 180도 달라졌다. 산업사회에서 차이는 극복해야 할 부정적 요소였지만 탈산업사회에서 차이는 키워야 할 긍정적 요소로 간주되었다. 이는 곧 동일노동 동일임금의 토대가 약화된다는 것을 의미한다. 여기에 뿌리 깊은 기업별노조 의식, 대기업 정규직의 이기주의 등이 가세하면서 산별노조가 성공하기가 매우 어려워졌다.

참고로, 오늘날 한국의 노동운동 발전을 어렵게 만드는 5개의 고

리가 존재한다. 잃을 것이 많아지면서 현상 유지에 집착하는 대기업 정규직, 피고용인의 절대 다수를 차지하는 중소기업의 환경에 맞는 노동운동 전략의 부재(그 결과는 중소기업 노동운동의 황폐화로 나타났다. 고용의 80퍼센트 이상을 차지하는 중소기업 노동자 100명 중 2명만이 노조에 가입해 있다.), 현장을 잠시 머무는 곳으로 사고하면서 노동운동에 소극적인 젊은 비정규직(비정규직의 노조 가입률은 2.4퍼센트 수준이다), 동질성보다는 다양성이 중시되는 신산업에 종사하는 노동자, 창업에서 출구를 찾음에 따라 노동자로서의 정체성이 약한 청년세대의 증가 등이 바로 그것이다. 이 중에는 웬만큼 노력하면 해결될 수 있는 과제도 있을 것이다. 하지만 전통적 방식만으로는 이 모든 과제가 해결될 수 없다는 점은 매우 분명해 보인다. 산별노조운동을 통한 안정적 집권 기반 확보가 쉽지 않은 것이다.

둘째, 시장에 대한 국가 우위가 사라졌다.

그동안 국가의 역할을 둘러싼 무수한 논의들은 수십 년 전과 지금의 국가를 동일 선상에 놓고 진행되었다. 그중에는 국가의 능력은 따지지 않고 오직 의지만을 문제 삼는 경우도 많았다. 국가 자체의 위상 변화와 그에 따른 엄청난 능력 차이를 간과하고 있는 것이다. 이는 국가의 역할에 대한 그간의 논의들이 현실과 동떨어진 관념의 유희에 불과할 수도 있음을 말해준다.

한국 사회에는 적어도 1980년대까지는 시장에 대한 국가 우위가 매우 확고하게 유지되었다. 관료 집단은 정보력과 전문성에서 기업을 능가했고 이를 바탕으로 어젠다 설정을 주도할 수 있었다. 국가는 기업의 생명선인 돈줄을 장악하고 있었다. 대부분의 은행을 국가가 직접 소유하거나 통제하고 있었고 차관 도입 역시 정부 승인과 지급보증이 필수적이었다. 영업 인허가권도 국가가 쥐고 있었다. 이 밖에도 국가가 시장을 통제할 수 있는 기제는 무궁무진했다. 덕분에 국가는 시장을 자신의 발아래 둘 수 있었다. 반면 모든 기업은 정권 앞에서 무조건 고개를 숙일 수밖에 없었다. 정권의 눈에서 벗어나는 순간 기업은 파리 목숨일 수밖에 없었다. 전두환 정권 시절 국제그룹의 해체가 그 단적인 예이다.

그러던 것이 1990년대를 거치면서 국가와 시장의 관계가 역전되기 시작했다. 1993년에 출범한 김영삼 정부는 국가 개입을 축소하고 민간의 자율성을 강화한다는 목표 아래 각종 정부 규제를 폐기했고 대부분의 시중은행도 민영화했다. 김영삼 정부는 그 같은 조치를 민주화의 일환으로 간주했다.* 이를 통해 기업은 꾸준히 힘을 키워 나갔고 국가에 대한 의존도를 낮추었다. 그중에서도 재벌은 주식시장 활성화로 직접금융 비중을 높일 수 있었고 동시에 재벌이 소유한 각종 금융기관을 통해 자금 동원력을 극대화시켰다. 정보나 인재 확보 측면에서도 기업이나 기업연구소가 관료 사회를 압도하기 시작했다. 종국에는 기업이 국가 기구마저도 포섭하는 단계로 나아갔다. 그에 따라 주요 경제부처의 상층부는 삼성 등 재벌 기업과 자신들의 이해

* 가장 흔히 발생하는 혼란 중 하나는 자유화를 민주화로 이해하는 것이다. 자유화는 주로 국가의 통제에서 벗어나 시장의 자율성을 강화하는 것을 의미한다. 독점 기업의 지배를 완화해 자유 시장경쟁 체제를 복원하는 것 역시 자유화 일환으로 보기도 한다. 반면 민주화는 다수의 지배(흔히 '인민의 지배'로 표현하기도 한다)를 실현하는 것을 의미한다. 이런 이유로 민주화 담론에서는 다수 이익을 위해 시장에 대한 통제를 강화해야 한다는 의견이 자주 등장한다. 따라서 김영삼 정부 정책은 민주화가 아니라 자유화 조치로 이해해야 한다.

를 일체화하기에 이르렀다.

이런 와중에 세계화, 즉 글로벌 경제로의 전환이 본격화하면서 상황은 완전히 새로운 국면으로 진입했다. 흔히 1995년을 세계화 원년이라고 하는데 이는 그해 1월 1일, 세계무역기구(WTO)가 출범했기 때문이다. 사실 1980년대에 접어들어 국가 간 무역 분쟁이 격화하면서 자칫하면 세계 시장이 붕괴될 수도 있는 위기 상황이 조성되었다. 한편으로는 폐쇄적인 블록경제가 확산될 조짐을 보였고, 다른 한편으로는 강대국들이 자신들의 보호무역 장벽은 높이면서 약소국들에게는 개방을 확대하도록 압박하는 불공정 행위가 크게 늘어났다. 이러한 상황을 수습하기 위해 시장을 가능한 공평하게 개방하는 방향으로 우루과이라운드 협상이 진행되었고, 그 결과 새로운 무역질서를 관장할 기구로 WTO가 출범했던 것이다.

WTO 출범으로 각국의 무역 장벽이 낮아지면서 한국은 지속적으로 무역을 확대할 수 있었다. 덕분에 무역 규모가 1조 달러를 넘나드는 무역대국 반열에 오를 수 있었다. 2015년 한국의 수출 규모는 세계 6위 수준이었다. 하지만 그 대신 국가가 시장에 개입할 수 있는 여지는 더욱 축소되었고 일자리 상황도 함께 악화되었다. 이른바 '세계화의 덫'에 걸려든 것이다.

글로벌 경제로의 전환에 따라 투자 장벽이 제거되었고 기업들은 국경을 넘어 자유롭게 이동할 수 있었다. 그 결과 기업이 투자를 확대해도 일자리가 늘어나지 않게끔 구조화되었다. 기업 투자에는 해외 투자가 포함되는데 대기업은 그 비중이 절반 이상인 경우가 허다했다. 기업의 해외 투자는 작업 공정의 해외 이전을 목적으로 할 때가 많았고 이는 국내 일자리를 감소시킬 가능성이 매우 컸다. 실제로 현대자동차의 투자 사례를 보면 2001년 이후 10년 동안 국내에서 늘어난 일자리 숫자는 2천 개 정도였는데 해외 공장 신설 등을 통해 해외로 유출된 일자리 수는 2만 개가 넘었다. 이와 같이 개별 국가를 기준으로 보면 오늘날 기업의 투자 확대는 일자리를 늘리기보다 거꾸로 줄일 가능성이 얼마든지 존재한다. 바로 글로벌 경제로의 전환이 빚어낸 어두운 그늘이다.

> 글로벌 경제로의 전환과 함께 국가는 점점 더
> 기업 앞에 머리를 조아리는 시녀로 전락해갔던 것이다.
> 그 와중에 노동조건은 갈수록 악화되어갔다.

기업이 저마다 가장 유리한 조건을 찾아 국경을 자유롭게 넘나드는 상황에서, 각국 정부는 일자리 창출을 목적으로 투자를 유치하고자 법인세 인하, 노동시장 유연화 등 기업에게 최대한 유리한 환경을 조성해주기에 바빴다. 글로벌 경제로의 전환과 함께 국가는 점점 더 기업 앞에 머리를 조아리는 시녀로 전락해갔던 것이다. 그 와중에 노동조건은 갈수록 악화되어갔다.

이런 이유들 때문에 국가가 과거처럼 절대 우위에 서서 시장에 대한 개입과 통제로써 문제를 해결하기가 매우 어려워졌다. 수많은 사례가 이를 입증하고 있다.

2006년 노무현 정부는 날로 심각해지는 비정규직 문제를 해결할 목적으로 관련법을 제정했다. 채용 후 2년이 경과하면 비정규직을 정규직으로 전환할 것을 의무화한 것이다. 하지만 이 법은 거의 지켜지지 않았다. 사용자들은 2년이 되기 전에 계약을 해지하는 식으로 해고해버렸던 것이다. 현대자동차 사례는 한 발 더 나아간다. 대법원은 현대자동차의 불법 파견을 위법한 것으로 판결했다. 하지만 현대자동차는 이를 제대로 시정하지 않고 오히려 문제가 터질 때마다 해외 이전을 공언하는 것으로 응수했다. 그 앞에서 국가 기구는 맥을 추지 못했다.

물론 제도 자체에 결함이 있을 수 있다. 국가 기구의 의지와 노력 부족을 문제 삼을 수도 있다. 법과 제도를 무시하는 기업 행태에 대해 사회적 비난과 강력한 조치가 필요한 것도 사실이다. 그럼에도 불구하고 국가의 시장 개입과 통제가 현저히 약화된 현실만큼은 매우 분명해 보인다. 문제 해결을 위해 국가의 강제력을 이용할 수 없으니, 사회민주주의가 전성기를 누리던 시절의 전략을 구사하기가 어려워졌다는 말이 된다.

셋째, 계급 타협의 토대였던 지속적인 경제성장이 종료되었다.

한 나라의 경제성장률을 결정짓는 요소는 수도 없이 많다. 정부 정책, 과학기술 능력, 신산업의 부상, 기업 경영 시스템, 소득재분배 상황, 국제 환경 등등 일일이 열거하기 힘들다. 여기서는 다른 것은 모두 생략하고 경제성장에 장기적이고 구조적인 영향을 미치는 요소로서 자본운동과 확대재생산의 연관성을 중심으로 접근해보자. 문제를 최대한 단순화시키면 대략 이렇다.

자본주의 사회에서 경제성장은 확대재생산을 위한 자본 투자와 깊이 연동된다. 자본은 이윤 추구를 목적으로 경제잉여의 일부를 소비하지 않고 비축하면서 형성된다. 그리고 이 자본은 생산 과정에 투입되어 확대재생산의 증폭제 역할을 한다. 다른 요인을 제거하면 확대재생산을 위해 자본을 더 많이 투입할수록 경제가 더욱 큰 폭으로 성장할 가능성이 커지는 것이다.

자본이 부족하거나 거꾸로 확대재생산의 소화 능력 부족으로 자본 과잉으로 이어진다면 성장이 지체될 가능성이 크다. 후자의 경우 특히 과잉 축적된 돈이 돌지 않으면서 상품 유통을 억제시킬 것이기 때문이다. 결국 더 많은 자본이 확대재생산에 투입되려면 두 가지 조건 사이에 균형이 이루어져야 한다. 먼저 투입할 수 있는 자본이 적정 규모로 확보되어 있어야 한다. 아울러 확대재생산 과정은 투입된 자본에 충분한 이윤을 보장할 수 있어야 한다. 즉 자본을 소화할 수 있는 능력이 있어야 한다.

경제개발이 본격화된 1960년대에서 1990년대 중반까지 한국 경제는 이 두 가지 조건이 균형을 유지해 고도성장을 지속할 수 있었다. 그러나 외환위기 이후 상황이 크게 달라졌다. 승자독식이 관행처럼 굳어지면서 이윤을 추구하는 자본 규모가 폭발적으로 증가했다. 이는 필요한 자본 규모를 넘어 과잉팽창된 것이었다. 반면 벤처기업 발전은 억제되는 등 기업 생산성 향상이 둔화되면서 확대재생산 과정으로 자본을 소화하는 능력은 상대적으로 약화되었다. 적정 규모의 자본과 확대재생산 과정에서의 소화라는 두 조건의 균형이 깨진 것이다. 그 결과 마땅히 투자할 곳을 찾지 못해 떠도는 부동자금이 900조 원을 훌쩍 넘어섰다. 거대한 부동자금의 존재는 돈 흐름을 억

제시키면서 저성장 기조의 장기화로 이어졌다.

철저하게 돈이 돈을 버는 것을 위주로 경제가 돌아간다면 지금의 상황은 큰 변화 없이 지속될 것이다. 돈 중심 운영체제 자체를 바꾸지 않으면 문제 해결을 기대하기 힘든 상황인 것이다. 문제는 현재의 사회민주주의 역시 기본적으로 돈 중심 운영체제 위에서 작동한다는 데 있다. 다만 돈을 재배분하는 데서 다를 뿐이다. 굳이 말하면 돈 중심 운영체제의 버전 2.0 정도 된다고 볼 수 있다. 그런데 지금 우리가 처한 상황은 돈 중심 운영체제 그 자체의 변화를 요구한다.

사회민주주의는 성장과 분배 사이에 선순환 구조를
정착시킴으로써 자본주의의 안정적 발전을 뒷받침했다.
사회민주주의자들은 자본주의의 성장 발전을
관리하는 데서 매우 유능했던 것이다.

사회민주주의로부터 배울 점이 많은 것은 사실이다. 무엇보다도 극단을 피하고 합리적 문제 해결을 추구한 점은 깊이 새길 만하다. 우리 역시 사회민주주의가 축적한 경험과 노하우를 최대한 섭취할 수 있도록 노력해야 한다. 하지만 사회민주주의를 통째로 받아들이는 것은 신중을 기해야 한다.

역사적으로 볼 때 사회민주주의가 빛을 발했던 때는 확대재생산이 장기간 지속되었던 자본주의의 황금기였다. 사회민주주의는 성장과 분배 사이에 선순환 구조를 정착시킴으로써 자본주의의 안정적 발전을 뒷받침했다. 사회민주주의자들은 자본주의의 성장 발전을 관리하는 데서 매우 유능했던 것이다. 하지만 한국이 처한 작금의 상황은 그와는 매우 거리가 멀다. 무엇보다도 사회민주주의 안에 지금의 위기 상황을 타파하고 경제를 재도약시킬 수 있는 처방이 들어 있지 않다.

경제가 발전하고 증가된 소득을 증세로 흡수할 수 있을 때 사회민주주의 프로그램은 비로소 현실성을 갖는다. 그러한 전제 조건을 만들어내지 못하면 사회민주주의는 무용지물이 될 가능성이 크다. 풍부한 유산을 지닌 유럽에서는 여전히 보검인지 모르지만 낯선 우리 땅에서는 녹슨 칼이 될 수 있다.

역사의 변곡점을 통과하면서 수많은 전제가 뒤집어지고 있다. 우리에게는 기왕의 지적 유산에 의존해 문제를 해결할 수 있는 여유가 허락되지 않는다. 역사적으로 사회민주주의는 매우 훌륭한 발명품이고 인류 사회 발전에 커다란 기여를 했지만 어쩔 수 없이 과거의 유산일 뿐이다. 결론은 간단하다. 우리는 사회민주주의로부터 최대한 배우고 그 자양분을 섭취해야 하지만 그에 갇혀서는 안 된다.

3
국가주의
전략의 종언

20세기 사회주의와 사회민주주의는 역사적으로 상이한 길을 걸어왔음에도 둘 사이에는 뚜렷한 공통점이 있다. 바로 국가를 무기로 사회를 바꾸고자 했던 '국가주의 전략'을 구사했다는 점이다.

전통적 좌파 세력은 노동자·농민 등의 조직화를 바탕으로 정치적 우위를 확보함으로써 국가 권력을 장악하는 데 모든 힘을 집중했다. 그들 입장에서 국가는 전가의 보도, 만능열쇠였다. 좌파 세력에게 국가는 사회를 자신들이 원하는 방향으로 변모시키는 가장 강력한 무기였던 것이다. 그러나 국가주의 전략을 그대로 구사하는 것은 더 이상 가능하지 않다. 무엇보다도 시장에 대한 국가의 절대 우위가 사라졌기 때문이다. 국가는 더 이상 전가의 보도도 만능열쇠도 아니다.

1990년대 이후 전반적인 상황 변화를 겪으면서 진보 세력 내에서 국가에 대한 입장은 크게 세 가지로 분화되었다. 최대한 단순화해서 살펴보자.

첫 번째 흐름으로, 일부 고집스런 좌파는 여전히 국가주의 전략을 고수했다. 국가의 위상 변화를 눈치채지 못했거나 위상 회복이 가능하다고 본 것 같다. 국가의 제도적 강제력에 대한 믿음 또한 변함없다. 흔히 민중 진영으로 불리는 집단에서 주로 이런 견해를 보였다. 이들은 정치권력 획득에 모든 것을 걸고 반대 진영과의 비타협적 투쟁을 강조하는 등 강한 정치성을 띠었다. 그러나 과거의 관념에 갇힌 채 현실 변화를 읽지 못하거나 애써 무시한다는 비판을 받을 소지가 많다.

두 번째 흐름은, 신자유주의에 투항해서 길을 찾은 집단이다. 이들은 국가의 위상 약화를 자연스런 현상으로 받아들였을 뿐만 아니라, 한 걸음 더 나아가 시장 기능을 강화하는 차원에서 더욱 가속화시켜야 할 과제로까지 인식했다. 과거 민주화투쟁을 이끌다 김대중·노무현 정부에 참여했던 집단에서 주로 나타났다. 하지만 이 흐름은 2008년 글로벌 금융위기와 함께 신자유주의가 몰락하면서 퇴조했다. 자연스럽게 복지국가를 지향하는 방향으로 국가의 역할을 강화해야 한다는 입장으로 선회했다. 시대 흐름에 편승해 뚜렷한 좌표 없이 표류한 것으로 비판받을 만했다.

세 번째 흐름은, 시민운동을 중심으로 국가로부터 자율적인 시민사회의 확장을 추구했다. 이 흐름은 정치권력과는 구별되는 사회권력의 강화를 강조했으며, 국가와의 관계도 협력적 파트너십을 추구하는 거버넌스를 강조했다. 국가의 위상 변화를 인식했을 뿐만 아니라 문제 해결의 실마리를 어느 정도 파악했다고 볼 수 있다. 하지만 개별 의제 중심에서 벗어나 사회 전체 변화에 대한 기획을 바탕으로 국가 역할을 재설정하는 데는 이르지 못했다. 그 결과 각자 자기 영역에서는 최선을 다함에도 불구하고 사회 전체는 퇴보하게 되는 상황을 극복하기가 쉽지 않다.

국가는 진보 진영의 편향과 판단 착오, 혼란이 집약된 영역이 되었다. 국가에 대한 시각 차이야말로 진보 진영 내부의 갈등과 대립을 낳는 원천인지도 모른다. 더욱이 분단 체제 아래서 상이한 성격의 두 국가가 병존하는 상황은 이러한 혼란을 더욱 부채질하는 요소가 되었다. 요컨대 변화된 상황에 맞게 국가의 위상과 역할을 재정립하는 것이 필수불가결한 과제로 떠올랐다.

국가의 역할은 여전히 중요하다. 국가가 어떻게 역할하는가에 따라 사회 운명이 결정적으로 달라진다. 어떤 경우에도 국가 문제를 소홀히 다루어서는 안 된다. 적어도 신자유주의에 의해 국가 기능이 지나치게 폄하되었던 것은 원상회복되어야 한다. 하지만 과거와 같은 수준으로 국가의 절대 우위를 회복하는 것은 거의 불가능해 보인다. 또한 그러한 방향이 반드시 옳은지도 되짚어봐야 한다. 원칙적으로 국가 우위보다 우선하는 것은 사회 구성원의 국가 통제이기 때문이다.

과거처럼 국가의 강제력에 전적으로 의존해 사회를 바꾸어 나갈 수 있다는 것은 현실과 당위 모두에서 시대착오적인 환상이다. 그렇다고 국가의 역할을 시장으로 대체하는 것은 더더욱 아니다. 신자유주의 폐해를 통해 드러났듯이 시장에 모든 것을 맡기는 것은 위험천

만한 선택이다. 또한 거버넌스는 여전히 필요하지만 사회 전체의 변화를 기획하고 관리하는 데서 국가가 어떻게 역할해야 하는지까지 설명해주지는 못했다. 우리는 이 모든 한계를 뛰어넘는 새로운 해답을 찾아야 한다.

> 과거처럼 국가의 강제력에 전적으로 의존해
> 사회를 바꾸어 나갈 수 있다는 것은
> 현실과 당위 모두에서 시대착오적인 환상이다.

역사적으로 국가는 종종 절대적 존재로 간주되기도 했다. 하지만 국가란 사회 구성원이 자신의 목적을 달성하기 위해 만든 하나의 도구였을 뿐이다. 20세기 진보운동을 관통했던 국가주의 전략의 오류는, 도구여야 할 국가가 주체가 되고 주체여야 할 사회 구성원이 객체로 전락한 데 있었다. 국가주의 전략에서 사회 구성원은 종종 관리와 통제, 훈육과 동원, 양육의 대상이 되었다.

바로 여기서 우리는 국가주의 전략에 입각해 있었던 20세기 사회주의와 사회민주주의의 본원적 한계를 알 수 있다. 두 사회 모두 사회 구성원은 진정한 주체가 되기가 어려웠다.

국가와 사회 구성원의 관계를 바로잡는 것! 사회 구성원은 국가를 자신의 목표 달성을 위한 도구로 만들어야 한다. 이를 전제로 도구로서의 국가 기능은 더욱 강화해야 한다. 도구로서 국가 기능이 강화되는 데 비례해 현실 세계를 개조할 수 있는 사회 구성원의 주체적 능력이 강화되기 때문이다.

역사의 변곡점을
통과하고 있다

[제3장]

신자유주의가 참으로 무서웠던 것은 그 핵심 가치가 사회 구성원들의 내면세계를 확고하게 지배했다는 사실 때문이다. 하지만 신자유주의의 심각한 폐해가 드러나면서 맹목적인 추종 분위기에 균열이 일어나기 시작했다. 그러던 중 2008년 글로벌 금융위기와 함께 신자유주의의 허구성이 적나라하게 폭로되었고 사회 분위기도 급변했다. 무엇보다도 신자유주의를 관통했던 돈 중심 가치에 대한 반작용으로 사람 중심 가치가 폭넓은 공감을 얻기 시작했다.

더 나아가 기존 돈 중심 사회를 대체할 사람 중심 사회를 향한 열망으로까지 발전했다. 주목할 점은 돈 중심 사회에 대한 반발이, 돈의 지배력과 노동자 등 사람들의 영향력 사이에 균형을 회복하는, 이해관계자 자본주의를 지향하는 수준에만 머물고 있지 않다는 것이다. 사회적 분위기는 돈 중심에서 그 대척점인 '사람 중심'으로 이동하고 있다.

1
생산력 발전의
새로운 단계

사람 중심으로의 변화는 신자유주의에 대한 반발 때문에 발생한 일시적 현상일까? 아니면 거시적 차원의 사회경제적 환경 변화를 반영한 지속가능한 현상일까?

이와 관련해서 일차적으로 짚어야 할 점은 우리가 현재, 진행 방향이 급격히 바뀌는 역사의 변곡점을 통과하고 있다는 사실이다. 근대 이후 지속되어온 산업사회에서 벗어나 전혀 새로운 탈산업사회로 진입하고 있는 것이다. 그에 따라 산업사회를 배경으로 형성된 것들 대부분이 낡은 것으로 전락하고 있다. 산업사회에서는 진보의 징표로 간주되던 것조차 사회 발전을 가로막는 질곡으로 변질될 개연성이 커졌다. 기존 틀 안에 갇혀 있다가는 매우 위험해질 수 있다.

시대의 변화를 이끄는 요소는 매우 많다. 그중 하나가 놀라울 정도로 빠른 기술 진보이다. 흔히 지난 100년간의 기술 진보가 인류 역사 전체의 기술 발전과 맞먹는다고 하는데, 실제로 최근 몇십 년 동안의 기술 진보는 그 속도를 감당하기 어려울 정도이다.

조금은 오래된 예를 들어보겠다. 1980년대 중반 세계 애니메이션 시장을 석권하고 있던 디즈니는 존 래스터라는 전도유망한 애니메이터를 해고했다. 이유는 래스터가 컴퓨터그래픽 애니메이션 도입을 주장함으로써 전통 방식으로 작업하는 다른 직원들을 불안에 떨게 했다는 것이다. 두말할 필요도 없이 디즈니가 래스터를 해고한 것은 기술 변화를 전혀 예측하지 못한 근시안적 결정이었다. 래스터는 이후 픽사로 자리를 옮겨 핵심 역할을 수행했다.

1990년대에 와서도 비슷한 현상이 나타났다. 특히 인터넷의 잠재력을 깨닫는 데서 상당한 인식의 지체 현상이 나타났다. 1994년 당시 IBM 임원진은 인터넷의 존재조차 몰랐다. 얼마 후 인터넷을 접하기는 했으나 이를 통해 돈을 벌 수 있다는 생각은 조금도 하지 않았다. 1996년 마이크로소프트의 회장 빌 게이츠 역시 언론사 인터뷰에서 인터넷을 대수롭지 않게 여기는 듯한 이야기를 했다. 그는 여전히 네트워크보다 독립적인 PC에 무게 중심을 두고 있었다. 또한 1997년 스탠퍼드 대학원생 래리 페이지와 세르게이 브린은 자신들이 발명한 인터넷 검색엔진 특허권을 사줄 사람을 물색했으나 아무도 거들떠보지 않았다. 하는 수 없이 창업을 선택했는데 그 결과로 나온 것이 구글이다.

기술 진보 속도가 워낙 빠르다 보니 IT 산업에서는 기성의 것에 집착해 현실에 안주하는 순간 뒤처지게 된다. 오랫동안 휴대폰 분야에서 세계 시장점유율 1위를 기록한 기업은 노키아였다. 노키아는 우수한 통화 기능을 가진 중저가 휴대폰을 생산 공급함으로써 세계 시장을 석권할 수 있었다. 실제로도 그러한 마케팅 전략을 일관되게 고수했다. 하지만 노키아는 어느 순간 급격히 추락하고 말았다. 기득권의 포로가 되어, 스마트폰으로 대세가 바뀌는 국면에서 제대로 대처하지 못했기 때문이다.

디지털 문명의 인류사적 의미

급격한 기술 변화의 결과는 디지털 문명의 개화로 집약되었다. 그렇다면 디지털 문명의 인류사적 의미는 무엇인가?

산업혁명 이후 지속된 산업경제(혹은 산업사회)는 기본적으로 자본과 노동의 결합에 의해 가치를 창출한다. 이 중에서 추가로 가치를 창출하는 원천은 노동이었다. 이는 영국에서 노동가치설로 정립된 이후 마르크스에 의해 계승되었다. 마르크스는 『자본론』에서 상품은 투입된 노동량을 기준으로 교환된다고 주장했다. 이때 마르크스가 상정한 노동은 근육 에너지의 지출을 의미했다.

그런데 20세기 후반을 넘어가면서 종전 노동가치설로는 쉽게 설명되지 않는 현상이 나타나기 시작했다. TV의 예를 들어보자. TV는 처음에 흑백 브라운관에서 컬러 브라운관으로, 다시 LCD 평면 TV를 거쳐 UHD 곡면 TV로 기술적 진화를 거듭해왔다. 이러한 진화 과정에서 나중에 나온 TV가 이전 세대의 TV보다 제품 가치가 큰 것은 당연하다. 그런데 후대 TV에 투입된 노동량이 반드시 이전 세대 TV

보다 많다고 볼 수 없다. 도리어 제조 기술이 함께 진화하면서 투입된 노동량은 후대 TV가 더 적을 가능성이 높다. 제품의 실제 가치와 투입된 노동량은 서로 반비례할 수도 있는 것이다. 이는 명백히 노동가치설에 위배되는 것이다.

이 같은 문제를 해결하려면 자본과 노동 이외에 다른 가치가 포함되어 있으며 기술적 진화를 거듭할수록 그 가치의 비중이 커졌다는 것을 가정해야 한다. 결국 자본과 노동이 아닌 '지식'이라는 전혀 새로운 생산요소가 가치를 창출하고 있으며 갈수록 그 비중이 높아졌다는 사실이 밝혀졌다.

지식으로부터 가치 창출을 가능하게 한 것은 바로 디지털 문명이었다. 디지털 문명은 이전과는 비교할 수 없이 쉽게 지식을 생산에 적용하고 지식을 중심으로 생산을 조직할 수 있도록 했다. 요컨대 디지털 문명이 꽃피면서 지식이 가치 창출의 새로운 원천으로 떠오를 수 있었던 것이다.

지식이 주도적 역할을 하도록 뒷받침한 요소로는 대학교육의 확대를 빼놓을 수 없다. 대학교육이 확대됨으로써 고급 지식을 생산에 적용할 수 있는 능력이 그만큼 커졌던 것이다. 2차 세계대전 이후 대학교육의 일반화는 농민 수 감소와 함께 세계 여러 나라의 사회 변동 중 가장 주목할 만한 현상이었다. 많은 나라에서 새롭게 진입한 경제활동인구의 다수는 대학교육을 이수한 사람들로 채워졌고, 그 흐름은 갈수록 거세졌다. 한국의 대학 진학률은 한때 83퍼센트에 달한 적이 있을 정도로 세계 최고 수준이다. 이는 대학교육이 직업 선택을 위한 필수 요소가 되었으며, 더 이상 특권층 양성을 위한 과정이 아니라는 것을 말해준다.

1990년대를 거치면서 지식이 새로운 가치 창출의 원천으로 떠올랐을 뿐만 아니라 그 비중 또한 빠르게 높아져서 시대 변화를 선도하고 있다는 사실은 일반적으로 동의를 얻고 있다. 지식사회, 지식경제, 지식기반경제 등과 같은 용어의 등장은 이를 반영한다. 그런데 최근에 와서는 지식의 중요성만을 강조하는 것은 또 하나의 편향으로 간주된다. 지식 못지않게 감성이 중시되는 것이다.

> 지식으로부터 가치 창출을 가능하게 한 것은
> 바로 디지털 문명이었다. 디지털 문명은 이전과는
> 비교할 수 없이 쉽게 지식을 생산에 적용하고
> 지식을 중심으로 생산을 조직할 수 있도록 했다.

사람은 논리보다 감성에 의해 더 쉽게 좌우된다. 제품이나 서비스를 구입할 때도 차가운 기능보다는 거기에 담긴 따뜻한 감성에 더 크게 영향을 받는다. 제품 디자인이 강조되고 제품과 서비스에 다양한 스토리를 담아내려고 노력하는 것도 이런 맥락에서라고 할 수 있다.

그런데 여기가 끝이 아니다. 지식이나 감성보다 더욱 중요시되는 요소가 떠올랐다. 흔히 생산력이자 권력이라 표현되는 상상력이 바로 그것이다. IT 역사를 새로 썼다고 평가받는 애플의 아이폰을 예로 들어보자. 사실 아이폰에 특별히 새로운 기술이 들어갔던 건 아니었다. 다만 PC, 와이파이, 스크린터치, MP3 등 기존에 나와 있던 기술들을 버무려 사람들을 혹하게 만든 새로운 제품을 탄생시켰을 뿐이다. 여기서 결정적인 역할을 한 것이 바로 상상력이었다.

결론적으로 오늘날 가치 창출을 주도하는 것은 지식과 감성, 상상력이다. 이 중에서도 상상력의 비중이 빠르게 증가하고 있다. 똑같은 지식과 감성도 상상력을 어떻게 발휘하는가에 따라 결과가 크게 달라진다. 상상력이 가치를 증폭시키는 구실을 하는 것이다. 이를 하나의 식으로 표현하면 다음과 같다.

$$가치 = (지식+감성) \times 상상력$$

지식과 감성, 상상력은 공통적으로 인간이 지닌 어떤 능력을 구성하는 요소들이다. 이를 한마디로 표현하면 무엇일까. 지식과 감성, 상상력의 공통점은 새로운 것을 창조하는 힘이라는 데 있다. 노동력도 새로운 것을 창조하지만 어디까지나 지식과 감성, 상상력의 도움을 받을 때 가능하다. 그러한 도움이 없으면 노동력은 기존의 것을 단순 반복해서 생산할 뿐이다. 결국 지식과 감성, 상상력을 한마디로 표현하면 사람 속에 내재된 '창조력'이라고 할 수 있다.

생산력 발전의 새로운 단계─창조경제

창조력이 가치 창출의 주요 원천을 이루는 경제를 '창조력 기반 경제', 간략히 줄여 '창조경제'라고 부를 수 있을 것이다. 결국 창조경제는 지식경제까지를 아우르는 좀 더 진전된 개념이다. 요컨대 창조력이 가치 창출의 주요 원천을 이루는, 산업경제 이후 생산력 발전의 새로운 단계를 가리킨다.*

　그러나 창조경제 이야기가 나오면 이를 매우 낯설어 하거나 자신과는 무관한 듯이 받아들이는 경우가 많다. 특히 창조경제를 문화 콘텐츠 산업처럼 특정 산업 분야로 협소하게 이해하는 예가 많다. 하지만 창조경제로의 전환은 모든 분야에서 일어나고 있다. 산업경제의 중심이었던 제조업에서도 연구개발, 디자인, 마케팅 등 창조력을 기반으로 한 분야의 비중이 빠르게 증가하고 있다. 심지어 재래시장마저 창조경제로 전환될 수 있다. 요즘 잘 나가는 재래시장을 보면 물건을 파는 것이 아니라 문화체험을 제공한다고 표방하기도 한다. 상거래를 다양한 문화체험 프로그램과 결부시켜 재래시장을 문화 공간으로 탈바꿈시킨 것이다.

> 창조경제란 창조력이 가치 창출의 주요 원천을 이루는,
> 산업경제 이후 생산력 발전의 새로운 단계를 가리킨다.

---

* 박근혜 정부가 창조경제를 강조하면서 창조경제에 대한 부정적 선입견이 확산되었다. 특정 개념의 타당성에 대한 판단이 정치적 입장에 따라 좌우된다는 것은 결코 과학적인 태도라고 할 수 없다. 개념의 타당성은 오직 현실 세계를 정확히 반영하고 있는가 여부가 기준이 되어야 한다. 그런 점에서 창조경제는 매우 객관 타당한 개념이다.
　진보 진영에게 필요한 것은 박근혜 정부의 창조경제론이 갖는 허구성을 폭로하고 이를 점령하여 자신의 것으로 만드는 것이다. 그럴 때 전략 고지를 점령하면서 자신에게 유리한 담론 지형을 형성할 수 있다. 그렇지 않고 박근혜 정부가 사용했다는 이유로 창조경제 개념을 포기하는 것은 전략적 가치를 지닌 고지를 헌납하는 것이나 마찬가지이다.
　박근혜 정부는 창조경제를 강조했지만 그에 대한 정확한 개념 정립을 하지 못하면서 적지 않은 인식의 혼란을 초래했다. 창조경제의 실체조차 제대로 파악하지 못했다는 이야기이다. 더불어 창조경제를 구현하는 정책에서도 심각한 혼란을 보였다. 대표적으로 재벌 대기업 중심의 창조경제 혁신센터를 들 수 있다. 안정 위주 경영을 하는 대기업에게 창조적 모험을 기대하는 것은 처음부터 어불성설이었다. 결과적으로 박근혜 정부는 한국 경제 체질을 창조경제 중심으로 바꾸는 데 실패했다.

한국은 창조경제로의 전환이 빠르게 진행되고 있고 전체 경제에서 창조경제가 차지하는 비중 또한 상대적으로 높은 나라에 속한다. 많은 한계가 있지만 K-POP, K-뷰티, K-패션 등 K 시리즈는 이를 상징적으로 보여준다. 이 같은 변화는 창조경제의 출발이던 지식기반경제로의 전환에서부터 뚜렷이 나타났다. 한국의 지식기반산업은 1990년대 이후 다른 산업에 비해 세 배 이상 빠르게 성장했으며 성장률만 보면 OECD 국가 중에서 가장 높은 수준이었다.

창조경제는 특정 분야에 국한된 아주 특별한 이야기가 아니다. 먼 미래의 이야기도 아니고 우리와 무관한 남의 나라 이야기도 결코 아니다. 지금 당장 우리 눈앞에 펼쳐진 현실인 것이다. 그러니 지체 없이 창조경제에 어떻게 대응할지를 고민하고 그 해답을 찾아야 하는 처지이다.

창조력과 노동

창조경제로의 전환과 관련해서 '전통적 의미의 노동을 어떻게 볼 것인가?' 하는 가볍지 않은 문제가 제기된다. 창조력이 새로운 가치 창출의 원천이라면 노동의 가치는 사라지는 것인가? 현실에서 종종 노동의 가치가 폄하되고 있는 것은 부인할 수 없는 사실이다. 그러나 노동의 가치 저하가 결코 숙명은 아니다. 거꾸로 창조경제로의 전환이라는 환경은 노동에게 새로운 기회가 될 수 있다.

전통적 의미에서 노동은 노동력 지출 즉 (마르크스의 표현을 빌리자면) 근육 에너지를 지출하는 과정이었다. 이러한 노동은 인류 역사를 유지 발전시켜온 가장 신성한 영역이다. 인류가 지구상에 머무는 한 노동은 어떤 형태로든지 존속할 것이다. 하지만 노동의 신성함을 강조하는 것만으로는 부족하다. 자본주의 아래서 나타난 '노동의 소외'가 여전히 계속되고 있기 때문이다.

자본주의 사회에서 노동은 인간 본성과 분리되어 물화된 형태로 존재했다. 노동은 기계의 부속품으로 전락했으며 자본의 일부로 편입되었다. 마르크스가 노동을 가변자본이라고 표현한 것도 이러한 현실을 반영한 것이라 볼 수 있다. 과연 이러한 상황을 어떻게 극복할 수 있을까?

노동의 소외 극복은 최소한 두 가지 관계의 변화를 전제로 한다. 먼저 노동과 노동 주체의 관계가 재정립되어야 한다. 즉 노동의 과정이란 노동 주체의 본성을 실현하는 과정이 되어야 한다. 그러자면 노동 주체와 기계의 관계도 함께 재정립되어야 한다. 더 이상 노동 주체가 기계의 부속품이 되어서는 안 된다. 뒤에서 살펴보겠지만 이 같은 관계 재정립은 '노동의 진화 전략'을 통해서 가능해진다. 즉 창조력이 새로운 가치 창출의 원천으로 떠오른 환경에 맞게 노동의 질을 재구성하는 것이다. 그러한 과정을 통해 노동의 가치는 더욱 높은 차원으로 고양될 수 있다.

2
창조경제의 동력,
벤처기업

새로운 성장 동력은 주로 창조경제 안에서 나올 것이다. 산업경제의 중심이었던 제조업조차 생산성은 생산라인보다는 연구개발 등 창조력에 기반을 둔 분야에 의해 더 크게 좌우된다. 창조경제로부터 새로운 성장 동력이 나올 가능성이 크다는 주장을 뒷받침하는 뚜렷한 증거가 있다.

그동안 창조경제의 견인차 역할을 해온 것은 대체로 벤처기업이었다. 단적으로 애플, 구글 등 창조경제를 기술적으로 선도해온 세계 IT 산업 맹주들은 대부분 벤처기업 출신들이다. 왜 굳이 벤처기업인가. 무언가를 창조한다는 것은 아직은 검증되지 않은 새로운 것을 만드는 것으로서 언제나 모험일 수밖에 없기 때문이다. 창조와 모험은 서로 뗄 수 없는 동전의 양면인 것이다. 모험이 벤처기업의 고유 속성인 본질적인 이유는, 창조력을 가치 창출의 주요 원천으로 삼기 때문이다. 요컨대 벤처기업은 창조력이 가치 창출의 주요 원천인 기업을 가리키는 말이다.

실제 벤처기업의 가치 구성에서 창업자의 창조력은 자본의 비중을 압도한다. 그렇지 않으면 벤처기업이라 말하기 어렵다. 벤처기업으로 출발하여 세계 IT 업계 기린아로 부상한 구글은 이를 잘 보여준다.

인터넷 검색 전문업체로 출발한 구글은 창업 이듬해인 1999년 막대한 자금이 필요했고 이 문제를 해결하기 위해 투자를 유치하기로 했다. 당시 구글 투자자로 협상 대상이 된 곳은 실리콘밸리 벤처 캐피탈의 양대 산맥인 세콰이어 캐피탈(Sequoia Capital)과 클라이너 퍼킨스 코필드 앤 바이어스(Kleiner Perkins Caufield & Byers)였다. 두 캐피탈은 곧바로 구글의 잠재적 가치를 알아보았다. 협상을 통해 구글의 가치는 1억 달러로 평가되었다. 두 벤처 캐피탈은 똑같이 1250만 달러씩을 투자하기로 했고 그 대가로 각자 12.5퍼센트의 지분을 확보했다. 나머지 75퍼센트는 여전히 공동 창업자인 래리 페이지와 세르게이 브린의 몫이었다.

스탠퍼드 대학원생 출신인 래리 페이지와 세르게이 브린은 본디 자본가가 아니었다. 그들은 단지 검색엔진에 대한 지식을 갖추고 있는 엔지니어였을 뿐이다. 말하자면 검색엔진에 대한 지식이라는 창조력을 지니고 있었던 것이다. 그런데 창조력을 지니고 있었던 바로 그 덕분에 75퍼센트의 지분을 확보해 거대 투자자들 이상으로 자본을 지배할 수 있었던 것이다.

2015년 현재, 전 세계적으로 매출액 100위 안에 드는 기업 중 절반 이상이 벤처기업이며 그 비중이 더 빠르게 증가하고 있는 추세이다.* 창조경제의 견인차인 벤처기업이 세계 경제 중심에 우뚝 선 것이다. 새로운 성장 동력이 창조경제에서 비롯된다는 것을 입증하는 명백한 증거이다.

선진 생산력에서 미래가 태동한다

그동안 한국 경제성장의 견인차 역할을 해온 것은 주로 제조업 기반의 대기업들이었다. 이들 대기업이 우세한 기술력을 바탕으로 세계 시장을 개척하면 덩달아 중소 협력업체들의 입지가 넓어졌고 고용이 확대되면서 국민경제 전반의 활성화로 이어졌다. 이른바 '낙수효과'가 발생했던 것이다. 하지만 대기업 중심 성장 모델은 더 이상 먹혀들지 않고 있다. 그래서 역으로 벤처기업을 적극 육성해 창조경제를 발전시키고 그 성과를 흡수해 대기업도 함께 발전하는 '분수효과'를 노리자는 의견이 강력해지고 있다. 낙수효과에서 분수효과로 성장 모델을 전환해야 한다는 것이다.

사실 벤처 창업을 신성장 동력으로 삼는 것은 이미 세계적 추세이다. 영국의 시장조사업체 프레킨에 따르면 스타트업(신생 벤처기업) 투자 붐이 일어나면서 2015년 전 세계 벤처 투자액은 1358억 달러로 집계됐다고 밝혔다. 이는 2014년의 935억 달러와 비교해 45퍼센트나 급증한 것이다. 세계 경제가 둔화되고 있는 상황에서 벤처 투자는 활

---

* 이와 유사하게 2013년 말 기준 세계 시장점유율 1위를 기록한 국내 기업 130개 중에서 절반 가까운 63개가 벤처기업인 것으로 드러났다(중소기업청 조사 결과).

기를 띤 것이다. 개별 국가를 보아도 상황은 비슷하다.

　많은 논자들이 신자유주의 이후 미국의 경제 전망이란 존재하지 않는다는 믿음을 갖고 있었다. 신자유주의를 미국 자본주의가 선택할 수 있는 마지막 카드라고 본 것이다. 이러한 논리의 연장선에서 신자유주의의 몰락으로 미국 경제가 걷잡을 수 없이 침몰할 것으로 내다보았다. 그러나 결과는 다르게 나타나고 있다. 미국 경제는 글로벌 금융위기 이후 예상과 달리 나름대로 선전했다. 도리어 제조업에서조차 경쟁력을 회복하며 글로벌 강자로 재부상하고 있다. 여기서 결정적인 역할을 한 것이 실리콘밸리를 주 무대로 하는 광범위한 벤처 창업이었다. 창업은 새로운 일자리 창출의 3분의 2를 차지할 만큼 강력하고도 광범위했다. 그러한 벤처 창업을 통해 신기술이 개발되고 이는 미국 경제의 기본을 강화시키는 것으로 이어졌다.

　유럽 또한 크게 다르지 않다. 인구 550만의 핀란드가 이를 잘 보여준다. 노키아는 한때 법인세 4분의 1을 떠안을 만큼 핀란드 경제에서 절대적인 비중을 차지했다. 그러던 노키아가 일거에 몰락했지만 핀란드 경제는 함께 몰락하지 않았다. 노키아가 몰락하자 그곳에 몸담았던 고급 인력들이 짧은 시간 안에 400여 개의 신생 벤처기업을 창업했던 것이다. 핀란드 정부 역시 신속하게 벤처 창업을 신성장 동력으로 삼도록 경제 환경을 바꾸었다. 위험은 사회가 떠안도록 함으로써 과감한 도전을 보장했다. 결과적으로 노키아 몰락은 핀란드에게 전화위복의 계기가 되었다.

　이번에는 중국으로 눈을 돌려보자. 한국 사람 중에는 중국 하면 낮은 인건비를 무기로 과거 한국이 걸었던 산업화 궤도를 부지런히

뒤쫓아오고 있는 나라 정도로 생각하는 사람이 많다. 하지만 중국은 벤처 창업에서 한국을 앞서가고 있다. 벤처의 요람인 베이징 중관춘을 진원지로 한 창업 열풍이 선전, 상하이, 구이저우, 서부 우루무치 등 중국 전역으로 확산되기 시작했다. 혁신적 창업자를 뜻하는 창커(創客)가 주축이 된 벤처 창업은 2014년 한 해 동안 모두 291만 건에 이른다. 이는 한국의 3만여 건에 비해 약 100배 많은 수이다. 유치한 벤처투자금액은 155억 3000만 달러(약 16조 9000억 원)를 기록해 전년 대비 세 배 이상 급증했다. 한국 벤처투자액(1조 6393억 원)의 10배 이상이다.

마윈 알리바바 창업주와 레이쥔 샤오미 회장 등 중국 토종 창커의 성공 스토리도 창커 현상에 불을 지폈다. '하니까 되더라'는 자신감도 충만하다. 중국 창커 세대에 창업은 '밥벌이'이면서도 즐거운 '창조 놀이'다. 한국에서 창업 하면 '카페·치킨집'을 떠올리는 것과는 근본적으로 다른 양상이다.

중국 정부는 벤처 창업을 중국 경제의 새로운 엔진으로 간주하고 향후 1억 명의 창커를 육성할 계획을 갖고 있다. 중국 경제성장 패러다임이 인프라·부동산에서 벤처 창업 중심으로 바뀌고 있는 것이다. 리커창 총리는 '대중창업·만민혁신'이란 단어를 써가며 '창커 시대'를 역설하기도 했다. 이를 뒷받침하기 위해 중국 정부는 막대한 예산을 투입하는 등 갖가지 수단을 강구하고 있다.

어느 모로 보나 시대의 흐름은 벤처 창업을 신성장 동력으로 삼는 방향으로 나아가고 있다. 그럼에도 불구하고 진보 진영 안에서 벤처기업에 대한 시각은 무관심 혹은 냉소에 가깝다. 전통적인 노동 의제에서 벗어난 아주 특별한 사람들의 특별한 영역으로 보는 경우도 많다. 일각에서는 2000년 1차 벤처 붐 당시 투기 바람에 휘말렸던 기억 때문에 매우 좋지 않은 인상을 갖고 있다.

하지만 이러한 시각은 과거 산업사회 틀 안에 갇혀 경험적으로 접근한 결과일 가능성이 크다. 마치 근대 초기에 이전 전통사회에 익숙해 있던 사람들이 공장 세계를 대했을 때의 당혹감과 비슷할지도 모른다.

시대의 흐름은 벤처 창업을 신성장 동력으로 삼는 방향으로 나아가고 있다. 그럼에도 불구하고 진보 진영 안에서 벤처기업에 대한 시각은 무관심 혹은 냉소에 가깝다.

사람은 익숙한 세계에서 친밀감을, 낯선 세계에서 이질감을 느끼기 마련이다. 문제는 역사의 변곡점을 통과하면서 펼쳐지는 새로운 세계는 정서적 이질감을 수반하는 낯선 세계일 가능성이 크다는 데 있다. 벤처기업 세계가 그에 해당한다. 과연 낯설다는 이유로 새로운 세계를 거부하는 것이 타당한가?

일반적으로 선진 생산력을 담당하는 영역에서 미래를 이끌 새로운 세계가 태동한다. IT를 비롯한 선진 생산력을 담당하는 것은 벤처기업이다. 벤처기업 세계에서 새로운 정체성을 갖는 경제 주체가 잉태되고, 새로운 경제 시스템과 문화가 출현할 가능성이 매우 높은 것이다. 벤처기업을 모르면 결코 새로운 미래를 이해할 수도 구상할 수도 없다. 벤처기업을 주목해야 할 이유이다.

3
운영체제의 전환이
불가피하다

박근혜 정부가 유포한 잘못된 관점 중 하나는 창조경제만 하면 문제가 잘 풀릴 거라는 주장이다. 이 관점에서 창조경제는 문제의 해답이다. 과연 창조경제 자체가 해답이 될 수 있는가? 창조경제는 해답보다는 질문에 가깝다. 창조경제가 잘되기 위해 어떤 사회적 환경이 필요한지 규명해야 하기 때문이다.

창조경제란 인간의 창조력이 가치 창출의 주요 원천으로 떠오른 생산력 발전의 새로운 단계를 나타낸다. 이처럼 생산력이 새로운 단계로 진입함으로써 돈 중심 운영체제에 근본적인 변화가 불가피하게 되었다. 창조경제와 돈 중심 사회가 정면으로 충돌하기 때문이다.

노동력과 창조력은 인간에 내재한, 가치를 창출할 수 있는 두 가지 능력이다. 이 두 가지 능력에는 매우 중요한 차이가 있다. 노동력은 기계 등 다른 작업 수단에 의해 끊임없이 대체되어왔다. 그로 인해 노동자들이 일자리를 잃는 사태가 벌어지기도 했지만 전체적으로 보면 인간이 고된 노동에서 벗어날 수 있는 기회가 되었다. 인류 역사는 이를 하나의 진보로 받아들이고 있다. 하지만 창조력은 기계나 다른 작업 수단에 의해 대체되지 않는다. 다만 도움을 받을 뿐이다.

구글이 만든 알파고와 이세돌의 바둑 대결을 계기로 인공지능이 인간을 넘어설 것이라는 전망이 대두되기도 했다. 사실 기계나 무기 등 인간의 피조물이 인간의 영역과 능력 심지어 존재마저 위협한 것은 인류 역사에서 줄곧 있어온 현상이다. 인간은 그러한 위협을 계기로 새로운 영역과 능력을 개발하기 위해 끊임없이 노력해왔다. 즉 인간은 그와 같은 피조물과의 변증법을 통해 진화를 거듭했다.

창조경제와 돈 중심 사회의 충돌

현재 인간은 자신의 잠재력 중 극히 일부만을 발현하고 있을 뿐이다. 인공지능이 진화하는 것 이상으로 인간은 자신의 창조적 능력을 더욱 높은 수준으로 끌어올릴 것이다. 기계가 인간의 창조력을 궁극적으로 대체하는 것은 불가능하다. 인간 두뇌를 구성하는 신경세포인 뉴런은 대뇌피질에 있는 것만 약 1천억 개에 이른다. 이들 뉴런은 제각각 단말기 기능을 하면서 서로 교신을 하는데 그 경우의 수는 우주 안에 존재하는 소립자 수보다도 많다고 한다. 사람 속에 우주가 들어 있는 셈이다.

앞으로도 새로운 세계를 창조하는 주역은 사람 그 자신일 것이다.

이는 창조력이 가치 창출의 주요 원천을 이루는 작업에서는 사람이 중심에 설 수밖에 없음을 암시한다. 좀 더 깊이 들어가보자.

창조경제에서는 사람이 경제활동 중심에
서는 조건이라야 최상의 결과를 기대할 수 있다.
이는 창조경제와 돈 중심 사회가 정면충돌할
가능성이 크다는 것을 암시한다.

창조력을 발휘하는 과정으로서 창조 작업은 자발적 열정을 갖고 몰입할 때 최고의 결과를 낳을 수 있다. 몰입을 하자면 작업자는 자신이 경제활동의 목적이라고 느낄 수 있어야 하고 활동의 중심에 있어야 하며 작업과 관련해 결정권을 행사할 수 있어야 한다. 이와 반대로 작업자 자신이 그 무엇의 수단에 불과하다고 느끼고 조직의 부속품으로 전락해 있고 아무런 결정권을 행사할 수 없는 조건이라면 자발적 열정을 갖고 몰입할 것을 기대하기는 힘들다. 가령 디자이너가 기획 과정에서 완전히 소외된 채 주어진 결정에만 따라야 한다면 제대로 몰입할 수 있겠는가?

이러한 예는 창조경제에서는 사람이 경제활동 중심에 서는 조건이라야 최상의 결과를 기대할 수 있음을 말해주는 것이다. 뒤집어 얘기하면 창조경제와 돈 중심 사회가 정면충돌할 가능성이 크다는 것을 암시한다.

돈 중심 사회에서 기업은 기본적으로 돈 버는 것을 목적으로 삼으며 구성원은 그 목적을 위한 수단으로 간주된다. 더불어 돈의 흐름을 중심으로 기업이 움직인다. 제조 공장에서 가장 중심적인 위치를 차지한 것은 값비싼 기계장치였다. 권력 또한 돈으로부터 나온다. 주식회사의 최고 의결기관으로서 1주 1표 원칙에 입각해 운영되는 주주총회는 이를 압축적으로 보여준다. 돈 중심 사회에서 사람은 돈 버는 수단이고 조직의 부속품이며 권력 행사의 대상일 수밖에 없다. 창조경제의 필수 요소인 자발적 열정을 갖고 몰입하기가 매우 어려운 환경인 것이다.

이렇듯 돈 중심 사회와 창조경제는 본성 자체부터 서로 궁합이 맞지 않는다. 그렇다면 창조경제와 돈 중심 사회의 충돌이 현실 속에서 어떻게 구체화되고 있는지 확인해보도록 하자.

외환위기를 거치며 한국 사회는 돈 중심 논리에 길들여졌다. 돈 중심 논리가 경제 전반을 철저하게 지배하고 있으며 지금도 그 연장선에 서 있다고 볼 수 있다. 돈 중심 운영체제가 여과 없이 침투한 것이다. 이러한 돈 중심 사회는 창조경제의 전면적 발전을 억제해왔는데 대표적인 문제로 다음 세 가지가 드러났다.

먼저 재벌 대기업의 역기능을 들 수 있다.

일반적 관점에서 보더라도 창조경제 시대에는 모험을 기피하는 대기업이 성장을 선도하기가 쉽지 않다. 여기에 한국 특유의 문제가 덧붙여진다. 한국을 대표하는 대기업인 삼성이나 LG의 경우 외국인의 눈에는 완전한 상명하복의 군대조직이다. 대기업의 조직문화는 이들을 포함하는 재벌 체제와도 밀접한 연관이 있다. 재벌은 총수(오너)가 지배하는 절대왕정 체제이다. 총수 말이 곧 법인 세계이다. 그러다 보니 전문 경영인들은 독자적인 판단을 자제하고 오직 총수에게 맹목적 충성을 바치면서 부하 직원들에 대해서는 군대식으로 지휘하는 데 익숙하다.

이러한 조직문화는 일사불란하게 밀어붙이면 효과가 나는 산업경제 시절에는 그나마 강점을 발휘할 수 있었다. 하지만 창조경제에는 전혀 어울리지 않는다. 삼성과 LG 등이 높은 기술력을 축적해왔지만 시장 판도를 바꾸어놓을 획기적인 신제품을 내놓지 못하는 것도 이와 무관하지 않다. 한마디로 독창성이 약한 것이다. 그러다 보니 창의적인 청년 인재들조차 허드렛일로 아까운 시간을 버리고 있는 경우가 허다하다. 재벌 대기업은 창조경제에 어울리지 않는 낡은 시스템이다.

둘째, 후진적인 벤처 자본 형성을 들 수 있다.

창조경제 발전을 선도하는 벤처 생태계의 필수 구성 요소는 벤처 자본 형성이다. 투자할 곳을 찾지 못해 헤매는 부동자금이 900조 원을 훌쩍 넘어서고 있다. 벤처 투자 수익률은 일반적인 투자보다 높은 것으로 나타난다. 그런데도 정작 벤처 자본은 제대로 형성되어 있지 않다.

벤처 투자는 본래 사람에게 투자하는 것이다. 창업자의 잠재력을 믿고 현재적 가치가 아닌 미래 가치에 투자하는 것이 벤처 투자이다. 그런 점에서 돈 놓고 돈 먹기 논리에 익숙해져 있는 일반 투자와는 큰 차이가 있다. 문제는 한국의 금융자본이 철저히 돈 중심 논리에 젖어 있다는 데 있다. 사람 중심 투자에 익숙하지 않은 것이다. 돈은 넘쳐나는데도 벤처 자본 형성이 빈약한 이유이다.

셋째, 비정규직 양산을 들 수 있다.

비정규직 규모는 이미 오래 전에 위험 수위를 넘어섰다. 비정규직 양산의 근본적 이유는 무엇인가? 이 역시 사람을 창조의 주체가 아닌 비용으로 보는 돈 중심 논리에서 찾을 수 있다. 돈 중심 논리로 볼 때 비정규직 양산은 더할 나위 없이 합리적 선택이다. 인건비를 절반 이상 줄일 수 있고 구조조정을 위한 추가 비용을 지불할 필요도 없기 때문이다.

그러나 비정규직 양산과 창조경제는 서로 양립할 수 없다. 일회용 소모품이나 다름없는 비정규직 신분에서는 창조경제의 필수 요소인 자발적 열정을 바탕으로 한 몰입을 기대하기 어렵기 때문이다. 한편에서는 변화가 극심하고 모험이 불가피한 환경에서 단기 프로젝트가 증가하니 비정규직이 증가할 수밖에 없다고 말한다. 하지만 (앞으로 살펴보겠지만) 이는 전혀 다른 해결 방안을 요구하는 것으로서, 지금과 같은 비정규직 양산의 근거가 될 수는 없다.

비정규직 양산은 사회 전체적으로 볼 때 잠재 능력을 소모시키는 결과를 초래한다. 비정규직이 양산되는 것에 비례해서 국민경제 체력은 더욱 허약해질 수밖에 없는 것이다. 오늘날 한국 경제의 체력이 현저히 약해지고 있는 것도 상당 부분 비정규직 양산에 원인이 있다고 볼 수 있다.

어느 모로 보나 돈 중심 운영체제는 창조경제의 전면적 발전을 가로막는 질곡이다. 돈 중심 사회에서 창조경제는 극도로 뒤틀린 기형적 모습을 보이기 쉽다. 문화 콘텐츠 산업에서 엿보이듯 소수 스타급 문화예술인과 스태프 사이에 극단적인 양극화가 나타나기도 한다. 이는 창조경제 자체의 속성이 아닌 돈 중심 운영체제와 창조경제의 왜 곡된 결합이 빚어낸 결과이다.

일반적으로 창조경제가 발전하기 위해서는 세 가지 조건이 필요하다. 첫째, 창조력을 생산에 적용할 수 있는 기술적 기반으로서 디지털 문명이 발전해 있어야 한다. 둘째, 고도의 창조적 능력을 배양할 수 있는 대학교육이 일반화되어야 한다. 셋째, 창의성을 자유롭게 꽃피울 수 있는 정치적 자유가 신장되어야 한다. 한국은 비교적 이 세 가지 조건을 잘 갖추고 있다. 한국은 한때 IT 강국으로 꼽힐 만큼 디지털 문명이 발전했다. 대학교육은 진학률만 놓고 보면 세계 최고 수준이다. 민주화의 정착으로 정치적 자유 또한 꾸준히 신장되어왔다. 그럼에도 창조경제의 전면적 발전이 가로막혀 있는 것은 여러 면에서 돈 중심 운영체제와 충돌을 빚고 있기 때문이다.

사람 중심 운영체제

돈 중심 운영체제로는 창조경제의 발전을 뒷받침하기는커녕 억누를 가능성이 크다. 노트북의 낡은 운영체제를 바꾸지 않으면 안 되는 상황에 직면한 것이다. 과연 새로운 운영체제 역할을 할 수 있는 대안은 무엇인가. 그것은 오직 사람이 경제활동의 목표이고 활동의 중심이며 권력의 원천을 이루는 '사람 중심 사회'일 수밖에 없다.

돈 중심 사회는 자본주의 안에 갇혀 있지만
사람 중심 사회는 자본주의 밖으로 열려 있다.

사람 중심 사회에 대해서는 지속적인 탐색을 통해 그 실체를 규명해 나가야 하겠지만, 여기서는 자본주의와의 관계에 대해서만 간략히 짚어보도록 하자. 돈 중심 사회는 자본주의 틀 안에 존재한다. 자본주의 안에서 노동자 등 사람의 제어력이 약화될 때, 악마가 그 본성을 드러내듯 모습을 나타내는 것이 돈 중심 사회이다.

반면 사람 중심 사회는 자본주의 안과 밖에 두루 걸쳐 있다. 자본주의 틀 안에서도 형식에 관계없이 실질적으로 사람이 중심이 된 영역이 얼마든지 존재할 수 있다. '인적자본주의'라는 표현에서처럼 형식은 자본 중심이면서 내용은 사람 중심인 경우가 있을 수 있는 것이다. 동시에 사람 중심 사회가 높은 단계로 발전함에 따라 자본이 사람의 발아래 온전히 무릎을 꿇는 자본주의 너머의 장면도 얼마든지 상상 가능하다. 돈 중심 사회는 자본주의 안에 갇혀 있지만 사람 중심 사회는 자본주의 밖으로 열려 있다.

사람 중심 사회로의 전환은 비정규직을 중심으로 한 노동 문제에 초점을 맞추어보아도 매우 적절해 보인다. 한국 사회에서 비정규직 문제는 이미 중요한 이슈로 떠올라 있다. 그 해결을 위한 사회적 노력도 크게 강화되었다. 그럼에도 비정규직 문제는 나날이 악화되어왔다. 비정규직 수는 800만을 훌쩍 넘어선 상태이며 피고용자의 절반 이상을 넘어서는 것도 시간문제라는 우려가 제기되는 실정이다. 도대체 그토록 많은 노력을 기울이는데도 불구하고 진척이 없는 이유가 무엇일까?

비정규직 문제의 해법은 암묵적이든 명시적이든 대개는 기존 틀 안에서 정규직으로의 전환에 초점을 맞추어왔다. 이에 대해 이의를 제기하는 사람은 별로 없었던 것 같다. 문제는 바로 여기에 있다. 기존 틀 안에서 정규직으로의 전환에 초점을 맞추는 방식으로는 비정규직 문제에 대한 구조적 해결이 어렵다.

먼저 주의를 기울여야 할 대목이 있다. 비정규직의 정규직으로의 전환을 목표로 하는 사회적 노력이 강해질 때 정규직은 현재 자신의 위치를 어떻게 받아들일까? 벗어나야 할 그 무엇으로 볼까 아니면 지켜야 할 그 무엇으로 볼까? 누가 봐도 후자일 것이다. 여기서 심각한 문제가 발생한다. 지금의 위치를 지켜야 할 그 무엇으로 본다는 것은 현상 유지에 집착한다는 것이며 이는 곧 보수화를 의미한다. 실제로 정규직, 그중에서도 대기업 정규직 노동자들은 우리 사회에서 가장 보수적인 집단의 하나로 전락해 있다.

한 걸음 더 나아가 정규직 노동자는 비정규직의 존재에 대해 어떤 이해관계를 갖고 있을까? 불확실성 시대에 구조조정은 피해갈 수 없는 방안으로 존재한다. 이러한 상황에서 정규직 입장에서 볼 때 비정규직이 있는 것이 좋을까 없는 것이 좋을까? 모두가 정규직인 상태에서 구조조정이 단행되면 자신도 대상에 포함될 가능성이 얼마든지 있다. 반면 비정규직이 존재하면 그들이 우선적인 구조조정 대상이 될 것이기 때문에 상대적으로 안전하다. 비정규직이 정규직의 고용안전판 구실을 하는 것이다. 이런 이유로 정규직은 내심 비정규직의 존재를 원한다.

이러한 요인들로 인해 정규직과 비정규직의 균열이 심화되어왔다. 냉정하게 판단해보자. 정규직과 비정규직, 정규직과 사용자 두 종류의 관계에서 어느 쪽이 정서적으로 거리가 더 멀었을까? 비슷한 맥락에서 비정규직은 사용자와 정규직 중 어느 쪽을 더 불신했을까? 안타깝지만 이 대목에서 때리는 시어머니보다 말리는 시누이가 더 얄밉다는 속담이 딱 들어맞는다. 정규직과 비정규직의 정서적 거리가 정규직과 사용자의 거리보다 더 멀며 비정규직은 사용자보다 정규직을 더 불신한다.

이렇듯 기존 틀 안에서 정규직으로의 전환을 목표로 하는 문제 해결은 의도와 무관하게 정규직의 보수화와 정규직·비정규직 사이의 균열을 심화시키는 것으로 나타났다. 이는 곧 정규직과 비정규직이 단결하여 투쟁할 여지가 거의 사라졌음을 의미하는 것이다. 대부분의 사용자들은 여전히 돈 중심 논리에 사로잡혀 있다. 그러한 사용자 입장에서 최적의 환경이 마련된 것이다. 사용자 입장에서 비정규직 문제를 해결하기 위해 노력할 이유가 없으며 도리어 비정규직을 양산할 유혹이 더 커질 수 있는 구조이다. 여기서 비정규직이 양산되어온 근본 원인이 무엇인지 드러난다.

노동운동의 고유한 속성인 '역량 축적'의 관점에서 보더라도 문제는 매우 심각하다. 그동안 비정규직의 정규직으로의 전환을 위한 투쟁은 부족하지만 웬만큼 성과를 내기도 했다. 그런데 바로 그 순간부터 문제가 발생하기 시작했다. 정규직으로의 전환이라는 목표를 달성하자 더 이상의 실천투쟁을 기피한 채 현실에 안주해버리는 것이다. 현상 유지에 집착하는 보수적인 정규직 대열의 일부로 흡수되어버린 셈이다. 이는 노동운동의 역량 축적과는 정반대인 역량 유실이다.

결론적으로 비정규직 문제는 기존 경제 틀 안에서 비정규직이 정규직으로 이동하는 방식으로는 해결이 어렵다. 이 사실은 창조경제의 전면적 발전, 사람 중심 사회로의 운영체제 변화와 맞물려 노동 문제가 어떻게 해결되어야 하는가에 대해 심각한 질문을 던진다. 뒤에서 이야기하겠지만 그 해답은 우리에게 익숙한 전통적 방식과는 사뭇 다를 것이다.

사실 정규직이 현재의 위치를 지켜야 할 그 무엇으로 본다는 것 자체도 심각한 자기모순이 아닐 수 없다. 대부분의 정규직들은 현재의 자기 삶에 그다지 만족하고 있지 않기 때문이다. 양상이 다를 뿐 하루하루 힘들게 사는 건 크게 다르지 않다. 비정규직은 지옥에 살고 있고 정규직은 천국에 살고 있는 것이 결코 아니다. 그런데도 정규직은 현상 유지에 집착하는 모순을 드러낸다. 이러한 모순은 정규직 스스로 지금의 상태를 벗어나야 할 그 무엇으로 인식하고 새로운 세계를 지향할 때 해소될 수 있다.

모두가 돈 중심 사회에서 벗어나 사람 중심 사회를 지향할 때 공동의 목표가 생기면서 정규직과 비정규직이 연대할 수 있다. 그래야만 사람 중심 사회로의 전환도 가능하고 비정규직 상태로부터 벗어날 수 있다. 이는 비정규직이 낡은 돈 중심 사회에서 벗어나고자 모두와 함께 노력할 때 자기 문제도 해결할 수 있음을 말한다. 요컨대 정규직과 비정규직 모두 자신의 존재에 대한 재인식이 문제 해결의 출발점인 것이다.

사람 중심 사회는
어떻게 **구성**되는가

사람 중심 사회로 전환해야 할 당위성은 분명해 보인다. 문제는 이를 현실화시킬 실행 전략을 수립하는 것이다.

여기서 먼저 규명해야 할 것은 사람 중심 사회에서 형성되는 사람들 사이의 관계가 어떤 형태인지를 밝히는 것이다. 사람 중심 사회에서의 관계 형태는 '사람 중심'이라는 표현 속에 내재되어 있다.

사람 중심 사회에서 '사람 중심'은 특정 소수가 아닌 모두에게 두루 적용되는 보편적 원리여야 한다. 궁극적으로 사회 구성원 각자가 자기 영역의 중심이 되어야 한다는 전제로부터 출발해야 하는 것이다. 자기 영역의 중심인 사람들이 연결될 수 있는 방식은 오직 수평적 관계뿐이다. 수직적 관계에서는 상층부의 소수만이 중심이 되고 나머지는 주변적 존재로 전락한다. 그리고 수평적 관계가 보편적으로 적용되려면 연대와 협력을 바탕으로 상생을 지향해야 한다. 먹고 먹히는 관계에서는 수평적 관계가 보편화될 수 없다. 우리는 이러한 관계를 포괄하는 용어로서 '생태계'를 채택한다.

1
수평 관계로 이루어진
자연 생태계

생태계는 '각자가 중심인 조건에서 수평적 협력을 바탕으로 상생을 지향하는 관계'를 가리킨다. 그렇다면 생태계를 어떻게 효과적으로 형성할 수 있을까? 우리가 이에 대한 해답을 찾을 수 있다면 사람 중심 사회로 가는 핵심 전략을 수립할 수 있을 것이다.

생태계에 대한 우리의 정의는 임의적인 것인가 아니면 보편타당성을 지닌 것인가?

생태계 개념은 자연 생태계로부터 비롯되었다. 그간 자연 생태계를 둘러싼 인류 사회의 인식은 복잡하기 그지없었다. 가장 그릇된 오해의 하나는 자연 생태계가 약육강식을 바탕으로 수직적 위계질서를 형성하고 있으며 그 위계질서의 정점에 인간이 존재한다고 보는 관점이다. 오늘날 과학 연구의 성과는 이러한 관점이 매우 잘못된 것임을 입증하고 있다. 과학자들의 연구 결과에 따르면 지구상에 존재하는 모든 생명체는 저마다의 세계에서 중심을 이룬다. 심지어 과학자 중에서는 지구의 실질적 지배자는 식물이며 동물은 조연에 불과하다는 주장을 하는 사람도 있다.

모든 생명은 각자의 영역에서 중심이며 이들의 관계는 기본적으로 수평적이다. 복잡한 먹이사슬에서 약육강식이 존재하고 때로는 새로운 포식자가 등장해 생태계를 교란하기도 하지만 총체적으로 보면 부차적 현상이다.

자연 생태계 전체로 보면 다양한 생명체는 에너지 순환을 통해 상생을 지향한다. 시아노박테리아 이후 원시생명체가 오늘날 우리가 보는 생태계의 토대를 닦을 수 있었던 것도 근본적으로 공존 공생이었다. 대표적으로 서로 경쟁하던 두 종류의 박테리아인 혐기성 박테리아와 호기성 박테리아가 각각 세포핵과 미토콘드리아가 되는 공존 공생을 통해 단일한 세포를 형성한 예를 들 수 있다. 이는 생명 역사에서 가장 중대한 사건이며 생명 세계를 관통하는 핵심 원리 역시 이로부터 만들어졌다. 우리 지구가 종의 번식이 왕성하게 이루어지고 종 다양성이 극대화되면서 생명이 넘쳐나는 행성이 될 수 있었던 이유도 바로 여기서 찾을 수 있다.

따지고 보면 자연 생태계를 수직적 위계질서로 파악하는 관점 속에는 은연중 인간 사회의 위계질서를 정당화하려는 권력의 의도가 숨어 있었다. 권위주의적 지배 질서를 자연의 섭리가 반영된 보편타당한 것으로 받아들이기를 원했던 것이다. 인위적으로 형성된 질서를 자연 질서 속에 대입한 셈이다.

> 자연 생태계는 수직적 위계질서가 아니라 모든 생명체가
> 저마다 중심을 이루는 수평적 관계를 형성하고 있다.

근대 이후 수직적 위계질서를 바탕으로 자연과 사회를 통일적으로 설명하는 관점은 많은 반발을 일으켰다. 그중 하나로, 진보주의자 사이에서는 자연과 인간 사회가 서로 다른 원리와 방식으로 작동할 수 있다는 관점이 등장했다. 그들은 자연은 기본적으로 야만 상태에 놓여 있으며 인간 사회의 진보는 이 같은 야만 상태에서 벗어나는 것이라고 판단했다. 자연스럽게 인간에 의한 자연 지배도 정당화되었다. 그들에게 생산력이란 곧 인간의 자연 지배력과 동의어였다.

하지만 오늘날에 와서 이 모든 것을 뛰어넘는 '새로운 관점'이 등장했다. 새로운 관점은 최근의 과학적 연구 성과가 입증한 대로, 자연 생태계는 수직적 위계질서가 아니라 모든 생명체가 저마다 중심을 이루는 수평적 관계를 형성하고 있다고 본다. 자연과 인간 사회를 분리했던 기존의 관점도 매우 잘못된 것으로 파악한다. 인간 역시 자연의 일부로서 자연의 섭리에서 벗어나서는 존재할 수 없으며 사회의 진정한 진보는 자연의 섭리에 귀의하는 것이라 믿는다. 이 관점에서는 자연 생태계와 분리된 인간 사회를 상정하고 그것을 진보라 하는 것은 오만의 극치일 뿐이다.

새로운 관점이 제기하는 자연 섭리로의 귀의는 다중적인 의미가 있다. 첫째, 자연 생태계는 그 자체로서 초월적인 존재 가치를 지니며 인간 생존의 전제 조건이기도 하므로 어떤 이유로도 훼손되어서는 안 된다. 오늘날 이러한 인식은 다양한 환경운동으로 나타나고 있다.

둘째, 근대 이후 자연의 정복을 추구했던 생산력은 환경 친화적인 방향으로 재구성되어야 한다. 이는 창조경제 발전을 바탕으로 그 가능성이 열리고 있다. 자세한 내용은 뒤에서 살펴보기로 하자. 셋째, 인간 사회의 운영 원리와 방식, 체계도 자연 생태계의 그것을 모체로 재구성되어야 한다.

사회 변화의 흐름을 면밀하게 주시하면 새로운 관점이 갈수록 현실성을 얻어가고 있는 것 같다. 사회 역시 자연 생태계와 어울리지 않는 부자연스러운 수직적 위계질서에서 벗어나, 자연 생태계와 닮은 모습으로 진화하고 있기 때문이다. 이런 맥락에서 우리가 생태계를 '각자가 중심인 조건에서 수평적 협력을 바탕으로 상생을 지향하는 관계'로 정의한 것은 임의적인 것이 아닌 자연 생태계의 섭리를 반영한 보편타당한 것이다.

2
수직적 위계질서의 붕괴

약 1만 년 전 농업혁명이 일어난 이래 인류 사회는 다양한 계급으로 분화되었고 이를 유지하기 위한 방편으로 수직적 위계질서가 형성되었다. 수직적 위계질서를 바탕으로 소수 엘리트 집단은 대중을 자신들이 원하는 방향으로 조종하고 통제할 수 있었다. 이러한 상황은 극히 최근까지 그대로 이어졌다.

과거 소련 사회를 지배한 것은 국가만능주의였다. 국가가 모든 것을 책임지고 인민은 전적으로 국가에 의존하는 체제였던 것이다. 신자유주의 시대 미국을 지배한 것은 시장만능주의였다. 결국 국가만능주의와 시장만능주의라는 두 극단이 20세기를 지배한 셈이다. 이 두 극단은 대척점에 위치해 있으면서 서로를 경계하고 배척했다. 영국의 역사가 에릭 홉스봄의 저작 중 20세기를 다룬 책 제목이 『극단의 시대』였던 것도 이런 상황을 반영한 것이었다.

국가만능주의와 시장만능주의는 극단적으로 대립했지만 본질적으로 일치하는 지점이 있었다. 철저하게 소수 엘리트의 역할을 중심으로 움직이면서 대중을 대상화시켰다는 점이 바로 그것이다. 말하자면 완고한 엘리트주의에 뿌리를 두고 있었다는 것이다. 다만 차이가 있다면 국가만능주의는 정치 엘리트, 시장만능주의는 경제 엘리트의 역할에 비중을 두었다는 점 정도일 것이다.

국가는 소수 엘리트가 다수 대중을 통제, 훈육, 동원하는 데 가장 적합한 수단이었다. 국가는 다양한 이데올로기 기관을 통해 대중을 세뇌시켰으며 물리적 폭압 기구와 사법기관을 통해 정해진 질서를 벗어나지 못하도록 반복 훈련시켰다. 시장 역시 마찬가지로 개인을 쉽게 포섭해왔다. 개인이 어떻게 시장 논리에 쉽게 넘어가는지는 백화점에 가보면 알 수 있다. 백화점은 고객이 최대한 많은 시간을 보내면서 최대한 많은 지출을 할 수 있도록 정교하게 짜여 있다. 백화점 벽에 창문이 없고 시계가 걸려 있지 않은 것도 그런 이유에서이다. 이렇듯 국가와 시장을 기반으로 해서 소수 엘리트는 자신이 원하는 대로 대중을 움직이고 요리할 수 있었다.

역사가 아놀드 토인비가 인류 역사는 1퍼센트의 '창조적 소수'가 주도했다고 말한 것도 같은 맥락에서 이해할 수 있다. 실제로 대부분의 역사적 사건은 소수 엘리트가 기획하고 추진했다. 국가만능주의와 시장만능주의가 지배한 바로 얼마 전까지만 해도 이런 양상이 그대로 반복되었다.

수직적 위계질서가 엄격히 유지되는 조건에서 대중은 철저히 대상화되고 의존적인 존재로 전락할 수밖에 없다. 이 점을 역설적으로 입증한 나라가 바로 주체사상을 앞세운 북한이었다.

북한은 주체사상을 통해 인민대중의 자주성을 남달리 강조해온 나라이다. 그러면서도 수령, 당, 국가, 인민을 두고 매우 높은 수준으로 수직적 위계질서를 확립했다. 이 같은 수직적 위계질서 속에서 인민은 수령과 당의 판단에 자신을 내맡겼고 모든 것을 국가에 의존하는 습성을 지니게 되었다. 여기서 우리는 인민대중의 자주성과 수령을 정점으로 한 수직적 위계질서를 동시에 옹호했던 주체사상의 내부에 심각한 모순이 도사리고 있었음을 발견할 수 있다.

이 모든 것은 1990년대 중반, 북한 스스로 고난의 행군 시기라 부르는 위기 국면에서 폭발적으로 드러났다. 절체절명의 위기 상황에서도 인민들은 국가만 쳐다본 채 문제 해결을 위해 스스로 나서지 않았다. 결국 북한은 2001년에 취해진 7.1경제개선조치 등을 통해 국가에 대한 의존을 크게 줄이고 인민 스스로 책임져야 할 영역을 대폭 확대시키는 변화를 선택했다.

엘리트 지배 체제의 균열

지금 우리는 지난 1만 년의 역사에 한 획을 긋는 중대한 변화를 맞이하고 있다. 수직적 위계질서에 기반을 둔 엘리트 지배 체제에 균열이 발생하기 시작한 것이다. 이러한 현상을 야기한 요인은 창조경제의 발전을 뒷받침했던 세 가지 요인과 신기하리만치 밀접하게 결부된다.

첫째, 디지털 문명의 개화.

권위주의 시절 정보를 자유롭게 얻고 유통시키는 일은 권력을 장악한 소수 엘리트 그룹에게만 해당하는 것이었다. 정보는 위아래로만 흘렀다. 하부는 상부에게 모든 정보를 보고해야 했고 고급 정보 획득은 상부에 의존해야 했다. 이를 바탕으로 엘리트 그룹은 수직적 위계질서를 엄격하게 유지할 수 있었다.

하지만 1990년대에 접어들어 컴퓨터가 일반화되고 인터넷이 등장하면서 혁명적 변화가 일어났다. 인터넷의 등장으로 원하는 정보를 누구나 쉽게 얻을 수 있고 가공 유통시킬 수 있었다. 정보는 폐쇄적인 수직적 위계질서에서 벗어나 개방적이고 수평적이면서 쌍방향적으로 흘렀다. 그에 따라 다중이 직접 소통하면서 연결될 수 있는 여지가 비약적으로 확대되었다.

이로부터 소수 엘리트의 정보 독점에 기초한 한 수직적 위계질서가 빠르게 허물어져갔다. 고급 정보를 둘러싼 국가기관과 기업들의 은밀한 행위는 여전히 계속되고 있지만 정보와 관련된 기술 조건에서 혁명적 변화가 일어난 것은 틀림없다. 인쇄술의 발달로 책이 대중화된 것 못지않은 변화이다.

둘째, 대학교육의 일반화.

1970년대 초 대학 진학률은 8퍼센트 정도였다. 1980년대 초에는 대학 진학률이 크게 높아졌으나 여전히 20퍼센트대였다. 다섯 명 중에 한 명꼴로 대학을 가던 시대였던 것이다. 경제적으로 넉넉하지 못한 시절이다 보니 자녀 중 한두 명이 대학에 진학하면 나머지는 취직해 돈을 벌어야 했다.

이때까지만 해도 대학교육은 말 그대로 엘리트 양성 코스였다. 실제 대학 졸업자들은 사회에서 엘리트 지위를 차지했다. 그러나 1990년대를 거치면서 사정이 180도 달라졌다. 경제 사정이 나아지고 한두 자녀가 보편화되자 너나 할 것 없이 대학에 진학하는 세상이 되었다. 특히 산업화 시대를 겪은 부모 세대는 교육이야말로 미래의 성공을 위한 최고의 투자임을 절실히 경험한 사람들이었다. 수요가 크게 늘자 신설 대학이 빠르게 늘어났다. 전국 어디를 가든 대학이 눈에 띌 정도가 되었다. 2000년대 들어와서는 한때 대학 진학률이 83퍼센트에 이르기도 했다. 이후 거품이 빠지면서 수치가 낮아지기는 했지만 여전히 세계 최고 수준이다.

> 인터넷의 등장으로 소수 엘리트의 정보 독점에
> 기초한 수직적 위계질서가 빠르게 허물어져갔다.

대학교육의 질에 대해서는 비판적 평가가 얼마든지 있을 수 있다. 실제로 많은 문제를 안고 있는 것이 사실이다. 그럼에도 불구하고 대학교육 일반화는 수직적 위계질서에 대해 파괴적 영향을 미쳤다.

대학교육이 일반화되다 보니 한국 사회의 평균적 지식수준이 굉장히 높아졌다. 1980년대만 하더라도 "나 무식해서 잘 모르겠으니까 그런 소리 하지 마라"고 이야기하는 사람이 많았다. 그러나 요즘은 스스로 무식하다고 하는 사람을 찾아보기 힘들다. 흔히 하는 말로 모두 잘나고 똑똑한 세상이 된 것이다.

2010년대에 들어서는 경제활동인구 중 대학 졸업자가 고등학교 졸업자를 능가하기에 이르렀다. 대표적인 노동조직인 민주노총도 대학교육 이수자들이 조합원의 다수를 차지하고 있을 정도이다. 자연스럽게 노동력 구성에서도 질적인 변화가 일어났다. 근육 에너지 지출 위주의 육체노동과는 뚜렷이 구별되는 지적이고 창조적인 작업의 비중이 커진 것이다.

이로부터 사회적 변화 역시 대학교육 이수자들의 이해와 요구에 의해 좌우될 가능성이 커졌다. 단적으로 창업이 보편적 열망으로 자리 잡아가고 있다. 직장인들을 대상으로 한 설문조사 결과는 그들 대부분이 창업을 꿈꾸고 있음을 확인해준다. 이는 소수 엘리트가 지배하는 수직적 위계질서에서 벗어나 자율적이고 독립적인 존재가 되고자 하는 열망으로 해석할 수 있다.

대학교육이 일반화되고 너나 할 것 없이 잘난 조건에서 누구나 다른 사람의 통제 아래 들어가기를 꺼려하는 분위기가 되었다. 지적 수준이 높아진 대중은 엘리트 집단의 지식 독점도 쉽게 긍정하지 않았다. 대학교육 일반화가 수직적 위계질서의 사회적 기반을 허물어뜨리고 있는 것이다.

셋째, 정치적 자유의 신장.

일반적으로 정치적 자유가 신장될수록 사회 구성원은 더욱더 자율적이고 독립적 존재이기를 지향한다. 그에 따라 권위주의에 기반을 둔 수직적 위계질서를 거부하는 경향이 강해진다.

정치적 자유 중에서도 특별히 주목해야 할 것으로 입과 귀를 열어주는 언론 자유를 들 수 있다. 언론에 대한 억압은 권위주의 시대 사회 구성원들이 가장 고통스럽게 느꼈던 자유 상실의 본보기였다. 이후 민주화가 진척되면서 언론 자유는 크게 신장되었지만 지형 자체는 여전히 기형적이다. 한마디로 한국 사회 언론 지형은 기득권 세력이 지배하는 기울어진 운동장이다. 그럼에도 대중은 가능한 모든 기회를 활용해서 스스로의 힘으로 언론 자유를 신장시켜왔다.

오늘날 대중은 SNS를 기반으로 여론을 만드는 데서 주도적 역할을 하고 있다. 이러한 과정을 통해 사회적 약자인 '을'들이 폭넓은 연대를 바탕으로 '갑'을 궁지에 몰아넣기도 한다. 유력 재벌가의 딸인 대한항공 부사장이 항공기 사무장에게 폭행을 가하고 급기야 비행기에서 내리도록 강제한 이른바 '땅콩회항' 사건을 두고 벌어진 일련의 현상은 이 점을 잘 보여준다.

과거 재벌가에서 문제를 일으키면 소속 기업 홍보부서에서 신문과 방송을 통제해 더 이상 번지지 않도록 손을 썼다. 하지만 땅콩회항 사건은 이러한 조치가 더 이상 가능하지 않다는 것을 드러냈다.

사건이 처음 소개된 곳은 SNS였다. 사건이 발생한 2014년 12월 5일, 대한항공 블라인드 앱에 '내려!'라는 제목으로 사건의 상세한 전말이 올라왔다. 사건이 발생한 뉴욕과 서울의 시차를 감안하면 거의 생중계나 다름없었다. 이어서 분노한 대한항공 직원들이 "이런 사안은 바깥에도 알려야 한다"며 여기저기 퍼 나르기 시작했다. 곧바로 사건은 SNS를 뜨겁게 달구며 국민적 이슈로 떠올랐다.

또한 일등석에서 현장을 목격한 한 여성 승객은 기내에서 소란이 일어났을 때 온라인 커뮤니케이션 망인 '라인'으로 친구와 실시간으로 문자를 주고받았다. 휴대전화에 남아 있는 '승무원을 밀었다', '파일을 말아 벽을 쳤다', '사무장이 내렸다'는 메신저 문자는 고스란히 검찰에 증거로 제출됐다. 은폐와 거짓말에 급급했던 대한항공에 온 사회의 분노가 집중됐다.

결국 주류 언론도 사건을 상세하게 다루지 않을 수 없는 상황이 되었다. 관계 기관은 수사를 시작했고 천하를 호령하던 재벌가의 부사장은 도리 없이 구속 수감되기에 이르렀다. 본인으로서는 상상조차 못한 일이 벌어진 것이다. 모두가 이름 없는 '을들의 연대'로 만들어낸 결과였다. 두말할 필요도 없이 이는 갑과 을로 표현되는 수직적 위계질서에 대한 강력한 도전이자 거부이다.

다양한 네트워크 확산

이런 이야기들에 대해 복잡한 현실을 무시한 과도한 해석이라는 지적이 있을 수 있다. 그러나 좀 더 긴 역사적 안목에서 보면 수직적 위계질서가 붕괴하는 것은 분명해 보인다. 수직적 위계질서가 붕괴되면서 다양한 형태의 네트워크가 확산되었다. 네트워크는 그 형식만 보면 확실하게 기존의 수직적 위계질서를 대체한다. 네트워크에서 사람 관계는 기본적으로 수평적이다. 온라인 공간에서 관계를 표현하는 용어로 친구, 이웃 등이 사용되는 것은 이를 표현한다.

오늘날 네트워크는 우리 생활에서 가장 친숙한 용어 중 하나가 되었다. 심지어는 네트워크 정당이라는 표현이 나올 정도이다. 말 그대로 네트워크는 시대 변화를 대표하는 것이다. 개인이든 조직이든 네트워크를 얼마나 효과적으로 형성하고 잘 관리하는가에 따라 경쟁력이 좌우된다고 할 정도이다.

일반적으로 볼 때 수직적 위계질서는 폐쇄적이고 협소해지기 쉽다. 수직적 위계질서에서는 위아래로 하나씩의 관계만 존재한다. A가 B의 아래이면서 동시에 C의 아래일 수 없다. 수직적 위계질서에서 관계는 독점되는 것이다. 그런 만큼 수직적 위계질서에 기반을 둔 조직일수록 구성원의 충성심이 강하고 일사불란한 모습을 보이지만, 강한 폐쇄성과 배타성을 지니기 쉽다.

> 수직적 위계질서가 붕괴되면서 다양한 형태의
> 네트워크가 확산되었다. 네트워크는 그 형식만 보면
> 확실하게 기존의 수직적 위계질서를 대체한다.

수평적 네트워크는 이와 정반대이다. 누구인가의 아래가 되기는 어렵지만 옆이 되는 건 비교적 쉽다. 또한 꼭 어느 한 사람의 옆일 필요도 없다. A는 B의 친구이면서 동시에 C의 친구일 수 있는 것이다. 도리어 다양한 사람과 친구 관계를 맺고 있는 사람을 내 친구로 삼을 때 더욱 유리한 결과를 기대할 수 있다. 수평적 네트워크에서 관계는 공유되는 것이다. 이 같은 수평적 네트워크는 구성원의 충성심도 약하고 일사불란함을 기대하기는 쉽지 않지만 특유의 개방성을 바탕으로 강력한 확장성을 발휘할 수 있다.

수직적 관계에서 아래는 위의 지시와 통제에 따르는 수동적 존재가 되기 쉽다. 그런 식으로 훈련되고 습성화되는 것이 일반적이다. 반면 수평적 관계에서는 각자가 중심이 되어 소통하고 협력할 가능성이 상대적으로 높다. 그렇기 때문에 수평적 관계에서 구성원은 한층 자율적이고 능동적인 주체로 성장한다.

이러한 맥락에서, 수직적 위계질서가 붕괴되고 수평적 네트워크가 확산되는 것은 분명한 사회 진보라고 할 수 있다. 하지만 수평적 네트워크의 확산이 최종 종착점은 아니다.

3
네트워크에서
생태계로 진화

네트워크를 통해 형성되는 관계가 수평적 형식을 띤다고 해서 관계의 질까지 수평적인 것은 아니다. 네트워크의 형성과 유지 발전에 결정적인 역할을 하는 것은 허브이다. 예를 들면 온라인 공간에서는 허브 역할을 하는 1퍼센트의 소수가 99퍼센트의 콘텐츠를 생산 공급하는 것으로 확인된다. 1퍼센트 소수가 허브 역할을 하는 것이다. 지구상 모든 사람이 6단계만 거치면 서로 연결될 수 있다고 하는데 이 역시 허브 역할을 하는 사람들 덕분에 가능한 일이다. 허브 없는 네트워크는 존재할 수 없다. 네트워크 형성을 추구하지만 실패하게 되는 것도 대부분 뚜렷한 허브가 없기 때문이다.

네트워크에서 허브와 나머지 구성 요소 사이에는 중심과 주변, 연기자와 관객처럼 질적인 차별이 존재한다. 허브라는 중심부가 자신의 주변부를 형성하고 관리하는 것이 네트워크이다. 파워 블로거와 그를 자주 방문하는 이웃과의 관계에서 이를 확인할 수 있다. 형식은 수평적이지만 내용에서는 결코 수평적이지 않다. 네트워크에는 수직적 위계질서 속에 깃들여 있던 엘리트주의가 여전히 남아 있다. 네트워크는 수평적 형식과 엘리트주의의 모순된 통일인 것이다.

네트워크의 이러한 모순을 지양, 극복한 것이 생태계이다. 생태계에서 사회 구성원은 각자가 중심이다. 기본적으로 중심과 주변의 차별이 존재하지 않는다. 적어도 그런 차별을 해소하는 방향으로 움직인다. 네트워크를 넘어 생태계로의 진화는 매우 합법칙적인 것이다. 수직적 위계질서를 허물었던 세 가지 요인이 끊임없이 작용하면서 사회 구성원 각자가 자기 영역의 중심이 되도록 만들고 있기 때문이다.

다시 한 번 정리해보자. 디지털 문명의 발전으로 정보 독점이 무너지고 누구나 정보를 자유롭게 취득할 수 있고 가공, 유통시킬 수 있게 되었다. 각자가 정보 흐름의 중심으로 진입하고 있는 것이다. 또한 대학교육의 일반화로 지식 독점 체제가 무너지면서 각자가 지식을 생성하고 사용하는 중심적 위치에 접근하고 있다. 그리고 정치적 자유, 그중에서 언론 자유가 신장되면서 각자가 여론을 만들 수 있는 중심에 다가서게 되었다. 말 그대로 사회 구성원 한 사람 한 사람이 중심이 되는 방향으로 진화하고 있다. 네트워크에 내재되어 있던 중심과 주변의 차이가 해소되어가는 것이다.

러시아혁명의 아버지 레닌은 전위의 역할에 절대적 중요성을 부여했다. 대중은 철저하게 전위가 의식화하고 조직해서 자신들이 목표하는 지점으로 동원해야 할 대상이었다. 당시 대중은 대부분 문맹 상태였고 지적 수준이 매우 낮았기 때문에 이 같은 방식은 상당 정도 타당할 수 있었다.

말 그대로 사회 구성원 한 사람 한 사람이 중심이 되는
방향으로 진화하고 있다. 네트워크에 내재되어 있던
중심과 주변의 차이가 해소되어가는 것이다.

그런데 지금의 대중은 20세기 초 대중과는 질적으로 다르다. 오늘날 대중은 개별적 존재의 단순한 총합이 아니라 복잡한 커뮤니케이션을 통해 '집단 지성'을 만들어가는 존재이다. 인터넷을 통한 다중의 의사소통이 활발해질수록 집단 지성의 힘은 더욱 강화된다. 과거 뛰어난 현자의 자리를 집단 지성이 차지하기에 이른 것이다. 대중을 가르치기에 앞서 거꾸로 대중으로부터 배우고자 할 때 정답에 가장 빠르게 다가갈 수 있는 상황이다. 대중 역시 자신을 가르치려고 드는 사람보다 경청하고 배우면서 함께 답을 찾아가고자 하는 사람에게 더 쉽게 마음을 준다.

그 결과, 주체와 객체(혹은 대상)가 명확히 구분되는 조건에서 일방적으로 메시지를 전달하던 선전선동이나 홍보로는 대중의 마음을 얻기가 어려워졌다. 그 대신 쌍방향 커뮤니케이션을 의미하는 '소통과 공감'이 유달리 강조되기 시작했다. 대중의 마음을 얻는 방식이 완전히 달라진 것이다. 대중 행동을 이끄는 방법도 조직 동원이 아닌 소통과 공감을 바탕으로 한 '동행'이다. 이는 사회 구성원 각자가 자기 영역의 중심에 서는 생태계로의 진화가 이루어지고 있음을 입증하는

징표들이다.

플랫폼 전략

생태계 형성과 관련하여 이제 우리는 매우 중요한 문제에 직면했다. 비전이 현실화되자면 반드시 실행 방법이 함께 제시되어야 한다. 새로운 이론 정립의 절반을 방법론이 차지하는 것도 이 때문이다. 방법이 뒷받침되지 않는 비전은 공허한 말장난에 그칠 수도 있다. 그렇다면 사회 생태계는 어떤 방법으로 현실화시킬 수 있을까? 해답의 실마리는 자연 생태계 안에 존재한다.

자연 생태계는 다양한 생명체를 서로 연결시키는 장인 '플랫폼'을 중심으로 형성된다. 자연 생태계를 구성하는 대표적인 플랫폼으로 바다, 숲, 강, 호수, 늪 등을 들 수 있다. 플랫폼이 오염되고 손상되면 생태계 전체의 파괴로 이어질 가능성이 크다. 그간의 환경운동이 대체로 이들 플랫폼을 회복 유지하는 데 초점을 맞추어온 것도 이러한 맥락에서라고 할 수 있다.

플랫폼의 생명은 개방성이며 핵심 요소는 연결 기능이다. 자연계 최대 플랫폼인 바다는 내해인 카스피 해를 제외하고 모두 하나로 연결되어 있다. 내부에 그 어떤 장벽도 존재하지 않는다. 덕분에 바다 안에서 모든 생명체는 자유롭게 연결될 수 있다. 바다가 생명체의 보고가 될 수 있었던 중요한 요인이다.

사회 생태계를 형성하는 방법도 이 같은 자연 생태계의 원리로부터 도출될 수 있다. 사회 생태계 역시 자연 생태계와 마찬가지로 플랫폼을 기반으로 형성되고 성장, 발전할 수 있는 것이다. 플랫폼을 통해 사회 구성원이 서로 연결될 수 있도록 하는 것이야말로 생태계 형성의 요체이다.

플랫폼의 생명은 개방성이며 핵심 요소는 연결 기능이다.

사실 플랫폼을 기반으로 한 생태계 형성 그 자체는 전혀 새로운 이야기가 아니다. 이미 여러 해 전부터 기업을 중심으로, 플랫폼 기반의 생태계를 비즈니스 전략의 일환으로 선보여왔기 때문이다. 그 결정적 계기를 마련한 것은 스티브 잡스가 이끈 애플이었다.

애플은 아이폰 출시와 함께 앱스토어라는 이름의 플랫폼을 개설, 앱 개발자와 사용자, 애플이 상생 가능한 생태계를 형성했다. 개발자들은 자신들이 개발한 앱을 앱스토어를 통해 전 세계 사용자들에게 판매할 수 있었고 수익의 70퍼센트를 가져갈 수 있었다. 단 사용자가 앱스토어에서 앱을 다운로드 받으려면 반드시 아이폰을 구매해야 했다. 이러한 구조는 아이폰의 폭발적 판매 증가로 이어졌고 애플은 전 세계 스마트폰 판매 수익의 70퍼센트 이상을 쓸어갈 수 있었다.

애플의 성공을 계기로 플랫폼 기반 생태계 전략이 급속히 확산되었다. 이후 구글이 애플을 제치고 시가총액 1위 기업에 올라섰는데 그것도 전적으로 검색엔진, 안드로이드, 유튜브 등 플랫폼을 기반으로 해서 한층 개방적인 기업 경영을 추구했기 때문이다. 모바일 플랫폼인 안드로이드의 경우는 완전 개방 정책으로 누구든지 무료로 자유로이 사용할 수 있도록 했다.*

일련의 과정을 거쳐 플랫폼이라는 말은 다양한 영역에서 빈번하게 사용하는 용어가 되었다. 하지만 우리는 여기에서 한 걸음 더 나아가 생태계와 그 기반으로서의 플랫폼 개념을 '일반화, 보편화'해야 한다.

기업을 중심으로 주류 사회에서 플랫폼과 생태계 개념을 사용했으나, 주로는 비즈니스 전략 차원의 특수한 의미에 국한되었다. 이와 달리 우리는 사회 생태계를 형성하는 과정에서 사회단체, 노조, 정당, 국가 등 사회를 구성하는 모든 조직은 플랫폼이 되어야 한다고 생각한다. 이 같은 플랫폼들을 기반으로 사회 모든 영역에서 생태계를 형성함으로써 제반 문제를 해결할 수 있다고 보는 것이다. 요컨대 플랫폼 전략을 모든 분야로 일반화해야 한다는 주장이다.

기업이 플랫폼 기반 생태계를 형성하고 이를 통해 상당한 성공을 거둔 것은 사실이다. 아울러 그러한 성공이 개별 기업을 넘어 다양한 이해당사자들이 상생하는 결과를 만들어냈다는 점에서 상당한 반향을 일으키기도 했다. 그러나 이는 일부에 국한된 현상이었을 뿐 전체

---

* 플랫폼의 생명이 개방성임은 IT 역사를 통해 일관되게 확인된다. 애플, MS, 구글 사이에 벌어진 이른바 IT 삼국지가 이 점을 잘 보여준다.

　　IT 세계에서 플랫폼 기능을 하는 대표적인 소프트웨어 중의 하나가 운영체제(OS)이다. 애플은 PC를 선보이면서 자사 컴퓨터와 자체 개발한 운영체제를 한 묶음으로 판매했고 응용프로그램도 엄격히 통제하는 등 폐쇄적인 정책을 고수했다. 반면 MS는 자신들이 개발한 MS-DOS와 윈도 운영체제를 어떤 PC든 탑재 가능하게 했으며 다른 회사가 개발한 응용프로그램도 구동이 가능하도록 하는 한층 개방적인 정책을 추구했다. 결과는 MS가 전 세계 PC 운영체제 대부분을 장악한 것으로 나타났다. 그러나 MS는 운영체제를 바탕으로 해서 웹브라우저, 오피스 등 각종 응용프로그램 시장을 장악하는 승자독식을 추구했다. 애플은 여기에 맞서 아이튠즈 뮤직, 앱스토어 등 새로운 플랫폼을 선보이면서 콘텐츠 및 프로그램 개발자들과 상생이 가능한 개방 정책을 취했고 모바일 시장을 석권할 수 있었다. 여기서 한 걸음 더 나아간 것이 구글이다.

적으로 보면 정반대의 결과를 낳았다. 대표적으로 애플의 성공은 또 하나의 승자독식이 되어 아이폰 제조회사인 중국 폭스콘 노동자들에 대한 극심한 착취와 경쟁사들의 몰락을 초래했고 전 세계 IT 생태계의 황폐화로 이어졌다. 부분 생태계가 전체 생태계를 파괴한 것이다.

> 사회 생태계를 형성하는 과정에서
> 사회단체, 노조, 정당, 국가 등 사회를 구성하는
> 모든 조직은 플랫폼이 되어야 한다.

애플이 전형적으로 보여주듯이 생태계 전략을 통한 승자독식은 논리적으로나 현실적으로 심각한 모순이 아닐 수 없다. 플랫폼 기반 생태계 형성을 보편화한다는 것은 바로 이 같은 모순을 해결함으로써 사회 전체가 상생 가능한 생태계 안에서 작동하도록 만드는 것이다. 이러한 전제 위에서 '플랫폼 기반 생태계 형성'은 사람 중심 사회를 만드는 실행 전략이 된다.

3대 난제의 해결 방안

1990년대 이후 전 세계 진보 진영을 줄기차게 괴롭혀온 '3대 난제'가 있다. 첫째, 시장에 대한 국가 우위가 상실된 조건에서 사회적 모순을 어떻게 해결할 것인가? 둘째, 자본이 국경을 넘어 자유롭게 이동하면서 빚어진 세계화의 덫에서 어떻게 벗어날 수 있는가? 셋째, 소득불

평등 해소를 넘어서서 근원적 차원에서 자본에 대한 인간의 예속화 문제를 어떻게 해소할 것인가?

플랫폼 기반 생태계 전략을 바탕으로 사람 중심 사회가 정상 궤도에 오르면 세 가지 난제가 풀릴 수 있는 길이 열린다. 구체적인 내용은 뒤에서 차차 확인하기로 하고 여기서는 원론적인 수준에서만 정리하기로 하자.

사람 중심 사회는 시장에 대한 국가 우위가 상실된 조건에서 사회적 모순을 해결할 수 있는 새로운 환경을 제공한다. 과거 국가의 강제력에 주로 의존했던 것과 달리 사람 중심 사회에서는 기본적으로 사회 구성원들이 생태계 형성을 통해 문제 해결을 모색한다. 다시 말해 과거 국가주의 전략에서 객체였던 사회 구성원이 온전히 주체로 서는 것이다. 국가의 역할은 여전히 중요하지만 보조적 위치에 머문다. 문제 해결의 중심축이 국가에서 사회로 이동하는 것이다. 사회가 생태계로 재구성되면 세계화의 덫으로부터 벗어날 수 있는 길이 열린다.

창조경제와 사람 중심 사회는 조응 관계를 형성한다. 사람 중심 사회는 창조경제라는 생산력 발전의 새로운 단계에 조응하는 일종의 운영체제로 등장하며, 창조경제는 사람 중심 사회에서 전면적으로 발전할 수 있다.

창조경제는 대체로 필요한 창조력을 지닌 사람들로 구성된 생태계를 기반으로 작동하며, 그 생태계는 특정 지역을 거점으로 형성되는 특성을 보인다. 그렇게 하는 것이 필요한 창조력을 보유한 사람들과 쉽게 연결될 수 있기 때문이다. 할리우드라는 공간이 미국 영화산업을 대표하는 것은 창조경제의 이 같은 특성을 반영한 것이라 할 수 있다.

생태계의 속성은 그 안에서는 서로 지지하고 의존하면서 상생할 수 있는 여지가 매우 풍부하지만 일단 벗어나면 생존을 보장받기 어렵다는 것이다. 단적으로 자연계에서 생태계로부터의 이탈은 곧 죽음이다. 마찬가지다. 기업이 생태계 기반의 경영을 추구할 때, 국경을 넘어가는 자본의 이탈은 억제될 수밖에 없다. 그로부터 발생한 노동조건의 악화도 극복할 수 있는 길이 열린다.

사람들의 관계가 생태계로 진화한다는 것은 궁극적으로 돈의 노예, 자본에의 예속에서 벗어나는 것을 의미한다. 돈의 노예, 자본에의 예속 상태에서는 자기 영역의 중심이 될 수 없기 때문이다. 생태계 형성의 출발은 돈이 아닌 사람이 중심 위치를 회복하는 것이다.

생태계로의 진화는 사람들 관계 역시 수평적 협력을 바탕으로 상생을 지향하는 것으로 재구성됨을 의미한다. 이는 곧 그동안 자본의 논리였던 무한경쟁의 쳇바퀴에서 벗어나는 과정이다. 그 결과로 사람들 관계는 자연 생태계의 모습에 한층 가까워진다. 더욱 자연스러워짐으로써 더욱 사람다워지는 것이다. 자연의 야만 상태에서 벗어날수록 사람다워진다는 이야기는 이제 낡은 명제이다.

물론 이러한 변화들이 짧은 시간 안에 쉽게 이루어질 거라고 보지는 않는다. 기득권과 낡은 관성과의 지난한 투쟁을 통해 긴 시간에 걸쳐 이루어질 것이다. 아울러 분야에 따라 구체적인 양상은 복잡다기할 것이다. 그럼에도 변화의 방향만큼은 매우 분명해 보인다.

사람 중심 사회로 가는 길 I

경제 환경의 재구성

사람 중심 사회가 정상 궤도에 오르면 사회 구성원의 창조적 에너지 발산이 극대화되고 생산성이 크게 향상되면서 경제 전반이 활력을 되찾을 것이다. 사람 중심 사회가 되면 성장 문제는 자연스럽게 해결되는 것이다. 사람 중심 운영체제 안에 성장 모델이 내재되어 있기 때문이다.

　　아울러 상생을 지향하는 방향으로 사회적 관계가 재구성되기 때문에 소수에게 편중되었던 권력과 역할, 소득 등이 고르게 재분배될 것으로 기대된다. 특히 수직적 위계질서의 해체와 함께 권력 관계가 수평적으로 재구성되면서 소득의 재분배까지를 함께 강제할 것이다.

　　그리고 결코 빼놓을 수 없는 사실이 있다. 삶의 질은 소득 수준뿐만 아니라 주변 세계나 사람들과의 관계 방식에 의해 절대적으로 좌우된다. 사람 중심 사회에서는 돈이 아니라 사람이 중심이 된다. 사람들의 관계 또한 연대와 협력을 바탕으로 상생을 지향하는 것으로 바뀌고, 그에 따라 삶의 질이 크게 고양될 것이다.

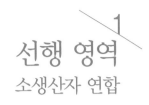

선행 영역
소생산자 연합

지금부터 우리는 사람 중심 사회로 나아갈 때 경제 환경이 어떻게 달라질 수 있는지 살펴볼 것이다. 편의상 선행 영역, 집중 영역, 후속 영역, 종결 영역의 네 영역으로 나누어 살펴보도록 하자. 각 영역에 대한 표현은 접근 시각을 반영한 것으로서 반드시 시간적 선후 관계를 표현한 것은 아니다.

지금 당장 사람 중심 사회로 가는 생태계 형성에 착수할 수 있는 영역이 존재한다. 그런 의미에서 선행 영역이다. 자본의 직접 지배가 상대적으로 약하기에 독립적인 소생산자 연합이 가능한 영역이다. 농업, 상업, 협동조합이 바로 여기에 해당한다. 이 영역에서는 선구적인 사람들이 연합하여 새로운 모델을 실험하고, 부분에서 모범을 창출해 일반화시키는 것이 가능하다. 이미 곳곳에서 많은 실험이 진행되었으며 적지 않은 성과를 축적해왔다.

친환경 농업과 소농 간 협업 강화

농업은 자연 생태계와 사회 생태계가 만나는 지점이다. 다시 말해서 생태계 본연의 원리를 바탕으로 자연 생태계와 사회 생태계가 하나로 어우러질 수 있는 영역이다. 그런 점에서 농업은 생태계 형성을 선도할 수 있는 원초적 영역이 될 수 있다. 또한 오랜 역사적 전통을 간직하고 있는 부분이기도 하다.

근대 이전 전통 촌락은 자연 생태계와 사회 생태계가 하나로 어우러진 복합 생태계를 이룬 곳이었다. 이 전통 촌락에서 자연 생태계와 사회 생태계 모두를 아우르는 플랫폼 역할을 한 것은 다름 아닌 논이었다.

논은 겉으로 보면 오늘날 농업의 지속가능성 위기의 한 요소인 단작(monoculture) 모습을 띤다. 그럼에도 지난 1천 년 동안 별다른 문제없이 지속되어왔다. 도대체 그 비밀은 무엇이었을까?

자세히 들여다보면 논은 인공 습지로서 생태계의 플랫폼 기능을 톡톡히 수행한다. 논을 플랫폼으로 삼림 - 하천 - 강 - 저수지 - 수로가 서로 연결되어 상호 작용함으로써 자연과 인공 시설을 포괄하는 유기적 생태계를 구성한다. 논에는 다양한 생명체가 왕래하며 누군가는 논을 산란장소로 활용하기도 한다. 그럼으로써 논은 생태계의 필수 요소인 생물종 다양성 유지에 기여한다. 거꾸로 생명체들의 배설물이나 사체 등은 논의 지력을 유지시켜줌으로써 벼농사의 지속가능성을 보장한다.

여기에 덧붙여 논농사는 모내기 등 특정 시기에 대규모 노동력을 필요로 하는데, 이에 대해 두레 등 노동 공동체 조직을 활성화함으로써 사회 생태계 형성을 안정적으로 뒷받침하는 플랫폼 기능을 한다. 이렇듯 근대 이전 전통 촌락에서는 논을 플랫폼 삼아 자연과 사회가 서로 충돌하지 않고 조화를 이루었다.

오늘날 전통 촌락은 대부분 해체된 상태이다. 논도 기계농과 화학농이 도입되면서 본래 기능을 상실했다. 논은 유기적 생태계의 일부가 아니라 생태계로부터 분리된 쌀 공장으로 전락했다. 게다가 그 결과는 지력 약화로 이어져 지속가능성에 빨간 불이 켜지고 농업의 존립 자체가 위협받게 되었다.

친환경 농업과 소농들 간 협업을 강화하는 일,
곧 사람과 자연, 사람과 사람의 관계를 근본적으로
재구성하는 데에 해답이 있었다.

농업이 시장에 완전히 편입되고 개방화의 급진전으로 인해 거대 국제농업자본의 공세에 노출되면서 위험 수위를 넘어섰다. 이에 대한 농민운동 초기의 대응 전략은 주로 국가를 향해 시장 보호와 농산물 가격 지지를 요구하는 것이었다. 하지만 '시장과 국가'라는 프레임 안에서의 접근은 결코 성공적이지 못했다. 개방화는 돌이킬 수 없는 수준에 이르렀고 국가의 역할은 기대에 한참 못 미쳤다. 국가의 역할은 여전히 중요하지만 국가에만 의존한 생존 전략은 더 이상 유효하지 않았다.

상황은 새로운 생존 전략을 요구했다. 개방 농정 시대에 우리 농업이 비교 우위를 확보할 수 있는 방법은 두 가지를 결합시키는 것뿐이다. 바로 친환경 농업과 소농들 간 협업을 강화하는 것이다. 사람과 자연, 사람과 사람의 관계를 근본적으로 재구성하는 데에 해답이 있었다.

친환경 농업은 농업이 자연 생태계와의 조화를 회복하는 것이다. 협업 강화는 협동조합 등을 플랫폼으로 생산과 판매 등 모든 영역에서 수평적 협력을 구현하는 사회 생태계를 형성하는 것이다.

이미 각종 영농조직, 매장, 클러스터, 텃밭 등 다양한 형태의 플랫폼들이 등장하면서 이를 기반으로 한 농업 생태계가 다양하게 실험되고 있다. 그 과정에서 생태계는 로컬 푸드와 도시농업, 친환경 학교급식, 생활협동조합 등을 통해 소비자와 도시인을 포괄하는 것으로까지 확장되고 있다. 농업 관련 분야는 대안 모델을 가장 왕성하게 실험하는 영역이 되었다.

농업은 진정한 의미에서 '오래된 미래'가 될 수 있다. 단적으로 농민은 각자가 중심인 조건에서 수평적 협력을 바탕으로 상생을 지향하는 생태계의 원형을 보여줄 수 있다. 농업적 가치와 방식이 능히 여타 영역을 선도하는 기준이 될 수 있는 것이다.

이는 농업이 근대화의 물결 속에서 잃어버렸던 과거 위상을 회복할 수 있으리라는 기대를 갖게 한다. 나아가 '농업의 공업화'에서 벗어나 '공업의 농업화'를 이끄는, 시대 흐름의 역전도 가능하다는 것을 말해준다.

문화적 가치를 창출하는 또 다른 생산자

지금 우리 사회에는 매우 흥미로운 질문이 하나 던져져 있다. 상인이 새로운 사회를 만드는 주역이 될 수 있을까?[*]

그동안 상인은 사람보다 돈을 먼저 생각하는 존재라는 이미지가 강했다. 그러다 보니 사람 중심 사회로의 전환에서 상인이 의미 있는 역할을 할 수 있다고 보기 어려웠다. 그런데 이와 관련해 신선한 사례들이 등장하고 있다. 결론부터 말하면, 상인은 사람 중심 사회의 주역이 될 수 있다.

> 골목상권 스스로 강력한 생존 능력을
> 갖추어야 하는 것이다. 그 해답은 스스로를
> 지역 문화 생태계의 플랫폼으로 만드는 데에 있다.

그동안 상인의 생존 무대였던 재래시장 등 골목상권은 거대자본의 침탈로 끊임없이 생존을 위협받아왔다. 골목상권은 마땅히 보호되어야 한다. 하지만 시장 속성상 보호만으로는 한계가 있다. 골목상권 스스로 강력한 생존 능력을 갖추어야 하는 것이다. 그 해답은 스스로를 지역 문화 생태계의 플랫폼으로 만드는 데에 있다. 과거 동네 가게들은 알게 모르게 지역 사회의 플랫폼 기능을 했었다. 정보를 교환하고 사람을 소개해주기도 했으며 물건을 맡아주거나 잠시 휴식을 제공하는 등 복합적인 기능을 했다. 그러한 기능을 집단적인 노력을

---

[*] 상인은 매우 포괄적인 의미를 지니고 있지만 여기서는 주로 영세 소상인을 가리키는 용어로 사용하고자 한다.

통해 회복해야 하는 것이다.

오늘날 골목상권이 지역 문화 생태계의 플랫폼으로 거듭나면서 성공을 거둔 사례가 잇달아 나타나는데, 그 한 예로 인천 부평의 '문화의 거리'를 들 수 있다. 문화의 거리 상인들은 골목 안에 화단과 공연장 등을 꾸미고 관련 기관 협조를 구해 차 없는 거리로 만들었다. 그 결과 문화의 거리는 지역 명소로 소문이 나면서 사람들 왕래가 크게 늘었고 덕분에 상권도 활성화될 수 있었다. 비슷한 사례들이 여기저기서 만들어지고 있다. 서울 서촌의 통인시장처럼 많은 재래시장들이 물건을 팔고 사는 것조차 문화체험의 일부가 되는 문화 플랫폼으로 재구성되고 있는 것이다.

흥미로운 것은 생태계를 관통하는 상생 원리가 상인들 관계에서도 그대로 작동한다는 사실이다. 그동안 같은 시장의 동종업종 관계에서는 다른 가게가 망해야 내가 산다는 것이 통념이었다. 그런데 시장이 지역 문화 생태계의 플랫폼이 되면 전혀 다른 결과가 나타난다.

부평 문화의 거리 상인들은 상권이 죽은 이웃 거리로 구역을 확장했다. 그러자 새로운 거리에 있는 동종업종 상권이 살아났다. 과연 기존 가게는 손님을 빼앗겨 피해를 보았을까? 그렇지 않았다. 구역의 확장으로 플랫폼 기능이 더욱 강화되면서 기존 가게의 매출도 함께 증가했다. 원조 맛집 근처에 같은 음식을 파는 가게가 연이어 들어설 때 매출이 주는 것이 아니라 도리어 증가하는 것도 비슷한 맥락이다. 해당 구역 전체가 명소로 소문나면서 손님이 늘어나게 되는 것이다. 플랫폼 전략에서는 이처럼 동종업종끼리도 상생이 가능해진다.

이러한 과정을 통해 상업의 성격이 크게 달라진다. 그동안 상업은 마치 사람은 없고 금전상의 거래만 존재하는 것 같은 영역이었다. 누군가 망해야 내가 산다는 식의 경쟁 논리가 강하게 지배했었다. 바로 그곳에 사람과 사람 관계가 중심을 이루고 상생 원리가 지배할 가능성이 보이기 시작했다.

이 과정에서 상인의 사회적 기능에도 질적 변화가 일어날 조짐을 보이고 있다. 상인은 단순히 상품을 유통시키고 중간 마진을 차지하는 존재가 아니라 새로운 문화적 가치를 창출하는 또 다른 생산자로 변모하는 것이다. 종전보다 많은 수익을 거두는 건 생산자로서의 정당한 대가일 것이다. 그러한 변화를 통해 상인은 금전상의 이익을 포함해 더욱 높은 삶의 질을 보장받을 수 있다.

역사적으로 볼 때 상업은 근대 자본주의가 잉태된 영역이었다. 자본의 이윤 추구 원류도 상업적 이윤 추구였다고 볼 수 있다. 바로 그 상업 영역에서 종전과는 전혀 다른 원리가 잉태되고 있는 것이다. 이는 보기에 따라 사회 전반의 질적 변화를 예고하는 징조의 하나일 수도 있다.

사람 중심 사회의 대표 경제조직, 협동조합

2011년 협동조합기본법이 제정된 이후 협동조합이 폭발적으로 증가했다. 농업 등 특정 분야에만 존재하던 협동조합이 이제 분야를 가리지 않고 모든 영역에서 모습을 드러내고 있다. 그리하여 협동조합의 확산은 한국 사회 특유의 역동성을 표현하는 새로운 사회 현상이 되었다.

협동조합은 향후 새로운 사회로의 전환을 주도하는 대표적인 경제조직의 하나가 될 것으로 보인다. 이유는 간단하다. 사람 중심 사회와 협동조합이 원리적으로 정확히 일치하기 때문이다. 협동조합은 이미 그 자체로서 사람 중심 사회의 중요한 한 구성 요소일 수 있는 것이다. 이 점은 주식회사와 협동조합의 운영 원리를 비교해보면 한층 뚜렷해진다.

자본주의 사회의 대표적인 기업 형태인 주식회사의 최고 의결기구는 주주총회이다. 주주총회는 1주 1표 원칙에 입각해 운영된다. 같은 사람이라도 보유하고 있는 주식 숫자에 따라 의결권에서 현저히 차이가 나는 것이다. 대주주는 다량의 주식 보유를 바탕으로 기업에 지배권을 행사한다. 반면 보유 주식이 없으면 기업에서 아무리 중요한 역할을 하고 있더라도 의결권을 전혀 행사할 수 없다. 주식회사는 돈의 지배를 제도화한 것이라고 할 수 있다.

반면 협동조합의 최고 의결기구는 조합원 총회이다. 조합원 총회는 1인 1표를 원칙으로 운영된다. 조합원이 돈이 많거나 적은 것은 의결권에 영향을 미치지 않는다. 요컨대 사람의 지배를 제도화한 것이다. 아울러 협동조합은 기본적으로 조합원 간의 상생을 지향한다. 특정 조합원이 다른 조합원의 이익을 갈취할 수 없다. 협동조합 안에는 사람 중심 사회의 원리가 그대로 구현되어 있는 것이다.

협동조합 성공의 요체 또한 생태계의 플랫폼으로서 기능을 잘하는가에 있다. 가령 성공적으로 자리 잡은 일부 생활협동조합은 소비자, 농민, 생산자 사이에 비교적 높은 수준의 생태계를 형성하고 있다. 다소 미흡한 점이 있지만 생활협동조합을 통해 농민과 소비자들은 함께 이익을 보는 상생 관계를 형성한다. 소비자들은 친환경적인 먹을거리를 안정적으로 공급받고 농민은 가격 불안정에서 벗어나 생산 활동에 전념할 수 있다. 반면 다수의 협동조합이 안착에 실패하기도 했는데 그 주된 이유 역시 생태계 형성의 플랫폼으로서 제대로 기능하지 못한 데 있다.

> 협동조합은 향후 새로운 사회로의 전환을 주도하는
> 대표적인 경제조직의 하나가 될 것으로 보인다.
> 이유는 간단하다. 사람 중심 사회와 협동조합이
> 원리적으로 정확히 일치하기 때문이다.

이 같은 속성 덕분에 사회 전 분야에 걸친 협동조합의 확산은 사람 중심 사회 형성에 결정적인 기여를 할 수 있다. 또한 일자리의 양과 질에서도 상당한 진전을 일구어낼 수 있다.

협동조합은 동일한 조건이라면 일반 기업에 비해 일자리 창출 능력이 최고 1.5배 높다고 한다. 이유는 여러 가지가 있을 수 있지만 무엇보다 수직적 위계질서가 제거된 순수한 수평적 연합체라는 특성을 들 수 있다. 협동조합에는 기생집단이 있을 수 없다. 조합원 모두는 더 적은 시간을 일하고도 동일한 수입을 올릴 수 있다. 협동조합이 똑같은 일감을 갖고도 노동시간 단축을 통해 더 많은 일자리를 만들 수 있는 이유이다.

비정규직 협동조합

비정규직 문제 해결에서도 협동조합은 의미 있는 대안의 하나가 될 수 있다. 가령 용역업체 소속으로 파견 업무를 수행하는 노동자들도 자체적으로 협동조합을 결성하여 직접 계약의 주체가 될 수 있다. 단기 프로젝트 위주로 결합하는 비정규직 역시 협동조합을 결성해 관련 기관이나 기업과 수평적 업무 협력을 할 수 있다.

만약 협동조합으로의 조직화가 매우 높은 수준에 이른다면 그에 비례해서 협상력 또한 크게 높아질 것이다. 비정규직이 갖는 불안정성이나 취약한 협상력 등은 협동조합을 통해 조직적으로 해결할 수 있을 것이다.

비정규직 채용을 협동조합과의 수평적 업무 협력으로 대체하는 것은 기관이나 기업에게도 이익이 될 수 있다.

세계 경제의 불안전성으로 불확실성이 증대하는 가운데 창조경제 특유의 모험이 더욱 불가피해지고 있다. 그에 따라 조직과 업무 구조에서의 유연성을 극대화하는 것이 매우 중요하다. 필요한 인력 모두를 정규직으로 구성하기가 어려워진 것이다. 그동안 기관이나 기업들은 이러한 유연성 확보를 비정규직 채용을 확대하는 것으로 해결해왔다.

하지만 그에 따른 부작용은 심각했다. 당사자인 비정규직이 숱한 고통을 겪어야 하는 것은 굳이 말할 필요도 없을뿐더러, 일회용 소모품으로 간주되는 환경에서 창조경제의 필수 요소인 자발적 열정을 바탕으로 한 몰입을 기대할 수는 없다. 또한 지속적이고 체계적인 훈련을 통한 창조적 능력의 발전을 기대하기도 어렵다. 생산성 향상에서 한계가 뚜렷했던 것이다.

협동조합과의 수평적 업무 협력은 바로 이러한 문제를 근원적으로 해결하는 한 방안이 될 수 있다. 관련 기관이나 기업은 협동조합과의 수평적 협력을 통해 한시적 업무를 해결함으로써 유연성을 확보할 수 있다. 조합원으로 신분이 바뀐 비정규직은 협동조합의 주인이기 때문에 자발적 열정을 가질 수 있고, 협동조합 차원의 훈련 프로그램을 통해 창조적 능력을 지속적으로 고양시킬 수 있다. 업무에서의 불안정성은 협동조합에서의 지속적 관계를 통해 보완 극복할 수 있다.

이런 점에서 협동조합과 수평적 협력 관계로 전환하는 것은 이해당사자 모두에게 이익이 되는 상생 가능한 생태계 형성으로 이어질수 있다. 그런 만큼 법으로 엄격히 규정된 특별한 영역을 제외하고는, 정규직 채용과 협동조합과의 수평적 업무 협력 중 양자택일하도록 함으로써 더 이상 비정규직이 양산되지 못하도록 제도화하는 방안을 진지하게 검토해볼 만하다.*

---

* 협동조합이 비정규직 문제 해결의 한 방안이 될 수 있다는 것은 충분히 논쟁의 여지가 있다. 여기에는 어떤 형태의 삶에 가치를 부여하는가 하는 철학적 문제가 함께 포함될 수 있다. 가령 정규직으로서 안정성에 최고의 가치를 부여하는 입장에서 보면 협동조합을 통한 문제 해결은 결코 답이 될 수 없을 것이다. 반대로 다소 불안정하더라도 조직의 진정한 주인이 되는 자주적 삶에 가치를 부여하는 입장에서는 협동조합을 통한 문제 해결을 최선으로 여길 수도 있다.

2
집중 영역
벤처 생태계

창조경제 시대를 맞이하여 벤처 창업이 새로운 성장 동력으로 떠오르는 것은 세계적 추세이다. 이는 창조경제라는 선진 생산력을 담당하는 경제조직이 주로 벤처기업이기 때문에 나타나는 필연적 현상이라고 할 수 있다. 벤처 창업이 왕성하게 이루어지려면 반드시 벤처 생태계가 잘 구축되어 있어야 한다. 벤처기업과 생태계는 애초부터 불가분의 관계에 있는 것이다.[*]

창조경제를 선도하는 벤처기업은 이름 그대로 모험을 속성으로 한다. 창조는 미지의 영역에 뛰어들어 이전에 없던 새로운 것을 일구

---

[*] 진보 인사들 사이에서는 벤처기업이 해답일 수 있는가 하는 문제 제기가 자주 나온다. 하지만 이러한 문제 제기는 창조경제가 해답일 수 있는가 하는 것만큼이나 부정확한 것이다. 벤처기업 역시 해답보다는 질문에 가깝다. 우리 앞에 던져진 중요한 과제는 벤처기업이 활성화되기 위해서는 어떤 환경이 필요한지 밝히는 것이기 때문이다.

어내는 과정이기에 처음부터 모험일 수밖에 없는 것이다. 모험은 언제나 실패할 가능성을 안고 있다. 그 실패를 두려워한다면 결코 모험을 감행할 수 없다. 벤처기업은 검증된 결과를 바탕으로 안정적 수익을 추구하는 기업과는 전혀 성격이 다르다.

실패를 하더라도 실패 자체가 자산으로 인정되면서
성공의 디딤돌이 될 수 있어야 한다.

이런 점에서 벤처 창업이 왕성하게 이루어지려면 실패를 두려워하지 않고 기꺼이 모험을 감행할 수 있는 환경이 마련되어야 한다. 그런 환경이 되려면 두 가지 조건이 필수적이다. 먼저 똑같은 노력을 하더라도 성공할 확률이 높아야 한다. 이와 함께 설령 실패를 하더라도 실패 자체가 자산으로 인정되면서 성공의 디딤돌이 될 수 있어야 한다. 이들 조건은 창업자 개인이나 개별 벤처기업만으로는 절대 확보할 수 없다. 오직 벤처 생태계를 통해서만 마련될 수 있다.

대표적인 벤처 생태계로 미국의 실리콘밸리를 들 수 있다. 실리콘밸리 안에는 벤처기업이 태동하고 발육할 수 있는 조건이 골고루 갖추어져 있다. 스탠퍼드 대학 등 지식 거점이 자리를 잡고 창업 인큐베이터 구실을 충실하게 하고 있다. 기술과 아이디어만 있으면 얼마든지 투자를 받을 수 있게끔 벤처 캐피탈이 풍부하게 형성되어 있다. 투자 위주로 자금 조달이 이루어지기 때문에 실패를 해도 창업자 개인이 부채를 떠안을 이유가 없다. 실패하더라도 재기할 수 있는 기회가 얼마든지 있으며 '실패의 사회적 자산화'가 잘 이루어져 있다. 기업들은 실패한 벤처기업가들을 우선적으로 채용한다. 실패를 경험했기에 성공할 확률이 높다는 이유에서이다. 더불어 대기업은 성공한 벤처기업을 높은 가격에 인수함으로써 창업자에게 보상한다. 이러한 조건에서 미국의 우수한 인재들은 실패의 두려움 없이 실리콘밸리를 향해 거침없이 뛰어들었다.

중국의 대표적인 IT 산업 본거지인 베이징 중관춘(中關村) 역시 거대 벤처 생태계이다. 이름은 '촌'이지만 면적은 판교 테크노밸리의 100배가 넘는 2200만 평 정도에 이른다. 2012년 현재 2만여 개 입주기업에 종사자 수만도 150만 명이 넘는다. 단지 규모만 큰 것이 아니라 실리콘밸리에 크게 뒤처지지 않을 정도로 벤처 생태계로서의 조건을 골고루 갖추고 있다. 중국 최고 명문 베이징 대학과 칭화 대학이 나란히 지식 거점, 창업 인큐베이터, 배후 기지 역할을 하고 있고, 200개가 넘는 국가 및 성(省)급 과학연구소가 벤처기업 발육에 필요한 각종 영양소를 공급해주고 있다. 벤처 캐피탈 역시 풍부하게 형성되어 있다. 문화적 환경 또한 실리콘밸리와 크게 다르지 않다. 이를 바탕으로 중관춘은 전 세계 고급 인재들을 빨아들이고 있다.

물론 실리콘밸리와 중관춘이 우리가 추구해야 할 최종적인 모범 답안이라는 이야기는 결코 아니다. 그럼에도 두 사례를 통해 벤처 생태계가 왜 필요하며 어떻게 작동하는지를 이해하는 데는 큰 도움을 얻을 수 있을 것이다. 구체적 양상은 서로 다르지만 벤처 생태계 안에는 매우 중요한 원리가 관통하고 있다.

벤처 생태계는 창업자라는 '사람'을 중심으로 형성되고 움직인다. 창업자가 주연이고 나머지는 조연이다. 자본조차도 주연이 아니다.

창업 인큐베이터 구실을 하는 대학 등은 창업자가 필요한 능력을 획득할 수 있도록 다양한 프로그램을 진행한다. 벤처 캐피탈이 투자를 하더라도 지분의 큰 몫은 창업자가 갖는다. 대기업이 성공한 벤처를 인수할 때 대박의 주인공은 창업자이다. 창업자의 성공을 돕되 실패의 위험부담은 생태계 안에서 나누어 갖는다. 나아가 다양한 형태로 재기의 발판을 마련해준다. 일련의 과정을 거쳐 창업자가 성공하면 조연 역할을 했던 모두가 함께 이익을 본다. 그 나름의 방식으로 사회적 연대와 협력을 통해 상생을 지향하는 것이다.

우리는 여기서 벤처 생태계가 사람 중심 사회의 일부로 발전할 가능성을 발견한다. 과연 어떠한 조건에서 그런 발전이 가능할까? 해답을 찾기 전에 한국의 벤처 생태계가 어떤 상황에 놓여 있는지 먼저 살펴보자.

벤처 후진국

벤처 생태계에 관한 한 한국은 완전히 후진국이다. 벤처 생태계 형성에 대한 관점 자체가 결여되어 있다. 중앙정부든 지방정부든 산업화 과정을 거치며 익숙해져 있는 산업단지 조성 정도에 사고가 머물러 있다. 벤처기업이 몰려 있는 곳도 벤처 생태계와는 거리가 먼 벤처 산업단지에 가깝다.

판교밸리와 G(구로)밸리는 다수의 벤처기업이 몰려 있기는 하지만 벤처 생태계와는 아직 거리가 멀다. 지식 거점 역할을 하는 곳도 딱히 없고 벤처 캐피탈도 제대로 형성되어 있지 않다. 투자를 받기 위해서는 여의도로 간다. 정보를 교환하고 각종 상담을 받는 벤처 카페조차 찾아보기 힘들다. 판교밸리의 경우 2016년 스타트업 캠퍼스가 문을 열어 창업 환경이 개선된 점이 그나마 다행이다.

무엇보다도 한국은 벤처 창업과 성장에 필요한 자금 조달이 매우 어려운 나라이다. 돈줄을 쥐고 있는 은행권은 주택담보대출 등 안정 위주 운용에만 치우쳐 벤처기업은 거들떠보지도 않았다. 정부가 조성한 모태자금은 좀비기업들이 상당액을 빼먹어왔다. 창업 종잣돈을 지원하는 개인 투자자는 2004년 이후 10년 새 6만 명에서 5천 명으로 줄어들었다. 벤처기업의 출구는 증시 상장과 인수·합병(M&A)인데 한국은 그 어느 것도 쉽지 않다. 증시 상장 조건이 까다로워 상장까지 평균 11~12년이 걸리고, 대기업은 벤처기업 인수에 별 관심이 없다.

이러한 조건에서 벤처기업 자금 조달에서 큰 비중을 차지해온 것은 결과를 함께 책임지는 주식투자보다는 채무변제를 강제하는 차입(채권투자)이었다. 차입은 창업자 연대보증 아래 이루어져왔다. 이런 상태에서 실패하게 되면 창업자는 5년 동안 금융권 이용이 제한되고 평생 빚쟁이에 쫓기는 삶을 살 수밖에 없었다. 그러다 보니 한국에서 벤처기업을 하다 망하면 재기 불능 상태에 직면해야 했다. 벤처기업의 속성인 모험을 할 수 있는 환경이 결코 아니었던 것이다.

한국에서 벤처 생태계 형성은
대단히 정치적이고 사회적일 수밖에 없다.
단순한 경제 논리만으로 접근이 어려운 것이다.

여기에 대기업의 횡포가 가세했다. 대기업들은 성공한 벤처기업을 고가에 인수하는 식으로 보상하지 않았다. 대기업들은 벤처기업이 개발에 성공하면 기술팀을 통째로 빼가 자기들이 출시하는 식으로 벤처기업의 싹을 싹둑싹둑 잘랐다. 벤처기업에게 대기업은 저승사자보다 두려운 존재였다.

이 모든 요인이 작용한 결과 벤처기업의 10년 후 생존 확률은 8.2퍼센트에 불과했다. 열에 아홉 이상이 10년을 못 넘기고 사업을 포기하거나 실패자의 낙인이 찍힌 채 고통스러운 삶을 이어갔던 것이다.

벤처 생태계 형성을 가로막아 온 것은 완고한 기득권 논리와 오랜 세월 형성된 무시무시한 관성이다. 한국에서 벤처 생태계 형성은 이 기득권 논리와 무시무시한 관성에 맞서 싸우며 추진될 수밖에 없다. 이는 광범위한 국민적 지지와 동참, 협력 없이는 불가능하다. 그런 점에서 한국에서 벤처 생태계 형성은 대단히 정치적이고 사회적일 수밖에 없다. 단순한 경제 논리만으로 접근이 어려운 것이다.

이 점에서 한국 사회가 특유의 역동성을 발휘할 것으로 믿는다. 앞서 이야기한 대로 한국 사회는 기존 틀 안에서는 더 이상 해답을 찾을 수 없는 상황에 직면해 있다. 대기업 중심 성장 모델은 수명이 다했다. 틀과 기조를 완전히 바꾸지 않으면 꼼짝없이 망하는 길로 갈 수밖에 없다. 점점 더 많은 사람이 이를 절감하고 있다. 이제 다수 국민이 한국형 벤처 생태계 구축을 출구 전략으로 인식하고 적극적 관심을 갖는 것은 시간문제라고 할 수 있다.

시민 참여와 연대로 만드는 벤처 생태계

한국형 벤처 생태계 형성 역시 플랫폼 기반 생태계 형성 원리를 그대로 적용할 수 있다. 한층 다양하면서도 강력한 플랫폼들을 구축함으로써 고도화된 한국형 벤처 생태계를 만들 수 있는 것이다.

먼저 곳곳에 포진해 있는 대학을 창업 플랫폼으로 만들어야 한다. 세계 최고 대학 진학률을 자랑하는 한국에서 대학이 지닌 잠재적 가치는 매우 크다. 이를 극대화하는 차원에서 창업에 필요한 요소를 개발하고 서로 연결시키는 기능을 수행할 수 있다. 그럴 때 대학은 능히 벤처 생태계의 모태가 될 수도 있다. 공공 벤처 생태계 연구소를 만들어 실패자들을 흡수하는 것도 적극 검토해볼 가치가 있다. 실패 경험을 사회적 자산으로 만듦과 동시에 재기의 발판이 되어줄 수 있을 것이다. 실패의 사회적 자산화를 공적 차원에서 제도화할 수 있는 방안의 하나이다. 더불어 생산과 판매를 전담하는 공용 플랫폼을 운영함으로써 창업자들이 개발에 전념할 수 있도록 해야 한다. 창업자가 관심을 분산시키지 않고 개발에 몰입할 때 최상의 결과가 나온다.

벤처 자본 형성도 광범위한 시민 참여를 바탕으로 창조적 해결을 모색할 수 있다. 최근 확산되는 크라우드펀딩(대중 참여 펀드)을 더욱 진화시켜 시민 참여형 소셜 펀드를 기획할 수도 있다. 소셜 펀드는 투자자들의 연대를 바탕으로 이익과 손실을 공평하게 나누어 갖는 투자 플랫폼으로 기능할 것이다. 이 경우는 대박도 없고 쪽박도 없겠지만 상대적으로 높은 수익을 안정적으로 보장한다. 벤처 투자 평균 수익률은 일반 투자 수익률보다 높기 때문이다.

또한 투자자들을 중심으로, 광범위하게 퍼져 있는 대기업의 횡포를 차단하는 적극적인 시민감시 활동을 전개할 수 있다. 이러한 활동은 그 자체만으로 벤처기업 구성원들에게 강력한 정신적 응원이 될 수 있다.

이렇듯 광범위한 시민 참여와 연대, 이를 바탕으로 한 상생 추구가 한국형 벤처 생태계 형성의 원리로 작동할 것이다. 무릇 벤처 생태계는 아름다울수록 강력한 힘을 발휘하는 법이다. 벤처 세계 구성원은 바로 이 같은 생태계를 통해 지속가능성을 확보할 수 있다. 성장발전의 단위가 창업자 개인이나 개별 벤처기업이 아니라 이를 아우르는 벤처 생태계인 것이다.

플랫폼을 다각화하고 그 기능을 더욱 강화함으로써 벤처 생태계를 지속적으로 고도화시킬 수 있다. 이를 통해 궁극적으로 누구나 창업이 가능하고 또한 시도할 수 있는 환경이 만들어질 수 있다. 창업자는 특정 소수가 아니라 다중을 가리키는 것으로 의미가 바뀐다. 이럴 때 벤처 생태계 안에서는 한국 사회의 향방과 관련된 매우 의미심장한 변화가 일어날 수 있다.

누구나 창업이 가능하고 또한 시도하는 환경이 만들어지면 창업자는 구성원들과의 관계를 재정립할 수밖에 없다. 구성원이 창업을 위해 독립하는 것을 막기 위해서는 현재의 위치에서 그들이 욕구를 충족할 수 있도록 해야 하는 것이다. 결론적으로 수직적 종속 관계에서 완전히 벗어나 구성원을 경영의 동반자로 만들어야 한다. 지분과 권력, 역할을 고르게 배분해야 하는 것이다.

이미 적지 않은 벤처기업들이 그와 유사한 모습을 보여주고 있다. 구성원을 수단이 아닌 목적으로 보면서 지분과 권력, 역할의 고른 배분을 통해 수평적 조직문화를 정착시켜 나가는 것이다. 창업자와 구성원 관계도 동업자에 가까워지고 있다. 그 결과는 창업자와 구성원 모두의 이익이 함께 증대하는 상생으로 이어졌다. 이유는 간단하다. 그럴 때 생산성이 극대화되기 때문이다.

이러한 변화가 지속적으로 축적됨으로써 벤처 생태계는 각자가 중심이면서 수평적 연대와 협력을 통해 상생을 지향하는 온전한 의미에서 사람 중심 사회의 일부로 변모해간다. 이는 경제 전반에 걸쳐 파급 효과를 낳는다.

벤처 생태계가 진화를 거듭하면서 강력한 힘을 발휘하면 인재를 빨아들이는 블랙홀로 부상하게 될 것이다. 먼저 청년 인재들이 다투어 합류할 것이다. 특히 내일을 향한 희망을 잃어가는 비정규직 사이에서 대탈주가 줄을 이을 수도 있다. 그러면 청년들은 있는 일자리를 찾는 것에 머물지 않고 스스로 새로운 일자리를 만들 것이다. 더불어 벤처 생태계의 왕성한 활동을 통해 새로운 기술과 콘텐츠, 아이디어가 양산되면서 한국 경제가 새로운 활력을 얻을 것이다. 이는 곧 청년들이 자칫 망해갈 수도 있는 이 나라 경제를 구하는 주역이 될 수 있음을 의미한다.

창업자와 구성원 모두의 이익이 함께 증대하는
상생으로 이어졌다. 이유는 간단하다.
그럴 때 생산성이 극대화되기 때문이다.

벤처 생태계 진화는 경제 전반의 변화와 혁신을 강제한다. 말 그대로 벤처 생태계가 혁신의 진원지 구실을 하게 되는 것이다. 그런 점에서 벤처 생태계 구축은 우선적으로 힘을 집중해야 할 문제 해결의 중심 고리이다. 벤처 생태계 구축을 집중 영역으로 상정한 이유이다.

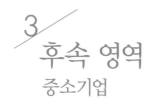

3 후속 영역
중소기업

벤처 생태계가 본격적으로 활성화되고 진화를 거듭할 때 가장 직접적인 영향을 받게 되는 곳이 중소기업이다. 중소기업에 몸담고 있던 청년 인재들이 대거 벤처 생태계로 발길을 옮길 가능성이 크기 때문이다. 이 같은 인재 유출이 광범위하게 일어난다면 중소기업은 존립 자체를 위협받을 수도 있다. 어떤 형태로든지 대응책을 마련하지 않으면 안 되는 상황인 것이다. 우리가 중소기업을 시간적 선후에 관계없이 후속 영역으로 표현한 것은 바로 이러한 맥락에서이다.

그동안 중소기업은 고용 시장의 약 90퍼센트를 차지할 만큼 그 비중이 절대적이었다. 외환위기 이후 대기업이 고용을 축소하는 와중에 새로이 늘어난 고용의 대부분도 중소기업이 감당했다. 그런 만큼 중소기업 문제를 어떻게 푸는가는 한국 사회의 향방을 좌우하는 중

차대한 문제가 될 수 있다.

중소기업이 벤처 생태계 진화로부터 가해지는 압력에 적절하게 대응하면서 지속가능성을 확보할 수 있는 혁신 방안은 무엇일까. 해답은 변함없이 플랫폼 기반 생태계 형성에 있다.

주주 우선주의에서 구성원 우선주의로

편의상 중소기업 경영자들로부터 이야기를 시작해보자. 경영자들이 관심을 가져야 할 이해당사자들은 구성원(직원), 고객, 주주 등 다양하다. 이 중에서 누구의 이익을 중심으로 접근해야 하는지는 경영자들에게 늘 중요한 문제로 대두된다. 신자유주의는 주주 이익을 중심으로 접근할 것을 요구했다. 주주만이 기업의 수익 증가에 직접적인 이해관계를 갖고 있기 때문에, 주주 이익을 중심에 두어야 기업은 수익 증가를 위해 최선을 다할 수 있다는 논리였다. 하지만 거듭된 금융위기를 통해 드러났듯이 주주 이익 중심의 기업 경영은 이해당사자 모두를 공멸로 몰고 갔을 뿐이다. 그에 대한 반작용으로 등장한 것이 '구성원(직원) 우선주의'였다.

구성원 우선주의는 경영진이 구성원 이익에 충성하면 그에 감동한 구성원은 고객 가치에 충성하고 자연스럽게 고객은 기업 제품과 서비스에 충성하면서 기업 수익 증가로 이어질 수 있다고 본다. 결국엔 주주 역시 이익을 본다는 것이다. 즉 구성원 이익을 우선할 때 기업의 이해당사자 모두가 함께 이익을 보는 상생 구조가 만들어진다는 것이 구성원 우선주의가 내세우는 입장이다.

구성원 우선주의는 경영진이 구성원 이익에 충성하면
구성원은 고객 가치에 충성하고 자연스럽게
고객은 기업 제품과 서비스에 충성하면서
기업 수익 증가로 이어질 수 있다고 본다.

구성원 우선주의에서는 기업이 플랫폼이다. 이를 기반으로 경영진, 구성원, 고객, 주주 등 이해당사자 사이에 상생 가능한 생태계가 형성될 수 있는 것이다. 이로부터 우리는 잠정적인 결론 하나를 이끌어낼 수 있다.

중소기업은 구성원 우선주의를 바탕으로 스스로가 플랫폼이 되어 이해당사자들을 포괄하는 생태계를 형성할 때 지속가능성을 확보할 수 있다.

노동의 진화 전략

한 가지 문제가 있다. 육체노동이 여전히 지배하는 전통 산업에서도 똑같은 방식으로 문제를 해결할 수 있을까?

대부분의 경우 육체노동은 지루하고 힘들기 때문에 자발적 열정을 갖고 몰입하기 힘들다. 그렇기 때문에 수직적 위계질서에 입각한 엄격한 통제 시스템이 불가피하다는 것이 그간의 통념이었다. 엄격한 통제를 유지해야 하는 경영자 입장에서 볼 때 구성원 우선주의를 실천하기는 결코 쉽지 않다.

진정 전통 산업에서 경영진은 구성원에게 충성을 다할 수 없는 것일까? 전통 산업에서는 기업 스스로가 플랫폼이 되어 생태계를 형성하는 것이 불가능한 것일까? 이는 창조경제 시대에 노동의 운명과 관련해서도 대단히 중요한 질문이다. 해답은 노동을 창조적 작업으로 진화시키는 '노동의 진화 전략'에 있다. 노동의 진화 전략이 구체적으로 어떻게 전개되고 그 결과가 어떻게 나타날 수 있는지를 보여주는 대표적 사례로서 포스코 계열사인 철강 포장업체 삼정 P&A를 꼽을 수 있다.

삼정 P&A는 2007년 3개 조가 돌아가면서 작업하던 3조 3교대를 2개 조가 번갈아 작업하고 나머지 2개 조는 휴무를 하는 4조 2교대로 전환하였다. 근무 형태를 전환하면서 삼정 P&A의 인당 연간 근무일은 317일에서 174.5일로 줄고, 반대로 휴무일은 48일에서 190.5일로 크게 늘어났다. 연간 근무시간 또한 2,324시간에서 1,920시간으로 줄었다. 이러한 가운데 삼정 P&A는 1인당 연간 학습 시간을 300시간으로 대폭 늘렸다. 그 결과 구성원들의 자격증 취득 건수가 2010년 837개로, 근무 형태 전환 이전에 비해 10배 정도 늘었다.

이러한 과정을 거쳐 구성원들은 단순 포장공에서 자동 포장설비를 개발·운영하는 엔지니어로 탈바꿈하였다. 단순 육체노동을 하던 전통적 노동자에서 엔지니어로 진화한 것이다. 삼정 P&A는 2009년 세계 최초로 철강 제품을 자동 포장하는 로봇결속기를 개발했는데 바로 이들이 일구어낸 성과였다. 한 걸음 더 나아가 자체 기술로 철강 포장라인 전체를 자동화하는 데 성공하였고 이를 일괄 판매할 수 있는 수준에 이르렀다. 여기에 발맞추어 상당수 구성원이 철강 포장설비 전문 컨설턴트 지위를 갖게 되었다. 덕분에 삼정 P&A는 단순 포장 작업을 하던 업체에서 자동 포장설비를 개발·운영·판매·서비스하는 전문적인 엔지니어링 회사로 변신할 수 있었다.

당연히 삼정 P&A의 생산성도 현저히 개선되었다. 단적으로 구성원들의 혁신 역량이 강화되면서 4년 만에 1인당 철강 포장량이 38퍼센트 늘었다. 이러한 성과는 지속적인 경영 실적 향상과 구성원들의 임금 상승으로 이어졌고 이는 다시 구성원의 역량을 더욱 성숙시키는 선순환 구조를 낳았다.*

> 단순 포장공에서 자동 포장설비를 개발·운영하는
> 엔지니어로 탈바꿈하였다. 단순 육체노동을 하던
> 전통적 노동자에서 엔지니어로 진화한 것이다.

유한킴벌리로부터 시작되어 많은 기업들 사이로 확산된 뉴패러다임 경영 역시 노동의 진화 전략에 입각한 경우라 할 수 있다.**

외환위기 이후 유한킴벌리는 새로운 고용 패러다임을 적용하기 시작하면서 단 한 명의 직원도 해고하지 않았을 뿐만 아니라 오히려 현장 인력을 33퍼센트 증원했다. 반면 작업 일수는 연간 180일로 대폭 줄였다. 이를 바탕으로 유한킴벌리는 예비조와 평생학습조, 4조 2교대 시스템 등을 통해 일자리를 나눔과 동시에 학습 시간을 크게 늘렸다. 아울러 종신 고용을 통해 해고 불안을 없앰으로써 구성원들

---

* 삼정 P&A는 2011년 3월 ㈜포스코엠텍으로 상호를 변경, 철강 포장 전문업체를 뛰어넘는 사업 다각화를 추진했다.
** 유한킴벌리는 기업 규모로는 대기업에 속한다고 볼 수 있다. 그러나 이곳에서 실험된 모델이 다수의 중소기업에 적용되었기 때문에 여기서 다루는 데는 크게 문제될 것이 없다고 본다.

이 자기 업무에 더욱 충실하도록 만들었다.

과연 결과는 어떻게 나타났을까? 뉴패러다임 실험은 인건비 증가를 뛰어넘는 생산성 향상으로 이어졌다. 덕분에 유한킴벌리의 생산성은 미국 본사를 훨씬 앞지르며 세계 최고 수준에 이를 수 있었다. 또한 주요 생산 품목 모두 국내 시장점유율 1위를 달성하면서 경영 실적도 지속적으로 향상되었다.

이 모든 것은 노동의 진화 전략을 전제한다면 모든 중소기업에서 구성원 우선주의를 실천할 수 있으며 기업 스스로가 플랫폼이 되어 이해당사자 간의 생태계를 형성할 수 있음을 말해준다.

중소기업에서의 생태계 형성은 개별 기업을 넘어 더욱 크게 확장 가능하다. 동종업종에 속하는 기업들이 모여 공동 브랜드와 판매망을 형성하는 것은 공용 플랫폼을 기반으로 한 생태계 형성이라고 할 수 있다. IT 클러스터나 식품 클러스터처럼 동종업종에 속하는 기업, 대학, 연구소, 정부 기관 등이 한 지역에 모여 유기적 협력 관계를 형성하는 것 역시 생태계 형성의 일환이다. 클러스터는 생태계를 형성하는 또 다른 플랫폼인 것이다.

바야흐로 세계 시장은 생태계 대 생태계가 맞붙는 '생태계 전쟁'으로 치닫고 있다. 벤처기업과 마찬가지로 중소기업의 운명 역시 생태계를 얼마나 잘 형성하는가에 달려 있다고 해도 과언이 아니다.

그런 점에서 발상의 전환이 절실하다. 무엇보다도 철학이 바뀌어야 할 것이다. 돈 중심 사고와 무한경쟁 논리를 절대시해서는 생태계를 둘러싼 창의적 구상이 떠오를 수 없다. 오직 사람을 중심에 놓고 접근하면서, 사람과 사람의 관계 또한 주어야 얻을 수 있고 나눌수록 커진다는 상생 지향적 사고를 할 때 생태계 구상은 풍부해질 수 있다. 한국 기업들이 생태계 형성에서 빈곤함을 드러내는 것은 상당 부분 이 같은 철학적 토대가 제대로 형성되어 있지 않기 때문이다.

노동자가 경영의 주체로

노동의 진화 전략을 바탕으로 한 구성원 우선주의는 사람의 헌신과 열정, 창조적 능력의 증진에서 해답을 찾는다. '뉴패러다임 경영'의 창시자 문국현의 표현대로 사람 중심 경제를 추구하는 것이다.

사실 기업 스스로가 플랫폼이 되어 생태계를 형성하는 과정은, 그동안 철저하게 돈의 흐름을 중심으로 형성되던 기업 세계가 상생을 지향하는 사람과 사람의 관계를 중심으로 재구성되는 것을 의미한다. 그런 점에서 중소기업은 능히 사람 중심 사회의 중요한 한 부분이 될 수 있다. 이는 중소기업에 속한 노동자들이 자신의 문제를 새로운 시각으로 접근하도록 만든다.

수많은 경험을 통해 중소기업 노동자들은 노사가 극한 대립으로 치달으면 돌아오는 것은 공멸뿐이라는 것을 깊이 체감하고 있다. 어떤 형태로든지 노사가 함께 사는 길을 찾아야 한다는 데 폭넓은 공감대가 형성되어 있는 것이다. 그러므로 노동의 진화 전략을 바탕으로 한 구성원 우선주의와 이를 통한 생태계 형성은 노동자 입장에서 볼 때 최선의 선택이 될 수 있다.

그동안 노동운동이 제기해온 기본 과제는 근로조건 개선과 임금 인상이었다. 이를 노동운동에서는 노동력의 판매 조건을 개선하는 것으로 파악했다. 그런데 노동의 진화 전략에 비추어 보면 노동력의 판매 조건을 개선하는 것보다 '노동의 가치 상승을 바탕으로 구성원의 지위와 역할을 높이는 것'이 더 중요하다. 지위와 역할이 높아질 때 노동력 판매 조건도 더 높은 수준에서 개선되기 때문이다.

노동의 진화를 바탕으로 지위와 역할이 향상된다는 것은 궁극적으로 노동자가 경영의 대상에서 벗어나 경영의 주체로 서는 것을 의미한다. 경영의 주체로 선다는 것은 중소기업 소속 노동자가 세상의 주인이 되기 위한 필수 토대이다. 아울러 경영의 주체가 될 때, 자기 영역의 중심으로서 수평적 협력을 바탕으로 상생을 지향하는 생태계의 진정한 일부가 될 수 있다.

경영의 주체가 되는 것은 정규직과 비정규직을 아우르는 공통의 목표가 되어야 한다. 공통의 목표가 뚜렷할 때 두 집단은 연대하고 협력할 수 있다. 그런 만큼 "20세기 노동해방이 고된 노동에서 벗어나는 것이었다면 21세기 노동해방은 세상을 경영하는 것"이라는 말은 충분히 의미가 있다.

노동의 진화를 바탕으로 지위와 역할이
향상된다는 것은 궁극적으로 노동자가 경영의 대상에서
벗어나 경영의 주체로 서는 것을 의미한다.

현실로 되돌아오면 중소기업의 노동 환경은 열악하기 그지없다. 아직도 구시대적 억압과 통제, 착취가 곳곳에 만연해 있다. 이러한 상황은 종종 극한투쟁을 촉발하는 온상이 되기도 한다. 하지만 개별 분산적 차원에서의 대응으로는 결코 원하는 목표에 도달할 수 없다. 오직 개별 사업장을 뛰어넘어 전 사회적 차원의 합의를 이끌어내기 위해 노력할 때 근본적 해결로 나아갈 수 있다.

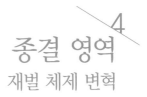

종결 영역
재벌 체제 변혁

한국에서 대기업 대부분은 재벌그룹 계열사로 존재한다. 재벌 기업과 대기업은 동의어나 다름없다. 산업화가 한창 진행되던 시기 이들 대기업은 나름대로 한국 경제성장의 견인차 역할을 하였다. 말하자면 고도 산업화라는 변화를 주도한 것이다. 숱한 문제를 안고 있었음에도 불구하고 국민경제 생태계 형성에서도 어느 정도 순기능을 했다. 대기업 성장이 중소 협력기업의 활성화를 자극하면서 일자리를 창출하고 내수 시장을 확대하는 것으로 이어졌기 때문이다.

그런데 어느 순간부터 상황이 완전히 달라지기 시작했다. 역사의 변곡점을 통과하는 시기에는 먼저 된 자가 나중 되고 나중 된 자가 먼저 되기 쉬운데 바로 그럴 가능성이 커진 것이다.

재벌 체제는 그 자체로 돈의 지배를 극대화한 결과물이다. 재벌 총수들은 2~3퍼센트밖에 되지 않는 쥐꼬리 지분으로도 수십 개에 이르는 계열사를 지배할 수 있다. 지난날 이를 뒷받침한 것이 바로 순환출자이다. 순환출자는 계열사 A가 또 다른 계열사 B에게, B는 C에게, C는 D에게, D는 E에게, E는 다시 A에게 일정액을 출자하여 지분을 확보하는 것이다. 이런 식으로 총수는 계열사 하나만 확실히 쥐고 있으면 큰 돈 들이지 않고 다수 계열사를 지배할 수 있었다. 가령 이건희 일가의 경우는 에버랜드 하나를 틀어쥠으로써 삼성그룹 전체를 지배했다.

이 바탕 위에 재벌은 언론, 문화, 교육 등 사회 각 분야로 지배 영역을 넓혀갔고 마침내는 국가 기구마저 자기 발아래 두기 시작했다. 단적으로 관료 상층부는 정치권보다도 재벌 눈치를 먼저 살핀다. 재벌이 명실상부한 한국 사회 실질적 최강자로 자리 잡은 것이다.

하지만 이것이 전부가 아니다. 재벌은 사회적 약자를 거침없이 집어삼키는 포식자로 돌변하기에 이르렀다.

그동안 재벌 소속 대기업들은 중소 협력업체의 납품 단가를 최대한 낮추어왔다. 해마다 단가를 깎아온 경우가 허다했고, 중소기업이 애써 새로운 기술을 개발해 생산 원가를 절감하면 귀신같이 알아채고 납품 단가를 깎아내렸다. 중소기업 입장에서는 기술 혁신을 위해 노력할 이유가 없어지는 것이었다. 아울러 문어발 확장을 통해 중소기업 영역을 거침없이 잠식했다. 재벌 계열사들끼리 일감을 몰아주는 식으로 다른 중소기업이 설 땅을 빼앗아버리는 것도 흔히 있는 일이었다. 심지어 기업형 슈퍼마켓을 앞세워 골목상권에까지 파고든 뒤 겨우 연명하고 있던 영세 상인들마저 초토화시켰다. 또한 벤처기업이

천신만고 끝에 새로운 제품 개발에 성공하면 개발팀을 통째로 빼간 뒤 자신들이 출시했다. 벤처기업의 싹을 거침없이 잘라온 것이다.

재벌 기업들은 승자독식을 통해 거대한 부를 쌓아올렸다. 반면 일자리 창출에는 전혀 기여하지 않았다. 1995년에서 2010년 사이 중소기업이 고용을 400만 명 늘리는 동안 대기업은 오히려 96만 명 줄었다. 게다가 상당 정도의 일자리를 비정규직으로 대체했다. 일자리의 절반 이상이 비정규직인 대기업이 즐비하다.

이렇듯 재벌 기업은 산업화 과정을 거치며 어렵사리 형성되어온 국민경제 생태계를 무참히 파괴해왔다. 재벌을 중심으로 한 기득권 세력의 본질은 생태계 파괴 세력, 반생태계 세력인 것이다. 반생태계 세력! 현재 수준에서 기득권 세력의 본질을 이보다 더 명확하고도 통렬하게 규정할 수 있는 말이 또 있을까?

기득권 논리가 완고하게 지배하는 재벌 세계는 소통과 공감, 동행의 원리가 적용되기 어려운 곳이다. 재벌가는 자신들을 일반 사회와 분리된 특별한 존재로 간주한다. 우월감과 특권 의식으로 가득 차 있으며, 그들의 오만과 독선은 가히 하늘을 찌를 듯하다. 그들은 주변을 얼씬거리는 엘리트들조차 노골적으로 경멸하며 심지어 노동자나 일반 국민들을 자신의 재산을 탐내는 도둑놈 취급을 하기까지 한다.

재벌 기업은 산업화 과정을 거치며 어렵사리
형성되어온 국민경제 생태계를 무참히 파괴해왔다.
재벌을 중심으로 한 기득권 세력의 본질은
생태계 파괴 세력, 반생태계 세력인 것이다.

이런 점들을 보면 재벌 스스로 변화와 혁신을 통해 사람 중심 사회로의 전환에 순응할 가능성은 매우 희박하다.

그런데 재벌 기업은 여전히 우리 사회 중심부를 이루고 있다. 그 중심부는 낡은 돈 중심 사회를 완고하게 고수하려 할 것이다. 반면 농업, 상업, 협동조합, 벤처기업, 중소기업 등은 우리 사회 주변부로 존재해왔다. 이들 주변부에서 사람 중심 사회가 확장되면 중심부를 압박하게 된다. 전형적인 포위 전략이 구사될 수 있는 것이다. 재벌의 변화는 오직 그러한 압박을 통해서만 강제될 수 있다.

변화의 방향은 두말할 필요도 없이 사람 중심 사회 형성에 순응하도록 하는 것이다. 이와 관련해서 주로 재벌 개혁을 겨냥했던 경제민주화 담론을 재음미해볼 필요가 있다.

민주주의를 자본주의에 예속시킨 재벌 체제

그동안 경제민주화는 백인백색, 말하는 사람마다 의미가 다를 정도로 다양한 각도에서 제기되었다. 재벌 개혁론자들이 이야기해온 경제민주화는 상당 부분 본래적인 의미에서의 민주주의 가치와는 거리가 먼 자유 시장경쟁 체제를 정착시키기 위한 '자유화 담론'에 가까운 것들이었다.

경제민주화를 제대로 파악하자면 먼저 민주주의와 자본주의의 관계에 대해 짚어볼 필요가 있다.

근대 이후 서구 세계에서는 민주주의와 자본주의라는 두 개의 질서가 동거 상태를 유지해왔다. 민주주의는 모든 권리는 사람으로부터 나오며 사람은 누구나 똑같다고 하는 사람 중심 원리에 기초하고 있다. 반면 자본주의는 주주총회 의결구조에서 드러나듯이 모든 권리는 돈으로부터 나오며 돈의 규모에 따라 권리가 달라진다는 돈 중심 원리에 기초하고 있다. 두 질서는 완전히 다른 원리에 기초한다. 그럼에도 민주주의와 자본주의가 파경에 이르지 않았던 것은 자본주의가 그 나름의 방식으로 민주주의의 요구를 수용했기 때문이다.

자본주의는 시장 원리에 따라 제품을 최대한 싸게 공급하기 위해 노력해왔다. 그리하여 과거 소수 상류층만 향유할 수 있던 기회를 대중에게 안겨주었다. 소수 귀족 여성들만 신던 스타킹이 대중화된 것은 그 대표적인 예이다. 또한 과거 양반들만 타던 가마가 오늘날에는 자가용 승용차로 대중화되었다. 자본주의는 이러한 '부의 민주화'로 대중을 포섭할 수 있었으며, 이를 기반으로 성격을 달리 하는 민주주의와 동거할 수 있었다.

하지만 재벌 체제는 민주주의와 자본주의 동거 관계를 자본주의에 대한 민주주의의 예속화로 전락시켰다.

외환위기 이후 한국 사회가 신자유주의에 포섭되면서 재벌 체제에 내재된 돈 중심 논리는 사회 전체를 집어삼키는 수준에 이르렀다. 이는 곧 민주주의 원리를 심각하게 훼손하는 것이었다. 재벌을 정점으로 한 돈 중심의 승자독식 체제는 모든 권리는 사람으로부터 나오며 사람은 누구나 똑같다고 하는 민주주의의 원리와 정면으로 충돌하기 때문이다.

최대한 단순화해서 접근하자면 외환위기 이전 잠시나마 정치는 민주주의, 경제는 자본주의 원리를 바탕으로 작동했다고 볼 수 있다.

그러던 것이 외환위기 이후 한국 사회 전체가 재벌 지배 아래로 들어가면서 정치 영역마저 돈 중심의 자본주의 논리가 지배하게 된 것이다.

그러던 중 2008년 글로벌 금융위기가 터지자 신자유주의를 관통하던 돈 중심의 승자독식 체제에 대한 반작용으로 '사람 중심'과 '상생'의 가치가 폭넓게 확산되었다. 이는 곧 돈이 아닌 사람이 권리 행사의 원천이 되어야 하며, 그 권리는 모든 사람이 똑같이 행사할 수 있어야 한다는 의미였다. 요컨대 질식되었던 민주주의 원리를 회복하고 이를 바탕으로 경제 영역도 재구성해야 한다는 요구였다. 경제민주화는 이 같은 요구를 집약적으로 표현한 말이라고 할 수 있다.

경제민주화는 원리 그대로 해석하자면 자본주의가 민주주의를 예속했던 그간의 관계를 거꾸로 뒤집어놓자는 것이다. 정치 영역에서 민주주의를 회복하는 것은 물론 이를 경제 영역으로 확장 적용하자는 것이다. 이런 시각에서 보면 경제민주화는 매우 급진적 담론이라고 할 수도 있다.

돈이 아닌 사람이 권리 행사의 원천이 되고 그 권리를 모든 사람이 똑같이 누리자면 그동안 살펴본 것처럼 사람 중심 사회로의 발전이 폭넓게 이루어져야 한다.

경제민주화는 원리 그대로 해석하자면
자본주의가 민주주의를 예속했던 그간의 관계를
거꾸로 뒤집어놓자는 것이다.

사람 중심 사회에서는 돈이 아닌 사람이 중심이다. 이는 곧 사람이 모든 권리 행사의 원천임을 의미한다. 사람 중심 사회에서는 사람들 관계 또한 수평적 입장에서 상생을 지향한다. 이는 모든 사람이 똑같이 권리를 행사함을 의미한다.

이로부터 경제민주화의 끝은 사람 중심 사회로의 발전이 이루어지고 재벌이 여기에 순응하는 것임을 알 수 있다. 과연 재벌이 어떤 방식으로 사람 중심 사회의 발전에 순응할 수 있을까? 그 방식은 매우 다양할 수 있다. 분명한 것은 2008년 글로벌 금융위기 이후 확산된 사람 중심과 상생의 가치, 경제민주화 담론과 사람 중심 사회로의 발전은 본질에서 일치한다는 사실이다.

사람 중심 사회로 가는 길 Ⅱ
사회 정치 환경의 재구성

[제6장]

사람 중심 사회로의 전환은 경제 환경에서만 작동하는 것이 아니다. 시민사회운동과 복지, 정치, 그리고 한국의 특수한 상황인 통일 역시 동일한 원리를 바탕으로 재구성될 수 있다. 사실상 사회 전체가 하나의 원리를 바탕으로 움직이는 새로운 환경이 만들어질 수 있는 것이다. 그에 따라 영역 간의 호환성이 증대하면서 소통과 공감 역시 더욱 쉬워질 수 있다.

1
시민사회운동의 진화

1987년 민주화투쟁 승리 이후 시민사회운동이 폭발적으로 성장했다. 시민사회운동은 시민들의 자발적 참여와 지지를 바탕으로 꾸준히 영향력을 확대함으로써 한국 사회의 중요한 한 축으로 자리 잡았다.

시민사회운동은 중요한 사안이 생기면 공동 대응을 하는 등 단일한 모습을 보이기도 했지만 반드시 하나의 지향과 원리를 바탕으로 움직여온 것은 아니다. 실제로는 이념적 스펙트럼이나 운동 방식 등에서 천차만별이었다. 비슷하면서도 달랐던 것이다. 심지어 환경운동과 노동운동이 개발을 놓고 대립할 때도 있었다. 정치적 대응 방식을 둘러싼 갈등도 만만치 않았다. 무엇보다도 저마다 꿈을 보듬고 활동하지만 정작 함께 꿀 수 있는 꿈은 뚜렷하지 않았다.

우리는 시민사회운동 내부에 존재하는 다양성을 최대한 존중해야 한다. 다양성이야말로 시민사회운동이 끊임없는 재창조를 통해 풍부하게 발전할 수 있는 원천일 수 있다. 특정 입장으로의 통일을 강요하는 것은 또 다른 폭력이 될 수 있는 것이다. 그렇지만 사고 틀의 차이로 인한 소통 곤란은 극복해야 할 과제임이 분명하다. 특히나 함께 꿀 수 있는 꿈이 없다는 것은 근본적인 문제가 될 수 있다. 각자는 자신의 영역에서 최선을 다했지만 사회 전체의 퇴보를 막지 못했기 때문이다. 시민사회운동 종사자들은 세월호 참사를 겪으며 이 같은 한계를 뼈저리게 절감해야 했다.

시민사회운동은 함께 꿀 수 있는 꿈을 만들어야 한다. 그러자면 반드시 현실 인식에서의 총체성을 회복해야 한다. 요컨대 각자의 노력이 전체로서는 어떠한 역할을 하는지를 파악할 수 있어야 한다. 여기서 사람 중심 사회에 대한 우리의 이론이 일정한 기여를 할 수 있으리라 믿는다.

환경운동은 본질적으로 생태계 본연의 원리를 모든 영역에서 구현하기 위한 노력으로 해석할 수 있다. 각종 시민 참여운동은 사회 구성원이 다양한 영역에서 중심에 서기 위한 과정이다. 인권운동은 모든 사람이 세상의 중심으로서 기본권을 구현하기 위한 노력으로 이해할 수 있다. 여성과 다양한 소수자 운동 또한 차별과 소외를 극복하고 모두가 세상의 중심이 되기 위한 과정이다. 그러면서도 각각의 시민사회운동은 연대와 협력을 바탕으로 상생을 지향하는 속성을 함께 지닌다. 이렇듯 시민사회운동은 사람 중심 사회로 발전하는 길에서 중요한 동력이 될 수 있다.

풀뿌리 지역운동

시민사회운동 중에서도 대안적 실험을 왕성하게 진행해온 풀뿌리 지역운동은 이 점을 한층 뚜렷하게 보여준다.

그동안 지역운동은 다양한 과제를 제기하고 해결하기 위해 노력해왔다. 그중에서도 가장 주력한 것은 공동체 관계의 회복이었다. 근대 이후 자본주의 시장경제는 전근대 사회의 구속으로부터 해방된 자유롭고 독립된 개인의 출현을 촉진했다. 하지만 그 개인은 타자로부터 단절된 고립된 존재였다. 이러한 고립에서 탈피해 공동체 관계를 회복하자는 것이 지역운동의 주요 목표였던 것이다.

지역을 거점으로 형성되는 새로운 공동체 관계는 개인의 자유를 유보하거나 억압하는 것이 아니라 각자가 중심인 조건에서 수평적 연대와 협력을 바탕으로 상생을 추구한다. 그런 점에서 지역을 무대로 형성되는 공동체 관계는 정확히 사람 중심 사회의 일부를 이룬다. 따라서 지역운동을 통해 일구어진 공동체 관계를 '지역 생태계'로 달리 표현할 수 있을 것이다. 이러한 지역 생태계는 다양한 형태의 복지 형성에 기반이 되며 새로운 사회의 토대가 된다.

지역 생태계 역시 다양한 플랫폼을 통해 형성된다. 지역운동의 메카로 불리는 서울 마포 지역을 예로 들어보자. 마포에서는 성미산 마을공동체로부터 출발해 다양한 형태의 활동이 전개되면서 공동체 기반 지역 생태계가 지속적으로 발전해왔다. 지역 특성을 반영하여 2014년 출범한 '홍대 앞에서 시작하여 우주로 뻗어 나갈 홍대앞문화예술인 사회적협동조합'(일명 홍우주협동조합)도 지역 생태계의 일부를 이룬다. 홈플러스 입점 반대투쟁 등 각종 투쟁을 통해 형성된 상인회 역시 지역 생태계의 중요한 한 축으로 자리 잡았다. 비슷한 시기 서울시의 지원 아래 각종 사회적 경제조직과 지역 커뮤니티들이 우후죽순처럼 생겨나면서 마포 지역 생태계는 더욱 풍성해졌다.

지역 생태계는 다양한 형태의 복지 형성에
기반이 되며 새로운 사회의 토대가 된다.

이러한 마포 지역 생태계 형성에서 플랫폼 구실을 하는 대표적인 곳으로 '민중의 집'을 들 수 있다. 민중의 집은 그저 하나의 공간일 뿐이지만 중요한 것은 그 공간을 어떤 마인드로 활용했는가에 있다. 2008년에 출범한 민중의 집은 수십 개에 이르는 지역 단체들이 서로 연결될 수 있도록 하였고 나아가 각 단체가 지역 주민 속에 뿌리내릴 수 있도록 적절한 환경을 제공해왔다. 가령 지역 내 호텔노조는 민중의 집에서 요리 강습을 개최하는 식으로 주민들과 연결될 수 있었다. 플랫폼의 핵심 요소인 연결 기능에 충실했던 것이다. 경우에 따라서는 홈플러스 입점 반대투쟁 때처럼 지역 현안에 대해 공동 대응을 주도하기도 했다. 이를 바탕으로 민중의 집은 '의료생활협동조합'과 '우리동물병원생명협동조합' 등 생활형 커뮤니티를 생성하는 거점이 되었다.

정규직-비정규직, 대기업-중소기업 경계를 넘는 노동조합
시민사회운동에서 가장 큰 비중을 차지해온 것은 단연 노동운동이

었다. 노동운동이 어떻게 역할하는가에 따라 시민사회운동의 진로가 크게 달라질 수 있는 구조였던 것이다. 이는 앞으로도 별반 다르지 않을 것이다. 이런 점에서 노동운동의 현실을 냉철하게 되돌아보는 것은 무엇보다 중요한 과제이다.

한국 사회에서 노동운동과 그 결과물로서 노동조합의 확대는 말 그대로 피와 눈물로 얼룩진 세월을 보내며 일구어낸 것이다. 그 과정에서 수많은 사람이 이루 형언할 수 없는 고초를 겪었으며 심지어 하나밖에 없는 목숨을 바치기까지 했다. 그만큼 노동운동에 거는 기대가 컸던 것이다. 한마디로 노동운동이 모두가 인간답게 사는 새로운 세상의 원동력이 되기를 간절히 바랐다.

1997년 외환위기 이전까지 노동운동은 발전에 발전을 거듭하면서 그 누구도 무시 못할 강력한 세력으로 부상했다. 1996년 말에서 1997년 초 사이에 벌어진 노동법 개악 저지 총파업투쟁은 그 절정을 보여주었다. 1996년 12월 26일 새벽, 여당인 신한국당이 개악된 노동법을 날치기로 통과시키는 사태가 발생했다. 민주노총을 중심으로 한 노동계는 23일에 걸친 총파업으로 응수했고 광범위한 국민적 지지를 바탕으로 정부와의 맞대결을 승리로 장식할 수 있었다.

하지만 노동운동은 외환위기의 파고를 넘지 못한 채 끝내 좌초하고 말았다. 1998년 초 민주노총을 포함한 노동계는 정리해고 도입과 비정규직 양산을 터주는 노동시장 유연화 법제화에 동의하였다. 당시 급박한 상황에서 타협이 불가피했다손 치더라도 최소한의 한시법으로 못 박았어야 할 성질의 것이었다. 당시 노동계의 선택은 타협이 아니라 투항이었다.

결과는 참혹했다. 정리해고가 일상화되고 비정규직이 양산되었지만 노동조합은 이를 효과적으로 막아낼 수가 없었다. 노동자로서는 궁극적으로 자신을 책임질 수 있는 것은 자기 자신뿐인 상황에 놓인 것이다. 노동자 사이에서는 나부터 살고 보자는 심리가 빠르게 확산되었다. 그에 따라 노동운동의 생명이라고 할 수 있는 동료애와 계급적 연대의식이 급속히 약화되어갔다.

더욱 큰 문제는 노동조합이 이러한 상황을 반전시키기 위한 새로운 전략 모색에 실패했다는 사실이다. 외환위기 이후의 위기 상황에서 노동조합은 노동자 나아가 사회 구성원들 사이에서 생태계 형성을 위한 플랫폼으로서의 기능을 적극 강화했어야 했는데 전혀 그러지를 못했다.

현재 한국의 노동조합은 중소기업 노동자와 비정규직의 가입률은 각각 2퍼센트 수준에 머문 채 대기업 정규직 중심으로 구성되어 있다. 이러한 대기업 정규직 중심의 노동조합은 대부분 소속 노동자의 폐쇄적인 이익 추구의 도구로 전락했다. 심지어 일부 노조를 제외하고는 같은 사업장에서 똑같은 노동을 하고 있음에도 비정규직이라는 이유로 조합원 자격조차 주지 않았다. 회사 차별에 노조 차별이 덧씌워진 이중의 덫이 비정규직 노동자를 괴롭혀온 것이다. 이는 노조가 같은 사업장 내 노동 생태계 형성을 위한 최소한의 플랫폼 기능조차 하지 못했음을 말해준다.

노동조합이 플랫폼 기능을 전혀 하지 못하면서 노동자 내부의 양극화가 극단적으로 심화되었다. 노동조합의 폐쇄적인 이익 추구는 일부 대기업 노동자들을 중상류 소득층으로 끌어올리는 데 기여했다.

하지만 대부분의 노동자들은 비참한 처지로 내몰리고 있다. 특히 청년들은 해고될 기회라도 갈구할 정도로 취업에서 심각한 곤란을 겪고 있다.

이러다 보니 '민주노총 용도폐기론'과 같은 극단적인 시각이 등장하기도 했다. 하지만 언제나 그렇듯이 극단은 문제 해결에 아무런 도움이 안 된다. 노동조합은 그 자체로서 노동자의 권익 옹호를 위한 유일한 무기이다. 그래서 노동조합은 더욱 확대되어야 하고 역할을 더욱 강화해야 한다. 사회 생태계 형성에서도 플랫폼으로서 노동조합의 잠재적 가치는 무궁무진하다. 우리는 그 가치를 제대로 살리는 방향에서 노동조합을 혁신해야 한다. 우선적으로 정규직과 비정규직, 대기업과 중소기업의 경계선을 넘는 노동 생태계 형성을 위한 플랫폼 기능을 회복해야 할 것이다.

노동조합이 플랫폼으로서 기능할 수 있는 여지는 매우 많다. 이미 곳곳에서 사례들이 만들어지고 있는 것처럼, 노동조합은 다양한 형태의 협동조합을 생성시키는 훌륭한 플랫폼이 될 수 있다. 퇴직자 문제에 대한 해법을 제시하기도 해서, 일부 노조에서는 퇴직 예정자들이 협동조합을 구성해 함께 귀촌하는 방안을 강구하기도 했다. 이러한 프로그램이 실현된다면 노동조합은 퇴직자들을 매개로 농촌과 도시를 잇는 플랫폼 기능도 할 수 있다.

이렇듯 노동조합이 플랫폼으로서 기능을 강화해간다면 노동운동은 다시금 새로운 사회를 여는 강력한 원동력이 될 수 있다.

2
지역공동체를 기반으로 하는
복지 생태계

신자유주의 광풍에 휩쓸리며 사회가 극단적으로 황폐화되고 개인이 자신의 삶을 더 이상 감당할 수 없는 지경에 이르자 복지국가에 대한 열망이 빠르게 확산되었다. 2008년 글로벌 금융위기와 함께 신자유주의가 몰락의 길을 걷자 복지국가는 일거에 대세가 되었다. 정치권에서는 선별적 복지냐 보편적 복지냐, 증세 있는 복지냐 아니냐를 둘러싸고 설전이 벌어지고 개별 정책에 대해 끊임없이 시비가 일기는 했으나 복지국가를 대놓고 반대하는 경우는 별로 없었다.

이러한 가운데 진보 진영 안에서도 어떤 복지국가 모델이 최선인가를 놓고 다양한 의견이 개진되었다. 더 많은 세금을 부담하고 더 많은 복지를 보장받는 쪽을 선택했던 북유럽 모델을 선호하는 경우가 많았다. 하지만 반론도 만만치 않았다. 반론은 두 측면에서 제기되었다. 과연 우리 실정에 비추어 실현 가능한 것인가? 우리가 지향해야 할 최상의 모델일 수 있는가?

북유럽 복지국가 모델은 지속가능한가

북유럽 복지국가 모델은 2차 세계대전 이후 장기간에 걸친 고도성장을 배경으로 성립된 모델이었다. 지속적인 경제성장은 자본가의 이윤과 복지비용을 동시에 충족시킬 정도로 풍부한 경제잉여를 확보해 주었다. 한 걸음 더 나아가 복지 지출 확대는 노동자 대중의 소비지출 증가 - 유효수요 확대 - 기업 매출과 이윤 증가라는 선순환 구조 형성을 가능하게 하였다.

경제가 지속적으로 성장하는 조건에서 국가는 증가된 소득 중 많은 부분을 조세로 흡수함으로써 정부 재정 비중을 지속적으로 끌어올렸다. 덕분에 북유럽 국가들의 경우 국민총소득에서 정부 재정이 차지하는 비중은 1970년대 후반을 기준으로 볼 때 보통 50퍼센트를 넘어섰으며 스웨덴은 66퍼센트에 이르렀다. 북유럽 국가들은 재정의 60퍼센트 이상을 복지에 사용하였으며 그 결과 사회복지활동 종사자는 공공부문 중 최대 고용 집단을 형성하였다. 1970년대 중반 스웨덴은 공공부문의 47퍼센트 정도가 사회복지 분야에 종사하고 있었다. 북유럽 복지국가는 국민경제가 정부 재정을 중심으로, 또 정부 재정은 복지 지출을 중심으로 움직이는 전형적인 '국가주의 모델'이었던 것이다.

복지국가 모델 성립을 가능하게 했던 요소로서 냉전 체제에서의 사회주의 진영의 위협을 빼놓을 수 없다. 사회주의 진영의 현실적 위협은 자본가 계급으로 하여금 혁명 예방 차원에서 적극적 양보를 선택할 수밖에 없도록 만들었다. 그들에게 타협과 양보는 생존을 위한 불가피한 선택이었다.

즉 장기간에 걸친 고도성장은 계급 타협을 가능하게 했으며, 사회주의 진영의 위협은 이를 불가피하게 만들었다. 하지만 일정한 시기가 지나면서 두 가지 조건 모두가 사라지고 말았다.

장기간에 걸친 고도성장이 마무리되면서 복지비용 지출과 이윤 증가 사이의 선순환 구조가 더 이상 유지될 수 없었다. 도리어 복지비용 증가 - 기업 투자 능력 감소 - 고용 축소 - 유효수요 감소 - 기업 매출과 이윤 감소라는 악순환 구조로 바뀌고 말았다. 이러한 가운데 1991년 소련 사회주의 체제 붕괴로 냉전이 종식되면서 자본가 계급 사이에서 타협과 양보에 대한 절박함도 사라졌다. 대신 철저한 승자독식을 기반으로 무제한의 이윤을 추구하는 신자유주의가 대세를 이루었다.

북유럽 국가들은 한편으로는 신자유주의와 타협하면서, 구직자의 강력한 노력을 전제로 실업급여를 제공한 덴마크의 '적극적 노동시장 정책'처럼, 시장에 유연하게 대처하는 방식으로 복지 시스템을 혁신해갔다. 그럼으로써 오랜 기간 쌓아온 복지국가 유산을 상당 정도 지켜낼 수 있었다.

지금까지 개략적으로 북유럽 복지국가의 역사를 살펴보았다. 우리가 북유럽 국가들이 쌓아올린 것 같은 성과를 누리려면 어느 정도는 그들의 역사를 반복할 수 있어야 한다. 과정 없는 결과는 결코 있을 수 없기 때문이다. 그러자면 장기간에 걸쳐 고도성장이 지속될 수 있어야 한다. 지속적인 경제성장을 바탕으로 소득이 증가하면 그중 많은 부분을 조세로 흡수함으로써, 국민총생산에서 차지하는 정부 재정 비중과 정부 재정에서 차지하는 복지 지출 비중을 북유럽 국가들에 버금가는 수준으로 끌어올릴 수 있어야 한다. 과연 가능할까?

우리는 과거 북유럽 국가들이 거쳤던 과정을 결코 반복할 수 없다. 달라도 너무나 다른 상황에 놓여 있기 때문이다. 지금의 저성장 기조에서 벗어나야 하는 것은 분명하지만 과거와 같은 장기간 고도성장이 가능하지 않다는 점은 분명한 사실이다.

한국과 비교하면 북유럽 복지국가 시스템이 양과 질 모두에서 월등히 우위에 있는 것은 분명하다. 그렇다고 우리가 추구해야 할 최선의 모델이라고 단정할 수 있는가? 오랜 역사에 걸친 유산을 바탕으로 복지국가 모델을 그럭저럭 유지하고 있는 나라들 사이에서도 기존 복지 시스템을 둘러싸고 다양한 문제 제기가 있어왔다. 이를 정리하면 이렇다.

> 우리는 과거 북유럽 국가들이 거쳤던 과정을 결코 반복할 수 없다. 달라도 너무나 다른 상황에 놓여 있기 때문이다.

첫째, 초고령화 사회가 도래하면서 복지국가 모델의 지속가능성에 빨간 불이 켜졌다. 초고령화에 따라 애초 예상을 뛰어넘는 수준으로 노인 인구가 급증하면서 복지 수요가 급격하게 팽창했다. 그 결과 복지 수요와 공급 사이의 괴리가 갈수록 심각해지고 있다. 가입자 부담은 늘리고 혜택을 줄이는 식으로 연금개혁을 시도해왔지만 어느 선까지 버틸 수 있을지 아무도 모른다.

둘째, 행정조직에 의존하는 천편일률적인 국가주의 복지 모델은 소득 증가와 함께 갈수록 다양해지는 개인의 요구를 제대로 충족시키기가 어려웠다. 그 약점을 파고들면서 사보험을 중심으로 한 시장주의 복지가 빠르게 세력을 키워왔다. 애초 복지국가의 취지는 개인의 시장 의존도를 낮추는 것이었는데 이에 대한 문제 해결 능력이 점차 한계를 드러내기 시작한 것이다.

셋째, 복지국가에서 제공하는 복지의 질 자체도 문제가 되었다. 복지국가에서 복지를 생산하고 공급하는 주체는 국가였다. 사회 구성원은 이를 수용하는 소비자였을 뿐이다. 즉 복지국가에서 사회 구성원은 복지 주체가 아니라 객체였다. 또한 개인은 원자화된 존재에서 크게 벗어나지 못했다. 복지를 통해 삶의 질이 더욱 높은 차원으로 고양될 여지가 생각보다 크지 않았던 것이다.

향약에서 찾은 복지 모델

우리는 지금의 상황에서 실현 가능하면서도 기존 복지국가의 약점과 한계를 동시에 뛰어넘는 새로운 모델을 찾아내야 한다. 그 해답 또한 플랫폼 기반 생태계 형성에서 찾을 수 있다.

독립적 개체의 수평적 연합체인 생태계 안에서 사회 구성원 각자는 자신의 영역 안에서 중심적 위치에 있다. 이는 사회 구성원이 수동적 객체가 아니라 능동적 주체임을 의미한다. 주어진 것을 소비하는 데에 머물지 않고 스스로 새로운 가치를 생산하는 존재인 것이다. 또한 원자화된 존재가 아니라 연대와 협력을 통해 상생을 추구하는 유기적 존재이다. 생태계는 본성적으로 객체화와 원자화를 거부한다. 생태계 안에서 복지는 바로 이 같은 속성을 바탕으로 이루어진다.

사람과 사람이 서로 연결되어 새로운 복지 모델을 만들어가려면 사람들이 쉽게 어우러질 수 있는 곳을 무대로 삼아야 한다. 그곳은 바로 사람들이 함께 숨 쉬며 어울리는 삶터로서의 지역이다. 흥미롭게도 우리는 지역을 무대로 한 복지 모델의 원형을 조선 시대 향약에서 찾을 수 있다.

지역 자치공동체로서 향약은 세계 역사에서 그 유례를 찾아보기 힘들 정도로 정연한 체계를 갖추었던 것으로 평가된다. 향약은 공동체 성원 모두가 동등한 권한을 갖고 발언하고 대표자를 선출했다는 점에서 상당히 평등하고 민주적인 공동체였다. 향약은 평등 사회를 의미하는 대동사회(大同社會) 건설을 이념으로 삼았는데 이는 다시 덕업상권, 과실상규, 예속상교, 환난상휼 등의 자치 규약으로 구체화되었다. 이중에서 오늘날 지역사회복지 원형이라고 할 수 있는 환난상휼은 공동체 성원들이 철저한 무보수 원칙에 입각해서 어려움을 함께 나누는 것을 지향했다. 그럼으로써 공동체 구성원들은 매우 끈끈한 인적 유대감을 형성할 수 있었다.

향약 공동체에서 기본 단위를 이룬 것은 대가족이었으며 이를 기초로 리더십을 발휘했던 집단은 바로 노인들이었다. 노인들은 대가족 단위로 보육과 교육, 건강관리 등을 책임졌으며, 협동노동을 지휘 감독하였고 관혼상제 등 공동체 문화를 주관했다. 공동체 질서를 유지하기 위한 도덕률을 확립하는 것 또한 노인들 몫이었다. 향약 공동체에서 노인들은 결코 가만히 앉아서 받아먹기만 하는 단순한 부양 대상이 아니었던 것이다. 그들은 엄밀히 말해 공동체를 이끌어가는 지도 집단이었다. 노인들 한마디가 곧 법이고 명령인 사회였던 것이다. 경로사상이 특별히 강조되었던 것은 그러한 공동체의 지도력 확립과 불가분의 관계에 있었다.

우리는 향약 운영 원리를 창조적으로 계승함으로써 오늘날 환경에 맞는 '지역공동체 기반의 복지 생태계'를 구상할 수 있다. 지역공동체 기반의 복지 생태계는 기존 유럽식 국가주의 복지 모델과는 전혀 다른 원리와 방식으로 작동되는데 다음과 같은 세 가지 특징이 있다.

첫째, 새로운 복지 모델은 구성원을 복지의 대상이 아니라 주체로 간주한다. 새로운 복지 모델은 무엇보다도 노인들이 의료와 교육 등 복지 분야에서 매우 의미 있는 역할을 수행할 수 있다고 믿는다. 아울러 그와 같은 활동을 통해 삶의 질을 더 높일 수 있다고 본다.

둘째, 새로운 복지 모델은 정부 재정이든 연기금이든 돈에만 의존하지 않는다. 새로운 복지 모델은 자원 봉사와 상호 부조에 의한 해결을 강조하며 물질적 지원 못지않게 공동체적 인간관계 회복을 통한 삶의 질 향상을 중시한다. 그 결과 복지비용이 크게 절감되면서도 한층 높은 삶의 질을 보장할 수 있다. 최소 비용으로 따뜻한 피가 흐르는, 저비용 고효율 복지 모델이 가능해지는 것이다.

셋째, 새로운 복지 모델은 비정부 기구 활동을 중시한다. 지역 사회에 깊이 뿌리박은 비정부 기구 활동은, 나날이 다양해지고 복잡해지는 사회 구성원의 복지 요구를 자율적이면서도 기동성 있게 해결하는 데 매우 뛰어나다. 천편일률적인 국가주의 복지 모델의 한계를 넘어설 수 있는 것이다.

향약 운영 원리를 창조적으로 계승함으로써 오늘날 환경에 맞는 '지역공동체 기반의 복지 생태계'를 구상할 수 있다.

명실상부한 의미에서 사회 구성원이 주체가 되어 공동체적 관계를 기반으로 함께 만들어가는 사람 중심 '복지 생태계'가 형성될 수 있는 것이다. 과연 이러한 복지 모델이 실현 가능하고 충분한 의미가 있는 것일까? 이를 명료하게 입증해주는 사례가 있다. 바로 광주광역시 광산 모델이다.

지역 복지 생태계의 플랫폼─더불어樂복지관

광산구 복지 생태계 형성에서 플랫폼 기능을 한 곳들이 있다. 그 대표로 2011년 운남노인복지관에서 이름을 바꾼 '더불어樂복지관'을 꼽을 수 있다. 이곳은 이름이 바뀌면서 수많은 변화가 함께 일어났다.

그전까지 노인복지관은 노인들이 취미생활 장소로 활용하면서 이러저러한 지원을 받던 곳이었다. 그러던 곳이 노인들이 주체가 되어 복지 시스템을 만들어가는 전혀 색다른 공간으로 탈바꿈했다. 노인들이 힘을 합쳐 만들고 운영하는 더불어樂 카페는 그중 하나이다. 더불어樂복지관 1층에 위치한 카페는 도서관 기능을 겸하면서 지역민을 위한 다양한 프로그램을 운영하는 복합적 지역 복지 시설이 되었다. 또한 노인들은 더불어樂 밥상마실, 더불어樂 두부마을 등 마을기업을 스스로 운영하였고 이를 관장할 조직으로, 협동조합기본법 제정 이후 광주전남 지역 최초의 협동조합을 결성하기도 했다.

일련의 과정을 거쳐 노인들은 복지 생산자로 변신했고 더불어樂 복지관은 일반적인 노인복지관에서 아이들과 지역 주민 모두가 이용하는 복지 시설로 탈바꿈했다. 더불어樂복지관은 노인들이 주체가 되어 능동적으로 만들어가는, 온전한 의미에서 복지 생태계 플랫폼으로 자리 잡은 것이다. 아울러 주민 모두가 이용할 수 있게끔 플랫폼의 생명인 개방성 또한 더욱 강화되었다.

그 과정에서 능동적으로 참여한 노인의 삶의 질은 이전과 비교할 수 없이 높아졌다. 약물 복용 없이는 견딜 수 없을 만큼 정서 불안에 시달리던 노인도 쾌활한 삶을 되찾았다. 협동조합 형태로 식당과 두부공장 등을 운영하면서 함께 어울려 사는 맛도 만끽할 수 있었다. 사람은 능동적 주체가 되어 자기 존엄성을 회복할 때라야 삶의 질이 고양될 수 있음이 뚜렷이 입증된 것이다. 광산구에서 단초를 보였지만 지역공동체 기반 복지 생태계가 활성화될 수 있는 여지는 무궁무진하다.

그동안 학교는 창의적 인간 양성과는 거리가 먼, 판에 박힌 제품을 찍어내는 공장에 가까운 모습이었다. 앞으로 학교는 지역 교육 생태계의 플랫폼으로서 기능을 강화해야 한다. 이를 위해 학생과 지역민이 함께 참여할 수 있는 다양한 프로그램이 개발될 필요가 있다. 지역에서 생산되는 친환경 농산물로 급식을 제공하는 것은 상생의 프로그램이다. 1, 2, 3차를 포괄하는 다양한 의료기관들 역시 상생을 추구하는 방향에서 지역 의료 생태계 형성의 플랫폼으로 기능해야 한다. 지역 주치의 제도 도입은 이 같은 지역 의료 생태계 형성에서 중요한 출발점이 될 수 있을 것이다.

이러한 맥락에서 보자면 앞으로 복지 생태계를 형성하고 유지 발전시키는 데서 중추적 역할을 해야 하는 것은 중앙정부가 아니라 지자체라고 할 수 있다. 지자체는 다양한 복지 시설을 확보해 복지 생태계 플랫폼으로서 기능할 수 있도록 해야 한다. 오늘날에는 지자체에서 마을공동체 만들기 등 공동체 기반을 확대하기 위한 다양한 노력을 기울이고 있는데 이는 지역 복지 생태계 구축의 좋은 기반이 될 수 있다.

복지 생태계를 형성하고 유지 발전시키는 데서
중추적 역할을 해야 하는 것은 중앙정부가 아니라
지자체라고 할 수 있다.

여기에 발맞추어 중앙정부는 국가의 권한을 십분 활용해 복지 재정을 최대한 확보하고 이를 적절하게 배분하는 것으로 임무를 재정립해야 할 것이다.

이 모든 과정을 거쳐 우리는 유럽형 국가주의 복지 모델과 미국식 시장주의 복지 모델 모두를 지양하는, 더욱 진보한 복지 모델을 창조할 수 있을 것이다.

3
진보정치의 생태계

정치란 무엇인가? 사전에서는 정치를 나라를 다스리는 일이라고 규정하고 있다. 좀 더 구체적으로는 국가 권력을 획득하고 유지하며 행사하는 활동으로, 국민들이 인간다운 삶을 영위하게 하고 상호 간의 이해를 조정하며 사회 질서를 바로잡는 따위의 역할을 한다고 설명한다.

정치인이라면 누구나 아는 사실이다. 이 정도 의미를 몰라서 정치를 못하지는 않을 것이다. 문제는 새로운 시대 상황에 맞게 정치의 의미를 재해석하고 재정립할 수 있느냐 여부이다. 정치인은 누구보다도 시대 변화를 예리하게 꿰뚫고 시대정신을 온전히 체화하고 구현할 수 있어야 하는 것이다.

역사의 변곡점을 통과하면서 사람 중심 사회로의 전환을 요구받는 시대에 정치는 어떻게 달라져야 하는가?

사람 중심 사회로 전환할 때 사회를 구성하는 갖가지 조직은 플랫폼으로서 기능할 가능성이 높다. 대부분의 사람은 자신이 몸담고 있는 생태계의 플랫폼에 관심을 보이고 그에 대한 이해력을 높이려 노력할 것이다. 정치인은 종종 특정 플랫폼과 관계를 맺고 도울 수는 있겠지만 모든 플랫폼에 대해 전문가의 능력을 발휘하는 것은 불가능하다. 정치인을 전문가라고 한다면 그가 확실하게 책임져야 할 플랫폼은 두 가지, 국가와 정당이다.

국가는 사회 전체와 관계를 맺으며 상생 지향적인 방향으로 이해관계를 조정할 다양한 수단을 보유하고 있다는 점에서 가장 강력한 플랫폼이 될 수 있다. 국가가 플랫폼으로서 기능을 하는가 여부는 사람 중심 사회로의 전환에서 결정적 의미를 지닌다. 그런 만큼 국가를 누구에게나 열려 있고 누구나 공평하게 이용할 수 있으며 누구든지 서로 연결시킬 수 있는 플랫폼으로 만드는 것이 매우 중요하다. 새로운 시대 정치의 일차적 임무는 바로 여기에 있다.

> 국가는 사회 전체와 관계를 맺으며 이해관계를
> 조정할 다양한 수단을 보유하고 있다는 점에서
> 가장 강력한 플랫폼이 될 수 있다.

이러한 맥락에서 공직자들이 플랫폼 기능에 맞는 품격을 갖추도록 하는 것도 정치의 임무이다. 광주 광산 더불어樂복지관 소속 공직자들은 긍정적인 의미에서 스스로를 들러리라고 표현한다. 자신들은 노인을 포함한 지역민들이 능동적인 입장에서 복지관을 플랫폼으로 잘 활용하도록 돕는 존재라는 점을 깊이 체화하고 있는 것이다. 예로 부터 공직자가 지녀야 할 덕목의 하나로 제시되었던 이민위천(以民爲天) 사상이 새삼 강조되어야 할 때이다.

상생을 위한 사회적 타협

그렇다면 새로운 시대에 걸맞는 정치를 선보이려면 한국의 정치 문화는 어떻게 달라져야 할까?

현재 한국의 정치를 지배하고 있는 것은 진영 논리이다. 어떻게 표현되든 진영 대 진영을 선과 악으로 구분하면서 비타협적 투쟁을 강조한다. 박근혜 대통령은 철저한 진영 논리의 화신이다. 장달중 서울대 명예교수의 지적처럼 반대 진영을 국민의 일부가 아닌 '적'으로 간주한다. 재임 기간 중 반대 진영에 속한 야당과의 소통을 극도로 기피해온 것도 이런 배경에서였다.

이렇듯 진영 논리가 팽배해 있는 조건에서는 상대 진영과의 타협은 배신과 변절로 치부되기 쉽다. 국민 이익을 위해서라면 타협하고 협력해야 하는데 그럴 수 있는 여지가 많지 않은 것이다.

사람들은 타협이라면 정치 세력 사이의 타협을 쉽게 떠올린다. 아울러 야합의 사례를 들며 타협에 대해 부정적 태도를 보이기도 한다. 하지만 정말 필요하고 중요한 것은 다양한 사회 세력 사이에 이루어지는 '사회적 타협'이다. 정치적 타협은 사회적 타협을 매개하기 위한 수단일 뿐이다.

우리 사회가 사람 중심 사회로 나아가는 시점에서는 사회적 타협의 필요성이 비약적으로 커진다. 사람 중심 사회를 구성하는 생태계는 다양한 이해관계자가 상생을 지향하는 방향에서 관계를 재정립하는 것이기 때문이다. 갈등 관계에 있던 중소기업 노사가 상생 가능한 생태계를 형성하는 것이 그 예가 될 것이다.

사람 중심 사회는 수많은 사회적 타협을 기반으로 형성된다. 사회적 타협에는 소극적인 것과 적극적인 것 두 종류가 있다. 소극적인 사회적 타협은 이해당사자들이 기존 틀 안에서 자신의 이익 일부를 양보하는 방식이다. 적극적인 사회적 타협은 틀 자체를 바꿈으로써 각자의 이익을 함께 증가시키는 방식이다. 사람 중심 사회로의 발전은 대체로 적극적인 사회적 타협을 통해 이루어진다.

상황에 따라 소극적인 사회적 타협이 필요하고 더 적절한 경우가 있을 수 있다. 하지만 유능한 정치인이라면 적극적인 사회적 타협을 통해 문제를 해결하려 들 것이다. 현재 한국의 정치 취약 지점이 바로 이것이다. 새로운 시대가 요구하는 정치는 '타협의 예술'일 가능성이 높다. 원칙을 지키면서도 이를 적절한 타협을 통해 현실화시키고 경쟁상대의 협력을 능숙하게 이끌어내는 능력이야말로 새로운 시대의 정치력이다.

적극적인 사회적 타협은 틀 자체를 바꿈으로써
각자의 이익을 함께 증가시키는 방식이다.
사람 중심 사회로의 발전은 대체로 적극적인
사회적 타협을 통해 이루어진다.

타협과 협력을 강조한다고 해서 투쟁의 필요성이 사라지는 것은 아니다. 가령 다수 국민이 보기에 적절한 타협과 협력의 지점이 제시되었는데도 경쟁상대가 응하지 않을 때가 있다. 이럴 때는 강력한 투쟁이 필요하며 그러한 투쟁은 국민의 적극적 지지와 동참을 이끌어낼 수 있다. 승리할 가능성도 그만큼 높다. 타협과 투쟁은 동전의 양면이며 진정한 타협의 예술은 이 둘의 절묘한 조화 속에서 이루어진다.*

타협과 협력의 전범, 넬슨 만델라

국제 사회로 눈을 돌려보면, 타협과 협력을 바탕으로 새로운 정치의 전범을 선보이며 뛰어난 성과를 남긴 인물들이 있다. 대표적으로 남아프리카공화국의 만델라와 브라질의 룰라를 들 수 있다.

남아프리카공화국 흑인 지도자 넬슨 만델라는 백인 정권의 극단적 인종차별에 맞서 투쟁하다 체포되어 수감되었다. 만델라는 27년 수감 생활에서의 기나긴 성찰과 탐색을 통해 남아프리카공화국 문제를 풀 새로운 해법을 찾아냈다. 국내외의 강력한 압력 덕분에 1990년 마침내 출소한 만델라는 백인 정권 데 클레르크 대통령과의 긴밀한

---

* 2016년 4.13 총선 결과 여소야대 현상이 나타나면서 협치(協治)라는 용어가 급부상했다. 협치는 상이한 세력 간의 협력을 바탕으로 이루어지는 정치 모두를 아우르는 개념이다. 대표적으로 민관 협치와 여야 협치를 들 수 있다.

협치의 필요성에 대한 공감대가 형성된 것은 진일보한 것이라고 할 수 있다. 문제는 협치가 야합이 되지 않도록 하는 것이다. 그 핵심은 협치가 국민적 동의가 가능한 사회적 합의 혹은 협력을 매개할 수 있느냐 여부에 있을 것이다. 협치의 궁극적 주체 역시 사회 구성원이어야 하며 정치권은 여기에 복무해야 한다.

협력을 바탕으로 민주적 헌법을 제정하고 이를 실행하기 위해 노력했다. 1994년 4월 남아프리카공화국 사상 처음으로 흑인들이 참여한 가운데 실시된 대통령 선거에서, 만델라는 60퍼센트 이상을 득표하여 데 클레르크를 누르고 새 대통령에 당선됐다. 만델라는 후계자인 터보 음베키와 함께 데 클레르크를 부통령으로 임명하는데, 데 클레르크가 이를 받아들임으로써 흑백 인종 간의 정치적 협력 체제가 구축될 수 있었다.

이념 문제보다도 풀기 어렵다는 흑백 인종 간의 반목과 부족 간 갈등, 계층 및 지역 간 경제적 격차 등 각종 과제가 산적해 있는 가운데 만델라는 남아프리카공화국을 다양한 인종이 평등하게 공존하는 '무지개 국가'로 만들기 위해 온 힘을 쏟았다. 만델라는 천방지축으로 날뛰는 여러 세력들을 대화와 설득을 통해 새로운 정부에 협조하도록 만들었다. 아울러 '진실과 화해 위원회'를 통해 지난날 인종 차별의 '진실'을 밝히는 데 힘을 기울였지만 결론은 언제나 '화해'였다. 백인에 대한 그 어떤 정치적 보복도 없었다. 만델라는 이를 통해 흑인의 도덕적 우월성을 입증했다.

이러한 과정을 거쳐 남아프리카공화국은 여전히 많은 과제를 안고 있지만 면모를 크게 일신할 수 있었으며, 만델라 자신은 현대 정치사의 위대한 인물로 기록될 수 있었다.

남미의 대국 브라질은 땅의 크기만큼이나 매우 복잡한 나라이다. 크고 작은 정당 수만도 20여 개에 이른다. 이런 상황에서 2002년 초등학교 출신인 노동자당 후보 룰라가 네 번째 대통령 선거에 도전했다. 브라질 국민은 룰라를 선택했다. 하지만 집권 여당인 노동자당의 의석수는 전체의 5분의 1도 채 되지 않았다. 정국을 안정적으로 이끌고 가기에는 턱없이 부족한 숫자였다. 룰라는 극좌와 극우를 배제한 조건에서 적극적인 소통을 통해 모두를 끌어안고 가기로 했다.

그런데 룰라가 극빈자 구제 프로그램을 실시하자 야당이 일제히 포퓰리즘이라며 공격하고 나섰다. 룰라는 그에 대해 "배부른 소리 하지 마라. 배가 고프면 아무것도 할 수 없다."고 일갈하면서 야당들을 설득했다. 또 아마존 강 유역에 대규모 댐 건설을 추진하자 환경단체들이 거세게 반발했다. 룰라는 일단 공사를 중단시킨 뒤 환경단체 설득에 나섰다. 룰라는 자신이 어릴 때 가축들이 먹던 더러운 물을 마시며 자랐다고 하면서 지금도 여전히 수많은 사람이 그런 물을 마시고 있는데 방치해도 되는가 하고 물었다. 결국 환경단체들은 몇 가지 조건을 제시한 뒤 댐 공사에 동의했다.

룰라는 이런 식으로 다양한 세력과 적극적으로 소통함으로써 협력을 이끌어냈다. 그럼으로써 정국을 자신의 의도대로 안정적으로 이끌어갈 수 있었다. 룰라 재임 기간 8년 동안 브라질은 크게 면모를 일신했다. 경제는 지속적으로 성장했고 브라질 국민의 삶 또한 현저하게 개선되었다. 덕분에 룰라는 퇴임 당시 86퍼센트라는 경이로운 지지율 속에서 임기를 마칠 수 있었다(룰라는 퇴임 이후 부패에 연루되었다는 의혹이 제기되면서 이미지가 크게 실추되었다).

정치 생태계의 플랫폼─정당

지금부터는 정치인이 전적으로 책임져야 할 또 하나의 플랫폼인 정당에 대해 살펴보도록 하자.

정당은 국가 권력을 획득하기 위해 지지 세력을 넓히고 공고히 하고자 끊임없이 노력한다. 그렇다면 정당 지지 세력은 어떤 조건에서 가장 강력한 힘을 발휘할 수 있을까? 흔히 정치인들은 정치인 개인 혹은 정당과 지지자 사이의 종적 관계만을 머리에 떠올린다. 그러한 관계의 산술적 합이 많을수록 지지 세력이 크다고 판단하기 쉽다. 그러나 이는 결정적으로 지지자들 상호 간의 유기적 관계가 갖는 중요성을 놓치고 있는 것이다. 말하자면 제품을 구매한 소비자 수만 따질 뿐 그들 상호 간의 관계는 무시하는 것과 비슷하다.

결론부터 이야기하면, 정당 지지자들이 개별 분산적으로 흩어져 있는 것이 아니라 공통의 목표와 지향을 갖는 생태계를 형성할 때 내부 결속력과 강력한 확장성을 동시에 발휘할 수 있다. 왜 그럴까?

정당 지지 세력이 생태계를 형성하고 있다는 것은 지지자들이 다양한 형태로 서로 연결되어 있거나 연결이 가능하다는 것을 의미한다. 이러한 연결은 그 자체로서 지지자들의 마음을 끈다. 다양한 사회 인사들과 연결되어 있다는 사실은 자신의 존재감에 무게를 더해주며 필요할 때 실질적 도움을 주고받을 수 있다. 마치 관계의 힘을 키우기 위해 교회 신자가 되는 것처럼 더 많은 사람이 생태계로의 참여를 희망하게 만든다. 동시에 지지자들끼리 강한 결속력을 유지하도록 만들어준다. 그렇기 때문에 지지 세력이 생태계를 형성하고 있으면, 똑같은 수라도 흩어져 있는 경우와는 비교할 수 없이 강력한 힘을 발휘한다. 생태계 형성이 절대적으로 중요한 이유이다.

정당 지지자들이 개별 분산적으로 흩어져 있는 것이 아니라
공통의 목표와 지향을 갖는 생태계를 형성할 때
내부 결속력과 강력한 확장성을 동시에 발휘할 수 있다.

일정한 성향을 갖는 정치 생태계를 형성하는 데서 정당은 플랫폼 구실을 해야 한다. 다시 말해 지지자들이 정당을 통해 서로 연결되어 유기적 관계망을 형성할 수 있어야 하는 것이다. 그러면 향후 정치 세계는 시장과 마찬가지로 서로 성격을 달리하는 다양한 생태계들의 경쟁으로 재구성될 것이다.*

강력한 새누리 생태계, 허물어진 진보 생태계

현재 한국 사회에서 정치 생태계 형성과 관련해서 가장 앞서가고 있는 곳은 새누리당이다. 새누리당은 비록 기득권 카르텔이라는 본질적 한계는 있지만 당 스스로가 플랫폼이 되어 재벌, 관료, 보수 언론, 영남 보수 세력 등을 망라하는 거대 보수 정치 생태계를 형성하고 있다. 새누리당은 이러한 생태계를 바탕으로 유권자의 40퍼센트 가까이를 안정적 기반으로 유지할 수 있었다. 첨예한 계파 갈등에도 새누리당이 대열을 유지해온 것 또한 생태계의 힘이 빚어낸 결과라고 할 수

---

* 플랫폼 정당론은 오랫동안 사회주의 운동을 지배했던 레닌주의 전위정당론과 대비된다. 전위정당론은 전위를 주체로, 대중을 대상으로 간주하는 두 세계의 엄격한 분리에 기초해 있다. 이 입장에서 전위는 모든 것을 기획하고 추진하는 주체인 반면 대중은 선전선동, 조직화, 동원의 대상으로 간주된다. 전위정당론에서는 오직 전위 집단만이 중심의 지위를 갖는다. 반면 플랫폼 정당은 연관된 당사자 모두를 중심으로 보면서 이들을 서로 연결시키는 것을 자신의 임무로 삼는다. 확연히 다른 시대 배경이 낳은 전혀 다른 결과물이라고 할 수 있다.

있다. 생태계에서 벗어나면 모든 것이 끝날 가능성이 크기 때문이다. (2016년 20대 총선에서 일단의 새누리당 의원들이 탈당했는데 이는 직접적 계기가 된 공천파동이 그만큼 심각했다는 이야기이다. 만약 다른 당이 그런 상황이었으면 분당으로 치달았을 것이다.)

이에 비해 진보개혁 성향의 정치 세력은 정치 생태계 형성에서 극도의 취약성을 보여왔다. 통칭 민주당(2016년 현재는 '더불어민주당'이란 이름을 쓰고 있다)으로 불리는 정당은 민주화투쟁 승리 이후 자해적 개혁을 거듭하며 생태계 기반을 스스로 붕괴시켰다. 그들은 돈 먹는 하마라며 지구당을 해체시켰고 각종 직능조직도 내팽개쳤다. 결국 이들이 선택할 수 있는 것은 생태계 기반 정치가 아니라 좌판 깔고 오는 손님 받는 '좌판 정치'뿐이었다. 그동안 민주당이 보여준 정치는 딱 이것이었다. 과거 김대중·노무현 정부 시절 시장의 역할을 강조하는 신자유주의에 경도되었던 이들이 정당 정치에서마저도 시장주의 정치를 선호하는 기묘함을 보여준 것이다. 그러다 보니 이 동네에서 장사가 안 되면 저 동네로 옮기는 장돌뱅이 기질이 몸에 배어 탈당과 분당을 쉽게 선택했다. 생태계 기반 정치가 뿌리내렸다면 쉽게 일어날 수 없는 현상이었다.

민주노동당 이후 진보정당은 어떠했는가? 대략 2005년을 전후해서 민주노동당이 잘 나가던 시절, 진보정치 생태계는 상당한 발전 가능성을 보였다. 민주노동당이 나름대로 플랫폼 기능을 하면서 노동자, 농민에서 지식인과 문화예술인 등을 망라하는 진보정치 생태계가 빠르게 확장되어갔던 것이다. 덕분에 현장 노동자와 유명 영화인이 같은 당 소속이라는 정서적 유대감을 쉽게 가질 수 있었다.

그런데 진보정치 생태계 발전을 제약하는 요소가 당 내부에 있었다. 플랫폼의 생명은 다양한 지점을 연결시키는 개방성이다. 민주노동당을 이끌던 폐쇄적 정파 그룹이 바로 이 개방성을 약화시켰다. 정파 구도가 당 내부에 보이지 않는 장벽을 쳤던 것이다. 급기야 고질적인 정파 간의 알력이 거듭되는 분당 사태로 이어지면서 진보정치 생태계를 황폐화시키기에 이르렀다. 정의당 등이 진보정당의 명맥을 잇고 있지만 진보정치 생태계 복원 기능은 거의 하지 못하는 형편이다. 그 어느 세력보다 생태계에 기반을 두고 정치를 해야 할 진보정당이 정반대 상황에 처한 것이다.

> 플랫폼의 생명은 다양한 지점을 연결시키는
> 개방성이다. 민주노동당을 이끌던 폐쇄적 정파 그룹이
> 바로 이 개방성을 약화시켰다.

진보정치 생태계를 복원하고 확장시키지 못하는 한 진보정당이 성공할 가능성은 거의 없어 보인다. 진보정치 생태계 복원을 위한 특단의 노력이 필요한 것이다. 이는 그간의 관성에서 완전히 탈피한 고도의 혁신적 과정을 요구한다. 2016년 이후 풀어야 할 크나큰 숙제가 아닐 수 없다.

4
실현 가능한
통일 로드맵

통일이 우리 시대 최고 블루오션이며 위기의 한국 경제를 살리는 획기적 전략이 될 수 있다는 점에 대해서는 진보 보수를 떠나 의견 차이가 별로 없어 보인다. 말 그대로 통일은 대박인 것이다.

첫째, 북한 땅에 매장되어 있는 1경(1조×1만) 원어치에 해당하는 지하자원이 본격적으로 빛을 볼 것이다. 북한에는 약 600~900억 배럴에 이르는 것으로 추정되는 원유도 매장되어 있다. 첨단 제품에 필수적인 희토류는 매장량 세계 2위이다. 둘째, 한반도가 유라시아 대륙과 태평양을 잇는 물류 허브로 떠오르면서 다양한 경제 효과를 발생시킬 것이다. 유라시아 횡단철도가 온전히 이어지고 1990년대 이후 줄곧 관심을 끌어온 두만강 접경지대를 무대로 한 동북아경제권이 실현되면 상당한 시너지 효과를 낼 것으로 기대된다. 셋째, 인구 8천만 정도를 포괄하는 내수 시장이 형성됨으로써 독일과 비슷한 수준의 경제대국으로 부상할 수 있다.

문제는 남과 북 모두 공식 입장과 무관하게 자신이 주도하는 통일에 집착해왔다는 사실이다. 통일을 자신이 중심이 된 수직적 위계질서 안으로 상대를 편입시키는 과정으로 이해해온 것이다.

북한은 붕괴할 것인가

이명박·박근혜 정부를 중심으로 한 남한의 주류 집단은 시종 북한을 실패한 국가로 간주해왔다. 그들이 보기에 북한 경제는 인민을 먹여 살리기도 벅찰 만큼 낙후되었고, 정치는 3대에 걸쳐 세습될 정도로 전근대성을 면치 못하고 있다. 그러면서 북한이 핵무기 개발에 집착하는 것은 이 같은 취약한 체제를 유지하기 위한 방편이라고 간주한다.

주류 집단 눈에 비친 북한은 머지않아 무너져 내리고 말 지속가능성이 없는 곳이다. 그들에게 통일이란 일순간에 밀어닥칠 긴박한 상황으로 자신들의 주도 아래 북한 체제를 전환시키는 과정이다. 그들이 내놓은 북한 체제 전환 프로그램에서 추진 주체가 일관되게 남한으로 되어 있는 것이 이를 입증한다.

하지만 북한 체제 붕괴는 다분히 주관적 희망 사항에 그칠 가능성이 매우 크다. 북한은 1990년대 중반 그들 스스로 고난의 행군이라 부르는, 체제를 위협할 수준의 경제위기를 겪으면서 강한 내성을 키워왔다. 지배 엘리트와 인민 모두 각자의 위치에서 높은 수준의 위기

관리 능력을 체득해온 것이다.

　그 과정에서 국가가 모든 것을 책임지고 인민은 전적으로 국가에 의존하는 종전의 국가사회주의로부터 탈피하는 의미심장한 변화가 일어났다. 무엇보다도 인민들이 독자적 생존을 모색하는 과정에서 시장이 빠르게 확대되었다. 그 결과 시장을 떠난 북한 경제는 생각할 수 없는 수준에 이르렀다. 여기에 발맞추어 수령과 당, 인민 사이에 유지되었던 엄격한 수직적 위계질서가 약화되면서 인민 상호 간 수평적 소통 구조가 크게 활성화되었다. 2015년 현재 280만 대에 이르는 것으로 추정되는 휴대폰 보급은 이러한 변화를 촉진하는 기술적 요소의 하나이다. 그 결과 여전히 어렵지만 북한 인민의 다수는 오늘보다 나은 내일을 기약할 수 있게 되었다.

> 남과 북 모두 통일을 자신이 중심이 된 수직적 위계질서
> 안으로 상대를 편입시키는 과정으로 이해해온 것이다.

상호 실체를 인정하는 수평적 통일

이제 정반대편에서 살펴보자. 북한은 내심 자신들만이 통일을 주도할 수 있다고 생각해왔다. 자주 국가로서 일관된 길을 걸어왔으므로 통일을 주도할 자격은 북한에 있으며, 남한은 미국에 예속된 식민지 국가로서 해방의 대상일 뿐이라고 보았다. 이러한 입장은 남한 내 진보 진영 일부에서도 상당한 공감을 얻어왔다. 그런 만큼 좀 더 면밀하게

살펴볼 필요가 있다.

1980년대까지만 보면 북한 입장은 나름대로 일리가 있었다. 그들 주장대로 북한은 모든 형태의 예속을 거부하고 자주 국가로서의 길을 걸었다. 반면 남한은 정치, 외교, 군사, 경제, 문화 등 모든 방면에서 미국의 절대적 영향 아래 놓인 미국의 식민지와 크게 다르지 않은 나라였다.

그러나 1990년대 이후 남한 사회는 성격 자체가 달라질 정도의 질적 변화를 겪었다. 가장 중요한 계기는 민주화 성공이었다.

이전 시기까지 국민은 국가 통제 아래 있었고, 국가는 군부 통제 아래 있었으며, 군부는 주한미군 통제 아래 있었다. 민주화 성공은 바로 이러한 통제의 연쇄를 끊어내는 과정이었다. 민주화 성공으로 군부는 더 이상 국가를 통제할 수 없었으며, 국가는 더 이상 일방적으로 국민을 통제할 수 없게 되었다. 이는 곧 미국이 한국 사회를 통제할 수 있는 연쇄 고리가 끊어졌음을 의미한다. 민주화가 정착 단계에 진입한 1994년 주한미군이 군부 통제 수단이었던 평시 작전권을 한국 정부에 반환한 것은 이러한 맥락에서였다. 요컨대 민주화는 거시적으로 보면 미국 통제 아래에 있던 국가 권력을 국민 통제 아래로 끌어들이는 과정이었다.

민주화 성공은 정치의 대외 연장이라고 할 수 있는 외교 분야에서도 새로운 지평을 열도록 만들었다. 과거 한국 외교는 전적으로 미국의 영향력 범위를 벗어나지 못했다. 그러나 노태우 정부 시절 소련(이후 러시아), 중국 등과 수교하면서 외교 관계의 균형을 상당 정도 회복할 수 있었다. 현재 경제적으로 가장 큰 비중을 차지하고 있는 나라는 중국이다. 중국과의 교역량은 미국, 일본과의 교역량을 합친 것보다 많다. 또한 과학기술 협력에서 절대적 비중을 차지하고 있는 나라는 러시아다. 현재 1천 명 이상의 러시아 출신 과학기술자가 국내에서 활동하고 있다.

그러면 경제 분야에서는 어떤 변화가 일어났는지, 가장 중요한 지표인 기술, 자본, 시장 세 측면으로 살펴보자.

한국은 2015년 현재 전자, 자동차, 조선 등 많은 분야에서 글로벌 강자로 부상한 기술 강국이다. 무역 규모가 1조 달러를 넘어서는 세계 8대 무역대국이기도 하다. 또한 대외 채권채무 관계에서 채무보다 채권이 1천억 달러 이상 많은 유력 채권 국가이다. 2004년 이후 10년간 외국자본의 국내 투자는 1268억 달러였던데 반해 국내자본의 해외 투자는 2905억 달러였다. 한국 자본이 해외에 설립한 법인 수도 줄잡아 6만 개에 이른다. 수출 시장 구조도 중국 비중이 25퍼센트 정도로 높기는 하지만 상당히 다각화되어 있는 편이다. 과거 수출 시장에서 절대적 위치를 차지했던 미국의 비중은 2014년 현재 11퍼센트 정도로 크게 줄어든 상태이다.

남한이 세계적으로 보기 드물게 산업화와 민주화의 동시 성공을 통해 자주 국가로서 면모를 일신한 점에 대해서는 정당한 평가가 뒤따라야 한다. 이는 피와 눈물로 얼룩진 세월을 보내며 새로운 역사를 일구어낸 국민들의 노고에 대한 합당한 응답이기도 하다. 하지만 아직도 전시 작전권이 미국에게 있는 등 남한은 매우 불완전한 자주 국가에 머물러 있다. 양상은 다르지만 북한 역시 크게 다르지 않다. 북한은 미국의 적대적 봉쇄로 국제교역 무대로의 자주적 진출이 막혀 있다.

이런 점에서 남북한은 상대를 실패 국가 혹은 식민지 국가로 일방적으로 규정하면서 자신만이 통일을 주도할 수 있다는 자만에서 하루 빨리 벗어나야 한다. 남과 북은 똑같이 존중받아야 할 동등한 통일의 주체이다. 통일은 일방이 중심이 된 수직적 위계질서로의 편입이 아닌 남과 북이라는 두 개의 중심이 수평적으로 만나 연대하고 협력함으로써 달성할 수 있는 역사적 과제이다.

하지만 문제는 그리 간단치 않다. 지금까지 어느 나라 어느 민족도 이런 방식으로 통일에 이른 적은 없었다. 베트남은 무력으로 통일되었고 독일은 동독이 붕괴되면서 서독으로 흡수 통일되었다. 다소 예외적인 경우로 아라비아 반도 남단에 위치한 예멘이라는 나라를 들 수 있다. 본디 자본주의를 했던 북예멘과 사회주의를 했던 남예멘으로 나뉘어 있던 곳이다. 그러던 남북 예멘이 1990년대 초 평화협상으로 공동정부를 구성하는 데 성공했다. 하지만 공동정부 내부의 갈등이 심화되면서 결국 내전으로 치닫고 말았다. 우여곡절 끝에 북예멘이 승리하면서 어렵사리 통일국가를 만들 수 있었지만, 엄밀한 의미에서 평화통일에는 실패하고 말았다. 서로의 실체를 인정하고 대등한 입장에서 평화적 협력을 통해 통일로 나아가는 것은 이처럼 어려운 일이다.

통일은 일방이 중심이 된 수직적 위계질서로의
편입이 아닌 남과 북이라는 두 개의 중심이 수평적으로 만나
연대하고 협력함으로써 달성할 수 있는 역사적 과제이다.

그동안 남과 북에서 다양한 평화통일 방안이 제시되었고 그 성과가 모여 2000년 '6.15 남북공동선언'을 탄생시키기에 이르렀다. 6.15 남북공동선언은 2항에서 "남과 북은 나라의 통일을 위한 남측의 연합제 안과 북측의 낮은 단계의 연방제 안이 서로 공통성이 있다고 인정하고 앞으로 통일을 지향시켜 나가기로 하였다."고 통일의 경로를 밝히고 있다. 이는 남과 북이 서로의 실체를 인정하고 화해와 협력을 통해 통일을 지향하기로 내외에 천명한 것으로서 그 의의가 매우 크다. 그렇지만 보다 구체적인 로드맵이 마련되지 못한다면 자칫 현상 고착 아니면 갈등의 폭발로 이어질 가능성이 상존하는 것 또한 부정할 수 없는 현실이다.

거듭 이야기하지만 통일은 남과 북 모두 각자가 중심인 조건에서 수평적 연대와 협력을 바탕으로 상생을 지향하는 방향에서 이루어져야 한다. 이는 곧 통일이 민족 전체를 아우르는 생태계를 형성하는 과정이어야 함을 의미한다. 실현 가능한 통일 로드맵은 오직 이를 바탕으로 마련될 수 있다. 문제는 그러한 생태계를 지속적이면서 안정적으로 형성시킬 플랫폼을 어떻게 확보하는가이다. 그 해답은 개성공단에 있다.

민족 생태계의 플랫폼―개성공단

2005년 문을 연 개성공단은 애초 계획대로라면 800만 평의 부지 위에서 70만 명이 일을 하고 있어야 한다. 하지만 이명박 정부 시절 천안함 사건을 계기로 취해진 5.24 조치로 대북 투자가 금지되면서

2014년 현재 5만 5천 명만이 일을 하고 있었다. 진출 기업도 추가 투자를 하지 못하는 조건에서 겨우 숨만 쉬고 있는 꼴이었다. 그로 인해 남한 스스로도 막대한 경제적 손실을 입어야 했다. 보수 진영 안에서조차 5.24 조치는 자해 조치라며 비난의 목소리를 높였던 것도 이런 맥락에서였다.

급기야 2016년 2월, 박근혜 정부가 북한 핵과 미사일 개발을 저지한다는 이유로 개성공단을 폐쇄하는 조치를 내리면서 최악의 사태로 치달았다. 이명박 정부가 통일의 옥동자 개성공단의 목을 줄기차게 조여 댔다면 박근혜 정부는 아예 칼로 목을 내려치는 선택을 한 것이다.

결론부터 이야기하자면 개성공단의 포기는 곧 통일의 포기이다. 진정 통일을 원한다면 개성공단은 반드시 정상화되어야 하고 연속적으로 확대되어야 한다. 그 이외에 다른 통일의 길은 있을 수 없다. 이것이 우리가 최악의 상황에서도 개성공단 재개를 포기할 수 없는 명백한 이유이다.

숱한 악조건 속에서도 개성공단은 꺼지지 않는 통일의 불씨로서 무궁무진한 가능성을 입증해왔다. 개성공단에 입주한 남쪽 기업은 모두 123개였는데 추가 투자를 할 수 없는 상황임에도 10년을 넘기면서 예외 없이 모두 살아남았었다. 이는 중소기업 10개 중 두세 개 정도만 10년 이상 살아남는다는 국내 상황에 비추어보면 기적과 다름없는 결과였다. 중소기업인들 사이에서 개성공단이 엘도라도로 통하면서, 국민들 사이에서도 개성공단이 폭넓은 지지를 받을 수 있었던 이유이다.

> 남과 북의 기업, 근로자, 정부 관계자 등이 개성공단을
> 플랫폼 삼아 상생 가능한 생태계를 형성해왔다.

성공의 조건은 분명하다. 같은 말을 쓰기에 언어 소통에 문제가 없다. 다른 나라에서는 누릴 수 없는 큰 강점이다. 지가도 매우 낮다. 또 낮은 임금에 비해 생산성은 높은 편이기에 충분한 수익을 보장받을 수 있다. 입주 기업 관계자들에 따르면 개성공단 노동자들의 봉제 기술은 세계 최고 수준이라고 한다. 물류 측면에서도 개성공단은 서울에서 60km밖에 떨어져 있지 않아 통관 절차를 고려하더라도 물품 반입에 1~3일밖에 걸리지 않는다. 경제적 파급 효과도 크다. 2013년 현재 개성공단에 입주해 있는 123개 기업에 원부자재를 납품하는 남쪽 업체만 해도 모두 5천여 곳에 달했다.

개성공단 근로자의 평균 임금은 남쪽 입장에서는 매우 저렴한 수준이지만 북한 근로자 평균 임금보다는 높았다. 북한 입장에서는 귀중한 달러를 조달하는 통로이기도 했다. 남과 북 모두 이익을 보는 구조였다.

이렇듯 남과 북의 기업, 근로자, 정부 관계자 등이 개성공단을 플랫폼 삼아 상생 가능한 생태계를 형성해왔다. 이밖에도 개성공단은 여러 측면에서 통일을 촉진하는 역할을 수행해왔다.

첫째, 개성공단은 한반도 평화 정착의 상징이었다. 개성공단이 자리 잡은 곳은 북한 최고의 군사 요충지였다. 남과 북이 상대방 지역으로 진격하고자 할 때 반드시 통과해야 하는 곳이 바로 개성공단 구역이다. 이곳에 남북합작 공단이 자리 잡았다는 것은 남과 북 모두 서

로를 공격할 의사가 없다는 것을 확증해주는 것이다. 그렇지 않다면 결코 개성공단은 세상에 모습을 드러낼 수 없었다.

둘째, 개성공단은 통일 역량의 배양지가 되었다. 정기섭 개성공단 기업협회 회장에 따르면 자신을 포함해 개성공단에 진출한 사람들의 진출 동기는 두말할 필요도 없이 돈을 버는 것이었다. 하지만 개성공단에서 머물다 보면 자신도 모르게 한반도 평화와 민족 상생, 통일을 생각하게 되고 그 열망을 품게 된다고 한다. 모두가 평화와 통일 역군으로 변신하는 것이다.

셋째, 개성공단은 통일 과정이 남과 북 모두를 뛰어넘는 새로운 모델의 창조 과정일 수 있음을 암시해주었다. 개성공단은 자본주의 경영조직과 사회주의 노동조직의 결합으로 이루어져 있었다. 개성공단 입주 기업은 독자적인 채용이나 노동 관리를 할 수 없었다. 노동자는 북측 국가 기구에서 일괄적으로 조직, 배치하고 관리했다. 문제가 발생하면 남측 경영조직을 대표하는 법인장과 북측 노동조직을 대표하는 공장장이 협의하여 해결했다. 이런 점에서 남측 경영조직과 북측 노동조직은 기본적으로 수평 관계라 할 수 있다. 일반적인 자본 임노동 관계와는 상당한 차이가 있었다. 2013년에 있었던 북한의 일괄 철수 조치는 이러한 조건이었기에 가능한 것이었다.

흔히 개성공단은 매일같이 통일이 이루어지는 기적의 땅이라고 묘사되었다. 서로 다른 이념과 체제에서 살아온 남과 북이 만나 서로를 이해하고 적응하면서 서로에게 도움이 되는 결과를 함께 만들어냈기 때문이다. 말 그대로 통일 과정을 압축적으로 보여준 것이다. 이러한 개성공단을 애초 계획에 맞게 정상화시키고 이를 연속적으로 확대해 나간다고 해보자. 이들 남북합작 공단들을 플랫폼으로 한반도 전체를 아우르는 광범위한 생태계가 형성될 것이다.

그렇게 되면 생태계 유지 발전을 위한 정치적 협력이 증진되면서 이를 뒷받침할 제도도 함께 발전할 것이다. 군사적 긴장 완화도 동시에 추진될 수밖에 없다. 아울러 합작 공단이 늘어나면서 통일을 이끌 역량 또한 그만큼 폭넓게 배양될 수 있다. 남한 국민과 북한 인민은 합작 공단을 매개로 이해가 일치함을 몸으로 느끼면서 서로를 보다 쉽게 포용할 수 있을 것이다.

통일은 사건이 아니라 과정이 되어야 한다. 장기적 관점에서 그 과정을 잘 설계하고 관리하는 것이 매우 중요하다. 여기서의 핵심은 플랫폼으로서 개성공단을 정상화하고 연속적으로 확대하는 것이다. 개성공단을 위시해 새롭게 만들어지는 남북합작 공단은 그 어떤 요인에 의해서도 교란되어서는 안 된다. 통일을 가능하게 하는 유일하면서도 절대적인 담보이기 때문이다.

개성공단에 대한 태도는 통일에 대한 진정성을 확인하는 리트머스 시험지이다. 개성공단 포기는 통일의 포기이다. 우리는 어떤 경우에도 개성공단 재개와 연속적 확대를 포기할 수 없다.

새로운 진보는
좌우 너머에 있다

제7장

시대를 앞선 사람들의 사고는 객관 세계의 변화를 앞질러 간다. 한 걸음 앞서 변화의 방향을 제시할 뿐만 아니라 변화를 주도하기도 한다. 하지만 이런 사람들은 지극히 예외적인 소수일 뿐이다.

사람들의 주관적 의식세계는 객관 세계보다 느리게 변화한다. 객관 세계의 변화가 미미한 수준이라면 크게 문제 되지 않는다. 하지만 지금처럼 역사의 변곡점을 통과하는 시기에는 객관 세계와 주관적 의식세계 사이의 불일치가 매우 심각한 수준에 이를 수 있다. 객관 세계는 볼록 국면을 지나고 있는데도 의식은 여전히 오목 국면에 머무르는 일이 벌어지는 것이다.

1
좌우 대결은
필패 구도

과거 기억에 발목이 잡힌 채 고집스럽게 자리를 지키는 대표적인 것으로 이념 대결 구도를 들 수 있다. 한때는 인류 전체가 자본주의와 사회주의 이념을 둘러싸고 끔찍한 홍역을 치렀다. 자본주의 사회 내부에서도 자본과 노동 두 진영으로 갈라져 첨예한 이념 대결이 벌어지기도 했다. 좌우 이념 대결은 그로부터 파생한 결과물이었다. 냉전 해체와 함께 이념 대결 구도는 상당히 누그러진 듯했으나 여전히 우리 사회를 뒤틀리게 만들고 있다.

구시대의 이념 대결 구도가 오늘날 변화된 상황에 어느 정도 부합하는지 비판적 점검을 함과 동시에 새로운 시대에 맞게끔 좌표의 재정립을 시도할 필요가 있다. 그러자면 먼저 한국 사회를 지배해온 좌우 대결 구도의 실체를 파악하는 차원에서, 그 정치적 배경부터 살펴볼 필요가 있다.

한국 사회 지형을 살펴보면 최근까지도 좌우 대결 구도가 강력히 작동해왔음을 쉽게 알 수 있다. 종편 방송은 노골적으로 자신들의 반대 진영을 '종북 좌파 세력'이라고 표현하고 있고, 대부분의 사람들은 이러한 구도에 순응하면서 어느 쪽에 설지를 고민하는 모습이다.

과연 지금의 좌우 구도는 역사적으로 형성된 지극히 자연스런 구도인가, 아니면 정치적 의도가 빚어낸 작위적 결과인가?

역사의 전진을 이룬 세 가지 구도

정치적 승리를 위해서는 자신에게 유리한 양자 구도를 만드는 것이 좋다. 지난날 한국 사회의 진전을 가져왔던 양자 구도로 세 가지를 들 수 있다. 민주화투쟁을 관통했던 민주 대 독재 구도와 남북정상회담 이후 펼쳐진 평화 대 냉전 구도, 그로부터 파생된 개혁 대 수구 구도가 그것이다.

1980년대 민주화투쟁 당시 미국과 전두환 정권은 야당을 포함한 보수대연합을 실현함으로써 재야 민중 세력을 고립시키고자 하였다. 하지만 김대중 김영삼, 즉 양 김씨를 중심으로 한 민주화운동 세력의 지도자들은 이러한 보수대연합을 거부했다. 거꾸로 재야 민중 세력을 포괄하는 폭넓은 연대를 바탕으로 민주 대 독재 구도를 일관되게 유지함으로써 민주 세력이 승리를 거둘 수 있었다.

그러나 1990년 3당합당이 이루어졌고, 이로 인해 한국 사회는 2000년 남북정상회담 때까지도 보수 절대 우위가 유지되고 있었다.

보수 절대 우위를 유지한 핵심 수단은 다름 아닌 북한의 위협을 내세운 안보논리였다. 그런데 남북정상회담 이후, 남북 당국의 협력을 바탕으로 한 평화 정착이야말로 최고의 안보 전략이라는 것이 입증되면서 합리적 보수층이 대거 김대중 정부 정책을 지지하는 쪽으로 입장을 선회했다. 덕분에 평화 대 냉전 구도에서 평화 세력이 다수를 점할 수 있었다.

2000년대 이후 형성된 개혁 대 수구 구도는 노무현 정부 탄생에 직접적인 영향을 미쳤다. 이 점은 2002년 대선 때 투표를 하루 앞두고 정몽준이 노무현과의 후보 단일화 파기를 선언했을 때 극적으로 확인되었다. 당시 보수적 관측자들은 정몽준이 후보 단일화를 파기한 만큼 지지자들은 대체로 노무현이 아닌 한나라당 이회창 후보에게 표를 던질 것으로 전망했다. 하지만 결과는 정몽준 지지자 대부분이 노무현 후보에게 투표해 노무현의 승리로 나타났다. 개혁 대 수구 구도가 작동하고 있는 조건에서 스스로 개혁 진영에 속한다고 생각한 정몽준 지지자들이 수구 진영에 속하는 이회창을 거부하고 같은 개혁 진영에 속하는 노무현에게 표를 던졌던 것이다.

이 같은 세 가지 구도에는 공통점이 있다. 세 가지 구도에서 독재와 냉전, 수구 세력은 청산하고 극복해야 할 대상이었다. 그러기에 이들 구도에서 독재와 냉전, 수구 세력은 결국 소수로 전락할 수밖에 없었던 것이다. 반면 이 세 구도에서 민주와 평화, 개혁은 지향해야 할 보편적 가치였기에 대중의 적극적 지지를 받을 수 있었다. 덕분에 민주와 평화, 개혁 세력이 상대를 압도하면서 역사의 전진을 주도할 수 있었다.

민주 대 독재, 평화 대 냉전, 개혁 대 수구 구도는
역사의 국면을 바꾸고 한국 사회의 지형을
혁명적으로 변화시킬 수 있었다.

기득권 세력의 청산과 극복이라는 관점에서 보더라도 세 가지 구도는 단순 명료한 효과를 발휘한다. 민주 대 독재, 평화 대 냉전, 개혁 대 수구 구도에서 독재와 냉전, 수구는 그 자체로서 기득권 세력의 본질을 드러내는 것이었다. 자연스럽게 광범위한 대중이 기득권 세력을 청산하기 위한 노력에 적극 동참하게 되었고 기득권 세력은 수세에 몰릴 수밖에 없었다. 요컨대 민주 대 독재, 평화 대 냉전, 개혁 대 수구 구도는 역사의 국면을 바꾸고 한국 사회의 지형을 혁명적으로 변화시킬 수 있었다.

기득권 세력이 던진 회심의 카드

그런데 좌우 구도가 지배하면서 양상이 완전히 바뀌었다. 박근혜 그룹은 2002년 대선에서 노무현에게 패배한 결정적 원인이, 남북정상회담을 거치며 한국 사회가 평화 대 냉전, 개혁 대 수구 세력 구도로 재편된 데 있음을 날카롭게 간파했다. 그로부터 박근혜 그룹은 한국 사회의 지형을 좌우 구도로 재편하기 위해 노골적으로 움직였다.

2004년 4.15 총선이 끝나고 몇 달 안 되어 사학법 개정을 둘러싸고 첨예한 대치 국면이 형성되었다. 보수 세력은 일치단결해 사학법 개정에 저항했다. 그 당시 한나라당 대표를 맡고 있던 박근혜는 당을 장외투쟁으로 몰고 가면서 특유의 간결한 메시지를 던졌다. "좌파 정부, 투자 부진, 민생 파탄." 누구나 쉽게 이해할 수 있는 간결한 메시지였다. 사학법 개정을 추진하는 노무현 정부는 좌파 정부이고 그래서 투자 부진을 초래하는 바람에 민생을 파탄으로 몰고 가고 있다는 것이었다. 보수층은 박근혜의 메시지에 쉽게 공감을 느낄 수 있었다. 박근혜의 메시지가 한국 사회를 좌우 구도로 재편하는 매우 효과적인 촉진제로 작용했던 것이다.

여기에 발맞추어 보수 언론 매체들은 기다렸다는 듯이 모든 기사를 좌우 구도에 비추어 써 내려갔다. 좌파와 우파는 언제 어디서나 사용되는 기본 용어가 되었다. 심지어 이념과는 거리가 먼 성직자들을 두고도 좌파 스님, 좌파 신부라는 표현이 빈번하게 등장했다. 좌우 어느 곳에도 속하지 않으면 중도파로 분류하는 친절함도 잊지 않았다. 좌우 구도 자체를 뛰어넘는 상상력은 철저하게 봉쇄했다.

좌우 구도로의 재편이 빠르게 진행되는 가운데 보수 정치집단 입장에서는 결정적인 수가 될 수 있는 반면 노무현 정부 입장에서는 독 묻은 사과가 될 수 있는 두 가지 이슈가 제기되었다. 하나는 삼성이 제안한 것으로 알려진 한미 FTA 추진이었고, 다른 하나는 군부가 요구한 제주 해군기지 건설이었다. 삼성과 군부가 박근혜 캠프와 어떤 소통을 했는지는 알 수 없지만 결과만을 놓고 보았을 때 이들 두 집단은 박근혜의 정치 전략 실현에 매우 효과적으로 기여했다.

노무현 정부는 두 가지 정책을 적극 수용했다. 노무현 정부는 이것들을 잘못 관리했을 때 치명적인 정치적 결과가 빚어질 수 있다는 점을 소홀히 한 것이다. 결국 이 두 이슈를 둘러싼 입장 차이로 인해 평화·개혁 세력은 완전히 두 동강이 나고 말았다. 노무현 정부는 적극 추진 입장이었던 데 반해 과거 노무현 후보를 지지했던 상당수가 적극 반대 입장을 취했기 때문이다.

기회를 놓치지 않고 보수 언론은 한미 FTA와 제주 해군기지 반대 투쟁에 대해 좌파 이미지를 빠르게 확산시켰다. 좌파는 수출 시장 개척이나 안보에는 관심이 없고 반대만을 위한 반대를 한다는 것이 핵심 요지였다. 이 같은 논리는 보수 성향의 국민들에게 쉽게 먹혀들어갔다. 그 결과 한국 사회는 빠르게 좌우 대결 구도로 전환되었다. 김대중 노무현 정부의 평화·개혁 정책을 지지했던 합리적 보수층은 우파의 일부로 편입되었다. 이명박 정부가 들어섰을 무렵 좌우 구도는 거의 굳어진 상태였다.

박근혜의 정치적 반대편에 있었던 진보개혁 세력은 좌우 구도로의 전환에 상당히 무감각한 반응을 보였다. 그들은 좌우 구도가 자신들을 옥죄는 무시무시한 족쇄가 될 수 있다는 사실을 제대로 눈치채지 못했다.

좌우 대결 구도는 앞서 이야기한 민주 대 독재, 평화 대 냉전, 개혁 대 수구 구도와 전혀 다른 기능을 발휘했다.

먼저 좌파 입장에서 우파를 청산해야 할 집단이라고 공식 규정할 수 있을까? 그러한 규정이 대중적 공감을 얻을 수 있을까? 아울러 좌우 대결 구도에서 좌파가 다수를 차지할 수 있을까? 그러한 근거를 찾기란 쉽지 않다. 오히려 보수 우파가 다수를 점해온 것이 그간의 현실이었다. 좌우 대결 구도는 영호남 지역 대결 구도에 의존해왔는데, 상대적으로 보수 성향이 강한 영남 지역 거주자가 두 배 정도 많다.

여기에 최근 세대 대결 구도가 더해졌는데, 보수적인 성향을 강하게 드러내는 5060세대가 2030세대에 대해 수적 우위를 점하고 있다.

기득권 세력 입장에서 볼 때
좌우 대결 구도는 안정적 지위를 확보할 수 있는
더할 나위 없는 환경이었던 것이다.

기득권 세력의 청산과 극복 관점에서 보았을 때는 어떨까. 먼저 좌우 대결 구도에서 우파 전체가 기득권 세력인가? 기득권 세력이 인구의 절반 이상을 차지하는 사회가 있을 수 있는가? 기득권 세력은 언제나 소수일 수밖에 없다. 기득권 세력은 그동안 다수를 점해온 우파 진영 안에서 교묘하게 몸을 숨겨왔다. 우파 옷을 입고 우파 논리로 세상과 소통했다. 그런 만큼 좌우 대결 구도 속에서 기득권 세력을 굴복시키는 일은 쉽지 않았다. 다수를 점하고 있는 우파가 기득권 세력을 같은 편이라 여기고 보호해줄 가능성이 매우 컸기 때문이다. 실제로 보수 우파 진영 안에서는 삼성 등 재벌에 대해 무조건 옹호하는 분위기가 강했다. 기득권 세력 입장에서 볼 때 좌우 대결 구도는 안정적 지위를 확보할 수 있는 더할 나위 없는 환경이었던 것이다.

이 같은 좌우 구도는 특히 선거 국면에서 강력한 힘을 발휘했다. 박근혜 진영 입장에서 좌우 구도는 선거를 승리로 이끌 수 있는 필승 구도였다. 반면에 그 반대 진영의 입장에서는 좌우 구도가 필패 구도였다. 좌우 구도가 가동되는 순간 우파로의 결집이 이루어지면서 박근혜 쪽이 다수가 되기 때문이었다. 박근혜가 선거의 여왕에 등극

할 수 있는 비결이 바로 여기에 있었다. 좌우 대결 구도에 갇힌 상태에서는 진보개혁 세력이 역사의 전진을 주도하기가 매우 어렵다. 좌우 대결 구도는 기득권 세력 안정에만 기여할 뿐이다. 상식적인 이야기이지만 기득권 세력을 극복하지 못하는 한 사회적 모순을 해결하는 것은 원천적으로 불가능하다. 최근 한국 사회가 역동적 발전을 이어가지 못하고 지리멸렬한 상태가 지속된 것도 상당 부분 이 때문이다.

2016년의 4월 총선을 앞두고 박근혜 진영은 가능한 모든 수단을 동원해 좌우 구도를 작동시키고자 노력했다. 하지만 총선 결과는 여당의 참패였다. 좌우 구도가 제대로 먹혀들지 않았던 것이다. 이는 유권자들이 좌우 구도의 본질을 깨닫기 시작하면서 그에 덜 휘둘렸음을 말해준다. 문제는 진보개혁 세력이다. 유통기한이 지난 좌우 대결 구도를 해체시키고 전세를 역전시킬 새로운 구도를 짜는 데서 진보개혁 세력은 심각한 무능을 드러냈다. 좌우 대결 구도는 언제 어떤 형태로든지 재연될 수 있는 상황이다.

2
새로운 진보는
좌우 너머에

지금까지 좌우 대결 구도의 정치적 역기능을 살펴보았다. 분명 좌우 구도는 역사의 전진을 방해하는 질곡이다. 진보개혁 세력으로서는 그 안에 갇히면 반드시 질 수밖에 없는 필패 구도이다.

그런데도 현실은 좌우 대결 구도가 마치 자연 질서인 것처럼 요지 부동으로 유지되고 있다. 여러 가지 요인이 복합적으로 작용한 결과 이겠지만, 일차적으로는 좌우 구도로 이익을 누리는 세력들이 이를 집요하게 재생산하고자 투지를 불태우는 데 있다. 무시할 수 없는 요 인이 또 하나 있다. 스스로를 좌파라고 생각하는 사람들이 이 구도의 한 축을 유지하고 있는 것이다.

우리는 진보는 곧 좌파라는 등식에 매우 익숙해져 있다. 진보는 좌우 구도 안에서 왼쪽에 존재한다는 것이 불변의 통념이었다. 정치인들 역시 좌우 구도 안에서 좌클릭 할 것인가 우클릭 할 것인가를 놓고 늘 머리를 싸맨다. 너도 나도 좌우 구도 안에 사고가 갇혀 있는 것이다. 바로 이 때문에 좌우 구도의 정치적 역기능을 인식한다 해도 이를 어떻게 넘어서야 할지 해답을 찾기가 쉽지 않다.

우리는 진보는 곧 좌파라는 등식에
매우 익숙해져 있다. 진보는 좌우 구도 안에서
왼쪽에 존재한다는 것이 불변의 통념이었다.

앞서 우리는 사회주의와 사회민주주의로 대표되는 전통적 좌파 전략이 갖는 시대적 한계에 대해 살펴보았다. 이를 인정한다 해도, 좌파 일반의 존재 가치를 부정하는 것으로 확대해석하는 건 내키지 않는다. 내 자신이 좌파인데 어쩌란 말이냐 하는 항변이 변함없이 쏟아져 나올 수 있는 것이다.

하지만 지금은 이 모든 것을 근본적으로 되짚어봐야 하는 상황이다. 결론부터 말하자면 좌우 구도 자체가 시대 흐름에 뒤처진 낡은 잔재인 것이다. 좌우 구도 안에 갇히면 과거의 볼모로 붙잡히기 십상이다. 새로운 시대의 진보는 좌우 구도의 왼쪽이 아니라 좌우 구도를 넘어서는 지점에 존재한다.

근대 이후 진보의 출발점은 자본주의 폐해를 극복하는 것이었다. 좌파 관념 또한 그러한 노력이 빚어낸 결과물이었으며, 사회주의 이념은 그 대표적인 것이라고 할 수 있다. 그런데 역사의 변곡점을 통과하면서 이 모든 것을 재구성해야 하는 상황이 되었다. 문제를 최대한 단순화하기 위해, 앞으로 전개될 자본주의 폐해 극복 과정이 사회주의가 애초에 상정했던 것과 어떻게 다른지를 중심으로 살펴보자.

사람 중심 사회의 자본주의 폐해 극복 과정

사회주의가 추구한 핵심 목표는 '소수의 자본 지배와 자본의 인간 지배'를 극복하는 것이었다.

생산수단을 소유한 자가 세상을 지배한다는 것은 변함없는 과학적 이론이다. 중세 봉건 시대에는 핵심 생산수단인 토지를 소유한 지주가, 자본주의 사회에서는 자본을 소유한 자본가가 세상을 지배했다. 돈 중심 사회 역시 자본에 대한 사적 소유가 일반화된 조건에서 형성되었다고 볼 수 있다. 이에 대해 사회주의는 매우 급진적 태도를 보였다. 사회주의 입장에서 자본은 타도해야 할 적이었다.

사회주의 종주국인 옛소련에서는 자본에 대한 사적 소유가 폐지되고 사회적(집단적) 소유가 일반화됨에 따라 자본 축적 자체가 완전히 배제되었다. 대부분의 기업은 국가 기구의 일부가 되어 국가의 계획과 관리 아래 움직였다. 하지만 이 같은 소련식 국가사회주의 시스템은 비효율성이 심화되고 생산성이 정체하면서 끝내 붕괴되고 말았다. 거대한 실험이 참담한 실패로 끝난 것이다.

중국은 생산성 정체를 개혁개방을 통한 자본 축적과의 재결합으로 극복하고자 시도했다. 그 결과 중국 경제는 장기간 고도성장을 구가하는 데 성공할 수 있었다. 하지만 그러한 변화는 자본의 인간 지배를 부활시키는 결과를 초래함으로써 사회주의 본연의 가치가 심각하게 훼손되거나 실종되는 일로 이어졌다. 중국 모델 역시 자본의 인간 지배 극복과는 거리가 먼 것이다.

결국 사회주의가 자본의 인간 지배를 극복하는 데 성공했다고 보기는 어렵다. 그렇다면 사람 중심 사회는 소수의 자본 지배와 자본의 인간 지배 극복과 관련해 새로운 답을 줄 수 있을까? 결론적으로 사람 중심 사회에서는 창조력을 지닌 다수가 자본마저 지배한다. 그럴 때라야 사람 중심 사회는 온전히 완성되는 것이다. 이와 관련해 먼저 창조경제 시대가 열리면서 창조력이 새로운 생산수단으로 등장했다는 사실을 다시 떠올려보자.

가치 창출의 원천 중 하나인 노동력은 자본과 결합하지 못하면 독자적으로 가치를 창출할 수 없다는 점에서 생산수단이 아니었다. 노동자가 노동력을 판매하지 않으면 생존할 수 없는 이유가 여기에 있었다. 이와는 달리 또 다른 가치 창출 원천인 창조력은 새로운 생산수단으로서의 지위를 갖는다.

창조력을 구성하는 요소 중 가장 먼저 주목받던 지식의 경우는 일찍부터 새로운 생산수단으로 인정받아왔다. 지식을 포괄하는 창조력 역시 마찬가지이다. 무엇보다도 창조력은 자본과의 결합 없이도 가치를 창출할 수 있다. 실제로 오늘날 자본에 의존하지 않고도 창조력만으로 가치를 창출하는 경우가 광범위하게 나타나고 있다. 컴퓨터 한 대만 있으면 자기 방에서 전 세계 시장을 상대로 사업을 벌일 수 있는 시대인 것이다. 휴렛팩커드, 애플, 구글 등 미국을 대표하는 IT 기업들이 공통적으로 차고에서 출발했다는 사실도 이를 상징적으로 보여준다.

이 같은 창조력은 대학교육이 일반화되고 디지털 문명이 확산되면서 다수 개인 속에 체화되기에 이르렀다. 자본이라는 생산수단을 소수 개인이 소유하고 지배했던 종전과는 양상이 확연히 달라진 것이다. 요컨대 생산수단의 소유 주체가 '소수 개인'에서 '다수 개인'으로 바뀌었다.

다수 개인이 새로운 생산수단인 창조력을 체화하고 있다는 사실은 자본의 인간 지배를 극복하는 근거가 된다.

벤처기업에서 창업자는 창조력을 바탕으로 자본 투자자들보다 많은 지분을 보유할 수 있다. 창조력을 바탕으로 자본을 지배하는 것이다. 이는 신(新) 생산수단인 창조력이 구(舊) 생산수단인 자본보다 우월한 위치에 있음을 의미한다. 그런데 벤처 생태계에 대한 논의에서 확인한 것처럼 누구나 창업을 꿈꾸고 시도하는 조건이 마련되면, 창업자는 구성원들이 창업을 목적으로 독립하는 것을 막기 위해서라도 자신이 보유한 지분을 고르게 분배해야 한다. 이러한 과정을 거쳐 궁극적으로는 구성원들이 지분 소유를 통해 자본도 함께 지배하기에 이른다. 신 생산수단인 창조력과 마찬가지로 구 생산수단인 자본 역시 '다수 개인'이 함께 소유, 지배하는 것이다.

자본이라는 생산수단을 소수 개인이 소유하고 지배했던
종전과는 양상이 확연히 달라진 것이다. 요컨대 생산수단의
소유 주체가 '소수 개인'에서 '다수 개인'으로 바뀌었다.

이러한 변화는 창조경제를 기반으로 하는 벤처기업에서 제한적으로 시작될 것이다. 그렇지만 누구나 창업이 가능하고 또 창업을 원하는 환경이 만들어지면 그 같은 변화가 더욱 확산될 수밖에 없다. 중소기업 역시 이러한 변화로 인한 압박을 받게 되면서 우리사주가 확산되는 등 변화를 겪을 수 있다. 여전히 전통적인 자본주의 기업이 존재할 수 있으나 점차 소수로 전락해갈 것이다. 이러한 변화가 구성원의 자발적 열정을 고취시킴으로써 생산성 향상을 보장하기 때문이다. 이를 뒷받침할 수 있는 사례는 너무나 많아 일일이 언급할 필요조차 없을 정도이다.

이렇게 하여 사람 중심 사회에 이르러서는 과거 사회주의자들이 생각했던 것과는 전혀 다른 방식으로 '소수의 자본 지배와 자본의 인간 지배'를 극복한다. 간략히 정리하면 다수 개인이 신 생산수단인 창조력을 체화함으로써 구 생산수단인 자본을 지배할 수 있다. 자본의 폐기가 아니라 소수의 자본 지배를 다수의 자본 지배로, 자본의 인간 지배를 인간의 자본 지배로 방향을 뒤바꾸는 것이 사람 중심 사회를 관통하는 자본주의 폐해 극복의 방향인 것이다.

소외 극복을 위한 개성 존중

역사적으로 볼 때 자본주의 폐해 극복에서 제기되는 또 하나의 과제는 대량생산, 대량소비 사회에서 발생한 몰개성적 개인의 소외를 해소하는 것이다. 이 역시 전혀 다른 방식으로 이루어진다.

사실 마르크스레닌주의로 대표되는 좌파 운동의 원류는 자유롭고 독립적인 개인을 사회의 실체로 파악했다. 그런 점에서 근대 시민 혁명이 창출한 자유주의 가치를 계승했다고 볼 수도 있다. 마르크스는 「공산당 선언」에서 각자의 발전이 전체 발전의 전제가 되는 사회를 미래의 대안으로 제시했고, 레닌은 『국가와 혁명』에서 자유롭고 독립적인 개체의 연대와 협력으로 국가의 강제를 대신하는 것이 사회 발전의 합법칙적 방향이라고 주장했다.

그런데 20세기 현실 사회주의에서는 집단주의 가치가 압도하면서 개인의 개성은 상당히 억제되었다. 자본주의 세계에서 집중적으로 비판했던 '획일화'가 어느 정도는 진실이었던 것이다. 이런 점에서 사회주의는 자본주의 폐해 극복 과제 중 하나인 개인의 소외 극복에서도 한계를 드러냈다.

그렇다면 사람 중심 사회는 개인의 소외 극복을 위해 어떤 가능성을 열어줄 것인가? 이와 관련해서 먼저 산업경제 시대와 창조경제 시대의 '다름'을 보는 차이에 주목할 필요가 있다.

오랫동안 소품종 대량생산을 특징으로 한 산업경제 시대에 제품은 규격화되었고 생산 과정은 동일한 동작을 반복했다. 노동자들은 군대와 같은 규율 밑에서 통일된 복장과 동작을 유지해야 했다. 이러한 시대적 분위기 속에서는 '일사불란'이 최고의 가치였다. 서로의 차이를 드러내지 않는 것이 미덕이었다. 다르다는 것은 차별의 근거이자 '왕따'의 이유가 되었다. 한동안 사회주의 국가에서 인민 전체가 동일한 복장을 하고 동일한 행동 패턴을 보인 것도 이런 상황을 반영한 것이었다. 사회주의는 소품종 대량생산 시대의 특징을 사회적 미덕으로 승화시켰다.

하지만 창조경제 시대에 이르러 양상이 완전히 바뀌었다. 창조경제를 관통하는 본질은 '독창성'이다. 유일무이성이야말로 모든 창조의 생명인 것이다. 아무리 기능이 뛰어나더라도 다른 작품을 모방한 것은 가치를 인정받지 못한다. 가령 최신의 첨단기술을 이용해 레오나르도 다빈치의 '모나리자'와 똑같은 작품을 만들었다고 해도 예술 작품으로서의 가치는 전혀 인정받지 못한다. 이렇듯 모든 창조는 차이로부터 비롯된다. 뭐가 달라도 달라야 하는 것이 창조인 것이다.

> 창조경제를 관통하는 본질은 '독창성'이다.
> 유일무이성이야말로 모든 창조의 생명인 것이다.

이러한 차이를 발생시키는 원천은 각자의 개성이다. 그것은 개인의 내면 깊숙이 잠재해 있는 '끼'일 수도 있다. 개성은 외부 강제가 아닌 자발적 열정을 바탕으로 몰입할 때 온전히 발산할 수 있다. 바로 이 같은 몰입에 필요한 환경을 전 사회적으로 보장하는 것이 사람 중심 사회이다.

사람 중심 사회에서 각 사람은 작업 체계의 부속품이 아니라 중심이다. 그와 같은 환경에서는 각자의 개성을 자유롭게 발산하면서 수평적 협력을 통해 함께 가치를 만들어갈 수 있는 것이다. 그리하여 사람 중심 사회에서는 현장 작업에서부터 몰개성적 개인의 소외를 극복할 수 있는 길이 열린다.

새로운 주체는 창조력을 보유한 사람

자본주의 폐해 극복과 관련해서 제기된 중요한 주제 중 하나는 핵심 동력을 어디서 찾을 것인가 하는 문제였다. 과거 사회주의 사회의 주요 동력은, 생산수단을 지니고 있지 못함으로써 노동력을 판매해야만 생존할 수 있는 노동자 계급이었다. 그렇다면 사람 중심 사회를 열어가는 주역은 누구일까? 언제나 그렇듯이 새로운 사회를 여는 주역은 해당 시기 선진 생산력을 담당하는 영역에서 형성된다. 사람 중심 사회의 주역은 그 토대인 창조경제 영역에서 나온다.

결론적으로 사람 중심 사회의 주역은 창조력이라고 하는 새로운 생산수단을 보유하고 있는 새로운 계급 주체이다. 이들은 자신이 보유하고 있는 창조력을 기반으로 독자적인 창업을 꿈꾼다. 그런 점에서 노동력을 판매하지 않으면 생존할 수 없는 전통적 의미에서의 노동자 계급과는 뚜렷이 구분된다.

물론 그렇다고 해서 배움의 기회가 적었던 전통적 노동자들이 배제되는 것은 결코 아니다. 사람 중심 사회는 이들 역시 집중적인 학습 훈련 프로그램을 통해 동일한 능력을 갖도록 하는 것을 목표로 한다. 앞서 삼정 P&A 사례 등을 통해 확인할 수 있듯이 '노동의 진화' 전략을 통해 전통적 노동자들도 얼마든지 새로운 계급으로 성장할 수 있다.

좌와 우를 넘어서

자본주의 폐해는 여전히 극복 대상이지만, 그 과정은 과거 사회주의자들이 생각했던 것과는 판이하게 다르다. 자본주의 체제의 일시적 전복이나 붕괴는 없을 것이다. 자본주의를 구성했던 요소가 모두 폐기되는 것도 아니다. 오히려 많은 부분이 그대로 남아 새로운 사회를 떠받칠 것이다. 시장은 여전히 다양한 경제 주체의 유일한 통합자로 기능할 것이며 증권시장도 그대로 작동할 것이다.

이 모든 것은 적어도 사회주의 이념을 중심으로 형성된 전통적 좌파 관념은 폐기되거나 근본적으로 재구성되어야 함을 말해준다. 그 결과는, 더 이상 좌파적인 것이라고 보기 힘들 만큼 새로울 것이다.

물론 스스로 좌파라고 생각하는 사람들 상당수가 전통적인 사회주의에서 사회민주주의로 입장을 선회한 상태이거나 그에 가까이 다가가 있는 것 같다. 하지만 사회민주주의에 내장되어 있는, 다음 두 가지 관념은 이들을 환상 속에서 배회하게 만들 가능성이 크다.

먼저 자본주의 안에서의 개혁이라는 사회민주주의 가치 기준이 돈 중심 사회 자체의 극복을 어렵게 할 가능성이 있다. 또한 국가의 정책적 개입을 중심으로 접근하는 사회민주주의의 전략은 사회 구성원들이 자발적으로 생태계를 형성하는 일을 방해할 수 있다.

이러한 점들은 사회민주주의 관념 역시 자칫하면 사회적 모순을 해결하는 데 장해가 될 수 있음을 암시한다. 이는 좌파 관념이 역사적 시효를 다해가고 있음을 알리는 징표이다.

자본주의 체제의 일시적 전복이나 붕괴는 없을 것이다.
자본주의를 구성했던 요소 가운데 많은 부분이
그대로 남아 새로운 사회를 떠받칠 것이다.

우리는 돈 중심 사회 내부의 문제점을 개혁하는 것이 아니라 그 자체를 사람 중심 사회로 대체해야 한다고 본다. 운영체제를 바꾸는 근본적인 변화가 필요한 것이다. 그리고 국가의 역할은 중시하지만 국가에 전적으로 의존하지는 않는다. 사회 구성원의 자발성을 바탕으로 형성한 생태계가 중심적인 변화를 이끌어낼 것이다.

3 기업 경영을 진보운동의 장으로

좌파 인사들이 정서적 거부감을 갖고 있는 영역 중 하나로 기업 경영을 들 수 있다. 기업 경영은 자본가가 노동자를 착취하는 영역이라는 '고정관념'이 빚어낸 결과라고 할 수 있다. 비슷한 맥락에서 비즈니스라는 용어에 거부감을 보이는가 여부가 좌파를 가려내는 리트머스 시험지로 통하기도 한다. 하지만 사람 중심 사회로의 발전 가능성을 가장 역동적으로 확인할 수 있는 영역 중 하나가 다름 아닌 기업 경영이다.

그동안 좌파 운동가들이 기업 경영을 자본의 노동력 착취 무대로만 이해해온 것은 그 나름대로 근거가 있었다. 자본주의 사회에서는 그것이 부인할 수 없는 역사적 진실이었기 때문이다. 같은 맥락에서, 자본의 지배 논리가 철저히 관철되고 노동력은 단순한 착취 대상으로만 존재하는 조건에서 기업 경영이 진보적 색채를 띠기를 기대하는 것은 어불성설일 것이다. 그런데 바로 이 지점에서 중대한 전환이 일어나고 있다.

사람 중심이 생산성을 보장한다

생산력 발전의 새로운 단계로서 창조경제 시대가 열림에 따라 돈이 아닌 사람을 중심에 놓고 기업을 경영해야만 더 높은 생산성을 보장받을 수 있는 상황이 되었다. 마찬가지로 돈의 흐름이 아닌 사람과 사람의 관계로서 생태계를 형성해야만 경쟁에서 우위를 점할 수 있게 되었다. 이미 세계 시장은 생태계 대 생태계 전쟁으로 빠르게 변해가고 있는 중이다. 여러 모로 기업 경영이 사람 중심 사회를 여는 역동적 공간으로 부상할 가능성이 커진 것이다. 이는 기업 경영이 사회 진보의 무대로 변신할 수 있게 되었다는 점에서 역사적 대반전에 해당한다.

> 돈이 아닌 사람을 중심에 놓고 기업을 경영해야만
> 더 높은 생산성을 보장받을 수 있는 상황이 되었다.

긴 역사적 안목에서 보았을 때 기업 경영이 사람 중심 사회를 만들어가는 역동적 공간으로 변모할 수 있다는 것은 매우 분명해 보인다. 그러나 당장의 현실로 돌아와 보면 너무나 다른 모습이다. 말하자면 가능성과 현실성이라는 두 세계 사이에 커다란 간극이 존재하는 것이다.

한국 사회에서 기업 경영은 경영자의 고유 권한으로 인식되고 있다. 노동자가 경영 문제를 제기하는 것을 매우 불순한 것으로 본다. 이런 조건이니 아무리 문제의식이 충만해 있다고 하더라도 직원 위치에 있는 개인이 기업 경영 문제에 개입할 수 있는 여지는 별로 없다.

기업 경영을 책임지고 있는 일선 경영자들의 경영 철학 또한 천박하기 그지없다. 산업사회에서 형성된 마인드가 상당 정도 남아 있는데다 신자유주의 유입과 함께 형성된 돈 중심 사고가 기형적으로 결합되었다. 어느 모로 보나 사람 중심 사고와는 거리가 멀다. 이러한 맥락에서 기업 경영을 사람 중심 사회를 여는 역동적 공간으로 만들자면 긴 안목에서의 사회구조적 접근이 불가피해진다.

기업 경영의 유형을 비교분석해 보면 나라마다 시대마다 매우 다양한 모습을 하고 있음을 알 수 있다. 그러한 다양성은 그 사회의 사상 문화적 토양과 정치 제도적 환경의 차이로부터 발생한 것이었다. 노동 친화적인 독일과 주주 친화적인 미국의 경영 문화가 서로 달랐던 것이 그 한 예라 할 수 있다. 이는 사상 문화적 토양과 정치 제도적 환경을 바꾸면 기업 경영 또한 크게 달라질 수 있음을 말해준다.

뒤에서 자세히 살펴보겠지만, 사람 중심 사회로의 전환에서 열쇠는 그에 맞게 사상 문화를 변화시키는 것이다. 사상 문화는 사람들이 같은 방향으로 자발적으로 움직이도록 하는 힘이다. 따라서 사람 중심 사회에 적합한 사상 문화가 확산되면, 사회 구성원들은 플랫폼 기반 생태계 형성을 통해 사람 중심 사회를 만들기 위해 자발적으로 노력할 것이다. 기업 경영 역시 그로부터 강하게 영향을 받을 수밖에 없다. 특히 벤처기업과 중소기업은 더더욱 그렇다.

　이미 이와 같은 변화를 예고하는 사례들이 곳곳에서 만들어지고 있다. 벤처기업을 중심으로 구성원을 기업 경영의 목적으로 삼고 복지 후생을 집중적으로 개선하는 흐름이 확산되고 있는 것이다. 출퇴근과 근무 방식에서 구성원에게 최대한의 자율권을 부여하는 곳도 늘고 있다. 수평적 조직문화 정착을 통해 구성원을 실질적인 경영의 동반자로 만들어가기도 한다. 창업자의 지분을 나누는 곳도 많아지고 있다. 이 모든 변화는 생산성을 높여 모두가 이익을 보는 결과로 이어진다. 돈을 잘 벌어서 행복한 것이 아니라 행복해서 돈을 잘 번다는 말은 이런 배경에서 나온 이야기이다. 사회적 합의에 기초해 제도화 노력이 병행된다면 기업 경영이 사람 중심 사회를 열어갈 여지는 더욱 커질 수 있다.

　요컨대 한국형 벤처 생태계 형성을 위한 제도적 환경이 마련될 때, 누구나 창업이 가능해지면서 사람 중심 사회에 부합하는 경영 문화가 성숙하게 될 것이다.

　또한 노동의 진화 전략을 일반화하고 가속화하기 위한 사회 제도적 환경이 마련되어야 한다. 노동의 진화가 높은 단계로 진입하면 기업 경영이 구성원의 창조력을 중심으로 이루어질 가능성이 커진다. 스위스는 나라의 규모가 작음에도 사회 구성원 교육 훈련 프로그램이 수십만 개나 가동되고 있다. 이를 통해 노동의 진화를 지속시킴으로써 세계 최고 수준의 생산성을 확보하는 데 성공했다.

기업 구성원 모두가 경영의 주체

이와 더불어 노동자의 경영 참여를 확대시킬 수 있는 제도적 방안이 다양하게 모색되어야 한다. 노동자를 경영의 동반자로 삼는 것은 창의적 열정을 고양시킬 수 있는 필수 요소이다. 이런 점에서 서울시가 산하 공기업에 노동 이사제를 도입하고자 노력하는 것은 매우 의미 있는 시도라고 할 수 있다.[*]

이러한 변화들이 꾸준히 확산되어가면 기업 구성원 모두가 경영의 능동적 주체로 설 수 있는 여지 또한 넓어진다. 그에 따라 기업은 점점 더 돈이 아닌 사람을 중심으로 움직일 것이다. 더불어 구성원의 창조적 능력이 고양되면서 기업 생산성 또한 지속적으로 상승할 것이다.

지금으로서는 기업이 사람 중심 사회를 여는 역동적 공간으로 변모하는 것이 매우 요원하게 여겨질 수도 있다. 하지만 생각 이상으로 빠르게 진행될 수도 있다. 이유는 간단하다. 기존의 틀과 방식을 고집하는 것으로는 기업 경영의 활로를 열 수 없음이 갈수록 분명해지고 있기 때문이다. 기업 경영을 둘러싼 작금의 위기 상황이 오히려 급격한 반전의 계기로 작용할 수 있는 것이다.

기업 경영에 대해 능동적 입장을 갖고 적극적으로 돌파할 때 좌우 구도를 근저에서부터 허물어뜨릴 수 있다. 그동안 기업 경영은 우파의 독무대로 비쳐져왔다. 우파가 안정적으로 우위를 점할 수 있었

---

[*] 유럽에서는 노동자의 경영 참가가 오랜 전통으로 이어져왔다. 그 대표적인 경우로서 독일의 공동결정제를 들 수 있다. 공동결정제는 공장평의회를 기반으로 해서 노동자를 대표하는 이사들이 주주를 대표하는 이사들과 함께 이사회를 구성한 것이었다. 이러한 경험은 독일 기업으로 하여금 사람 중심 경영에 한층 익숙하게 만들었다. 그 결과 독일 기업은 유럽 최고 경쟁력을 갖추게 되었다.

던 중요한 요인의 하나이다. 그런 만큼 기업을 사람 중심 사회를 여는 역동적 공간으로 만들자는 데 대해 사회적 공감대가 형성되기만 해도 좌우 대결 구도는 근저에서부터 무너져 내릴 수밖에 없다.

기업 경영이 변모하면 우리 사회는 비정상적인 좌우 대결에서 벗어나 빠르게 사람 중심 세력 대 돈 중심 세력 간 대결 구도로 재편될 것이다. 그에 발맞추어 우파에 속했던 사람들을 포함해 사회 구성원의 다수가 사람 중심 세력으로 적극 합류할 것이 분명하다. 돈 중심 세력의 고립과 사람 중심 세력의 승리는 필연이다.

> 기업 경영에 대해 능동적 입장을 갖고
> 적극적으로 돌파할 때 좌우 구도를
> 근저에서부터 허물어뜨릴 수 있다.

기업 경영을 사람 중심 사회를 여는 역동적 공간으로 만드는 것! 바로 여기에 우리 사회를 짓눌러온 좌우 대결 구도를 허물고 다시금 진보가 역사를 주도할 수 있게 하는 비책이 숨어 있다.

우리는 더 이상 좌우 구도 안에서 왼쪽을 점령하는 좌파 전략을 추구하지 않는다. 우리는 낡고 무능한 기존 주류를 대신해 사회 전체를 새로운 방향으로 이끌고 갈 '신주류 전략'을 추구할 것이다.

사람 중심 사회는
청년이 만들어간다

[제8장]

사람 중심 사회로의 발전 과정에는 소수 기득권 세력을 제외한 사회 구성원 모두가 적극적으로 참여할 수 있다. 그럼에도 사람 중심 사회를 주도적으로 만들어갈 핵심 동력이 어디에 어떤 형태로 존재하는지는 여전히 우리가 규명해야 할 중요한 주제이다. 과거 마르크스주의자들이 사회주의 사회를 만들어갈 핵심 동력으로 노동자 계급을 상정했던 것처럼 말이다.

　　결론적으로 사람 중심 사회를 만드는 핵심 동력은 청년세대 안에 깃들여 있다. 청년세대의 속성과 돈 중심 사회는 마치 화해할 수 없는 앙숙처럼 서로 충돌한다. 청년세대는 돈 중심 사회를 그대로 두고는 자신의 잠재력을 마음껏 발산할 수도 원하는 삶을 살 수도 없다. 청년세대는 자신의 속성에 맞게 사회를 바꾸어야 한다. 이는 청년세대에게 피해갈 수 없는 운명으로 다가오고 있다.

1

좌표를 잃은
청년세대

현재 한국 사회에서 청년세대가 관심을 끄는 일차적 원인은 그들이 처한 비참한 처지 때문이다.

외환위기 이후 극도로 뒤틀린 이 사회는 청년세대를 집중적인 희생양으로 삼아왔다. 20대 청년의 태반이 실업자와 다름없는 신세가 되어 거리를 배회하고 있고, 취업자들마저도 다수가 비정규직으로 흘러들어 가고 있는 실정이다. 심지어 창조경제 영역에서는 '열정 페이'라는 용어에서 드러나듯이 청년 특유의 자발적 열정마저 노동력 착취의 수단으로 악용하는 야비함을 보이기도 했다. 청년세대를 통해 드러난 한국 사회는 무능력과 무책임, 야비함으로 가득하다.

청년세대의 고통스런 현실은 '삼포 세대'라는 말에서 그 참혹함을 드러내기 시작했다. 연애와 결혼, 출산은 청춘이 누릴 수 있는 최고의 특권이다. 앞으로의 인생을 설계하면서 주춧돌을 놓는 과정이기도 하다. 그런데 지금의 청춘들은 바로 그 특권을 포기하고 있는 것이다. 다른 이유도 아니고 경제적 어려움이 청춘들을 그렇게 내몰고 있다. 더 이상 무슨 이야기가 필요하겠는가? (삼포 세대는 전반적인 상황 악화와 함께 포기 대상이 늘면서 'N포 세대'라는 말로 바뀌었다.)

그럼에도 지금의 한국 사회는 청년들이 겪는 고통을 해소시킬 능력이 없음이 갈수록 분명해지고 있다. 무엇보다도 당사자인 청년 스스로가 그렇게 느낀다. 〈한겨레신문〉 설문조사에 따르면, 희망이 없다고 답한 청년세대는 2012년 32퍼센트에서 2016년 56퍼센트로 크게 증가했다. 청년에게 희망을 주지 못하는 사회는 이미 사망선고를 받은 것이나 다름없다. 여기서 우리는 한국 사회의 틀과 기조를 획기적으로 변화시켜야 할 더욱 분명한 이유를 발견한다.

청년들이 절망하는 이유는 지금의 현실이 그들을 마냥 고통으로 내몰고 있기 때문만은 아니다.

1980년대의 청년들이 지금의 청년들보다 나은 형편에 놓여 있었다고 볼 수는 없다. 경제적으로는 지금보다 훨씬 곤궁했고 정치적 자유도 극도로 억압되어 있었다. 그래도 1980년대 청년들은 희망을 품고 하루하루를 살았다. 오늘보다는 나은 내일을 기대할 수 있었기 때문이다. 무엇보다도 민주화투쟁이 승리할 것이라는 확신이 청년들 가슴을 벅차게 달구었다.

하지만 지금의 청년들은 오늘보다 나은 내일을 기약하기가 쉽지 않다. 그저 참고 견딘다고 해서 해결될 수 있는 상황이 결코 아닌 것이다. 그동안의 경험만으로도 충분히 확인되듯이 사태는 갈수록 악화되고 있다. 극한 상황으로 내몰리자 일부는 이 땅을 벗어나는 데서 출구를 찾기도 하지만, 그것이 모두에게 적용될 수 있는 방법이 아님은 누구나 알고 있다.

논리적으로만 보면 이런 상황에서의 해답은 하나뿐이다. 더 이상 한숨만 쉬지 말고 청년들이 원하는 방향으로 세상을 바꾸는 것이다. 하지만 여기서도 청년들은 더 큰 절망을 느껴야 했다.

> 지금의 청년세대는,
> 낡은 것은 갔지만 새로운 것은 오지 않은
> 정신적 공백기를 살고 있는 것이다.

다시 1980년대의 청년들로 돌아가 보자. 당시 청년들은 민주화투쟁의 승리를 확신하고 있었을 뿐만 아니라 민주화 이후 새로운 세상에 대한 비전을 갖고 있었다. 그들은 학습을 통해 근대 이후 축적된 지적 자산을 유산으로 물려받을 수 있었고, 이를 통해 자유롭게 새로운 세계를 상상할 수 있었다. 그렇기 때문에 비록 몸은 힘들고 괴로워도 가슴속엔 벅찬 희망과 열정이 불타오를 수 있었다. 하지만 지금의 청년들은 전혀 다른 상황에 놓여 있다.

역사의 변곡점을 지날 때에는 기성의 것은 예외 없이 '낡은 것'으로 전락한다. 근대 이후의 진보적인 사상, 사회 모델, 전략 또한 마찬가지 신세이다. 1980년대 청년들의 가슴을 뜨겁게 달구었던 지적 유산들은 더 이상 새로운 미래를 약속하지 못한다. 지금의 청년들은 이러한 사실을 감각적으로 깨닫고 있다. 하지만 새로운 시대를 이끌어갈 좌표는 아직 뚜렷이 보이지 않는다. 지금의 청년세대는, 낡은 것은 갔지만 새로운 것은 오지 않은 정신적 공백기를 살고 있는 것이다. 요 컨대 현실을 초극해 새로운 세계를 상상하고 기획할 수 있는 뚜렷한 지적 자산이 없는 것이다. 점점 더 많은 청년이 지금의 틀 안에서는 답을 찾을 수 없음을 직감하고 있다.

그에 따라 청년들의 마음은 한층 더 '현실을 무너뜨리고 새롭게 시작해야 한다'는 쪽으로 기울고 있다. 그러나 이 역시 구체적 행동으로 기획하기에는 너무 막연하다. 청년들 입장에서는 숨이 넘어갈 정도로 답답하기 그지없는 현실이다.

절망의 3중주가 청년세대를 괴롭히고 있다. 먼저 고통스런 현실이 청년들을 절망하게 만든다. 여기에 오늘보다 나은 내일을 기약하기 어렵다는 더 큰 절망이 보태진다. 마지막으로 자신의 힘으로는 현실을 뛰어넘는 새로운 미래를 기획하기 어렵다는 절망이 다시 얹힌다.

2

청년세대의 잠재력

1980년대에 행동하는 청년들 속에는 다수의 노동자가 포함되어 있었다. 이들 청년 노동자의 가슴속에는 불신과 냉소가 가득 차 있었다. 그들에게 독재 치하의 세상은 계란으로 바위 치기처럼 도무지 바꾸어낼 수 없는 것이었다. 공연히 잘못 덤볐다가는 자신만 다치기 십상이었다. 노동현장은 시키면 시키는 대로 하고 주면 주는 대로 받는 체념과 순응에 길들여져 있었다.

그러던 노동자들이 달라지기 시작했다. 일련의 학습과 토론을 통해 자신들 안에 깃들여 있는 엄청난 잠재력을 깨닫기 시작한 것이다. 더불어 그러한 잠재력을 폭발시키려면 어떠한 조건을 갖추어야 하는지도 함께 터득했다. 그로부터 노동자들은 스스로를 조직하기 시작했고 세상에 맞서 싸우기 시작했다. 이후 노동자는 한국 사회를 요동

치게 하는 거대한 세력으로 자라났다. 비록 외환위기의 파고를 넘지 못하고 좌초되는 운명을 겪었지만, 노동자들의 변신은 참으로 극적인 것이었다.

오늘날의 청년들은 지난날의 청년 노동자들로부터 배워야 할 것이 한 가지 있다. 바로 자기 자신이 어떤 존재인지를 깨닫는 것이다. 복잡한 현실을 타개할 해법은 의외로 자기 자신 안에 존재할 가능성이 크다.

독립적이며 소통하는 세대

언제나 그렇듯이 지금의 청년세대 또한 변화된 환경이 빚어낸 역사적 산물이다. 지금의 청년세대가 태어난 시기는 1990년대 무렵이었다. 1990년대는 한국 사회가 질적으로 새로운 국면에 접어들던 시기였다. 냉전 체제가 해체되고 민주화가 정착되었으며 경제성장의 성과가 가시화되는 등 역사의 국면을 바꾼 굵직한 변화들이 잇달아 일어났다. 한두 자녀가 보편화되고 인터넷의 확산 등 디지털 문명이 본격적으로 꽃을 피우기 시작한 것도 이 시기였다.

청년세대는 눈칫밥을 먹고 자란 이전 세대와 달리 한두 자녀 가정에서 귀한 대접을 받으며 자랐다. 자연스럽게 자신을 중심으로 세상을 보는 시각이 형성될 수밖에 없었다. 먹고사는 문제가 전부이다시피 한 조건에서 자신을 돌볼 여유가 없었던 이전 세대와 달리, 지금의 청년세대는 경제적으로 비교적 여유 있는 삶을 살면서 자기계발과 자아실현에 보다 많은 관심을 쏟을 수 있었다.

오늘날의 청년들은 지난날의 청년 노동자들로부터
배워야 할 것이 한 가지 있다. 바로 자기 자신이
어떤 존재인지를 깨닫는 것이다.

이들은 한층 민주적이고 자유로운 환경 속에서 자라서, 어느 한 구석 주눅 든 삶을 살아야 할 이유가 없었다. 이전 세대처럼 자기표현을 억제하며 애써 침묵의 시간을 보낼 이유도 없었다. 또한 인터넷이 확산된 덕분에 정보를 수집하거나 가공 유통시키는 등 개인의 힘으로 해결할 수 있는 영역도 급속히 확장되었다. 대학교육 일반화로 평균적인 개인 능력 역시 이전 세대에 비해 월등히 우수해졌다.

이 모든 요소가 작용하면서 철저하게 개인으로서 '나'를 중심으로 세상을 보는 전혀 새로운 세대가 등장했다. 이들에게 '나'는 모든 것의 출발점이자 중심이었으며 동시에 목표였다. 개인보다는 집단의 가치를 앞세웠던 이전 세대와는 전혀 다른 모습인 것이다. 청년세대는 이전 세대가 집단 속에 매몰되며 잃어버렸던 자아를 온전히 회복했다.

이 같은 청년세대의 속성은 외환위기 이후의 냉혹한 현실과 맞닥뜨리면서 새로운 차원으로 진화해갔다.

대학 졸업 후 청년들 중 많은 수가 백수로 시간을 보내거나 '알바'로서 주변부 인생을 살아야 했다. 어렵사리 직장을 구하는 데 성공하더라도 고달픈 삶은 쉽게 해소되지 않았다. 청년세대가 흘러들어 간 곳은 다수가 불안정한 비정규직이었다. 비정규직은 보수가 낮기도 하였지만 무엇보다 장래가 전혀 보장되지 않는다는 데 가장 큰 문제가 있었다. 그로 인해 청년세대는 극도의 불안 속에서 심한 스트레스에 시달려야 했다. 드물게 정규직으로 진출하기도 했지만 이때에도 역시 정리해고의 위협 속에 시달려야 했다. 정리해고의 칼바람 속에서 용케 살아남았다고 해도 성과에 근거한 연봉제 아래서 모두를 상대로 한 치열한 경쟁을 벌이지 않으면 안 되었다. 이래저래 청년세대의 하루하루는 숨 막히는 전쟁의 연속이었던 것이다.

청년세대는 찬바람이 몰아치는 현실과 맞닥뜨리면서 어떤 조직도 자신을 책임져주지 않음을 절감했다. 청년세대는 그 어떤 조직에도 마음으로부터 충성을 바치지 않았고, 거꾸로 의존하려고 하지도 않았다. 냉소와 불신이 팽배한 가운데 청년세대는 더욱 철저하게 자신을 중심으로 사고하고 행동했다.

그러나 자유롭고 독립적인 개체가 된 청년세대는 심각할 정도로 단절되고 고립된 상태에 놓였다. 고독은 청년세대를 잠시도 떠나지 않는 그림자 같은 것이 되어버렸다. 이로부터 청년세대의 가슴속에는 변함없이 세계의 중심으로서 나를 지키면서도 고독과 무기력으로부터 탈피하고 싶은 강한 열망이 들끓기 시작했다. 그러한 열망은 마침내 '각자가 중심이 되어 소통하는 것으로서의 네트워크 구축'에 대한 의지로 발전하였다. 때맞추어 네트워크 구축의 기술적 조건이 풍부하게 형성되었다. 인터넷을 중심으로 한 온라인 공간이 활짝 열린 것이다.

청년세대가 온라인 활동을 통해 추구했던 가장 중요한 일은 다른 네티즌과 소통하는 것이었다. 1인 게임이 발달해 있는 일본과 달리 우리나라에서는 여러 사람이 함께하는 온라인 게임이 발달해 있는 것도 이러한 특성을 반영한 것이라고 할 수 있다. 청년세대는 온라인 공간에서 마음이 맞는 '친구'를 만나 열정적으로 소통했고, '이웃'들과 함께 다종다양한 커뮤니티를 형성했다.

청년세대는 온라인 세계에서의 활동을 통해 그들 특유의 정체성을 형성함과 동시에 풍부한 잠재력을 비축해 나갔다. 그들은 온라인 공간 특성에 맞게 각자가 중심인 조건에서 수평적으로 소통하고 관계 맺는 일에 더욱 능숙해져갔다. 이를 바탕으로 여차하면 세상을 뒤흔들어놓을 잠재력을 비축해 나갔다.

촛불시위에서 보여준 청년의 잠재력

뜻하지 않게 청년세대 안에 비축된 잠재력을 드러내준 사건이 발생했다. 다름 아닌 이명박 정부의 광우병 위험 미국산 쇠고기 수입 결정으로 촉발된 2008년 촛불시위였다.

2008년 촛불시위는 5월 2일부터 7월 12일까지 연인원 300여만 명(경찰 추산 55만 6600명)이 참여한 것으로 추산된다. 전체 촛불시위 기간이 길기도 했지만 매번의 시위 양상 또한 끈질기기 짝이 없었다. 72시간 릴레이 시위처럼 장시간에 걸친 마라톤 시위가 등장했는가 하면 촛불문화제로 시작해 다음날 새벽까지 경찰과 대치하는 철야 시위도 일상화되었다.

촛불시위의 주역은 처음 촛불을 든 10대부터 세상에 대한 문제의식이 충만해 있던 30대까지를 아우르는 청년세대였다. 외환위기 이후 신자유주의 공세의 집중적인 희생양으로 전락했던 바로 그들이었다.*

청년세대는 2008년 촛불시위 과정에서 자신의 본성을 그대로 드러냈다. 촛불시위 참가자 다수는 그 어떤 조직에도 구속되는 것을 꺼렸다. 심지어 누군가 자신을 가르치려 들거나 이끌려고 하면 강한 거부감을 드러내기도 했다. 말 그대로 촛불시위의 중심은 참가자 각자였던 것이다. 그러다 보니 참가자들이 한곳에 모여 집회를 할 때도 준비된 연사의 정치연설이 아닌 참가자들의 자유로운 발언이 줄을 이었다. 전체 대열을 이끌고 가는 지도부도 따로 존재하지 않았다. 시위 참가자들 각자가 판단해 움직였고 필요하면 즉석에서 열띤 토론을 벌였다.

청년세대는 2008년 촛불시위에서 이전 세대와는 전혀 다른 방식으로 사회적 공감대를 형성하는 데 성공했다. 그들은 촛불시위를 함께 어울려 춤추고 노는 축제의 장으로 만들었다. 그들에게 투쟁과 놀이는 처음부터 하나였다. 아울러 이전 시기에 집회 시위를 지배했던 비장함과 강인함을 부드러움과 여유로움으로 대체했고, 물리적 힘을 문화적, 예술적 상상력과 재기발랄함으로 대체했다. 그럼으로써 보는 사람들 사이에서 저절로 웃음과 박수가 터져 나오도록 만들었다.

---

* 외환위기 이후 기업들은 지속적인 구조조정 압력에 직면해 있었다. 문제는 민주화투쟁의 성과로 만들어진 강력한 노동조합의 저항이었다. 이러한 조건에서 기업이 선택한 것은 노동조합과의 충돌을 최소화할 수 있는 자연적 구조조정이었다. 신규 채용 시 2명 뽑을 것을 1명으로 줄이고 그 1명을 비정규직으로 하는 식이었다. 그 결과 새롭게 사회에 진입한 청년세대는 심각한 취업난에 시달려야 했고 그나마 절대다수가 비정규직으로 흘러들어 갔다. 외환위기 이후 주택시장 역시 신자유주의 논리가 침투하면서 건설사들이 자율적으로 아파트 분양가를 정하도록 하는 조치가 취해졌다. 그 결과 아파트 분양가가 천정부지로 치솟으면서 실수요자인 청년세대는 주택 마련을 아예 포기하거나 주택 구입을 위해 막대한 부채를 걸머져야 했다.

그들은 촛불시위를 함께 어울려
춤추고 노는 축제의 장으로 만들었다.
그들에게 투쟁과 놀이는 처음부터 하나였다.

청년세대는 2008년 촛불시위를 통해 자신들의 잠재력을 폭발적으로 발산했다. 그들은 온라인 공간에서 터득한 특유의 확장성을 바탕으로 거대한 시위 대열을 형성하는 데 성공했다. 또한 특유의 재기발랄함으로 분위기에서도 모두를 압도할 수 있었다. 온라인에서의 왕성한 활동과 연계해 여론을 주도할 수 있었으며 이를 통해 이명박 정부를 궁지에 몰아넣었다. 결국 이명박 스스로 졸속 추진에 대해 대국민 사과를 해야 했다. 비록 미국산 쇠고기 수입을 완전 중단시키는 데까지 이르지는 못했지만 상당한 정치적 효과를 거둔 것이다. 2008년 촛불시위는 청년세대에게는 매우 의미심장한 데뷔 무대가 되었다.

청년세대는 진보적인가

청년세대는 진보적인가? 이를 둘러싸고 다양한 시각이 있어왔다. 1980년대를 풍미한 86세대 중에는 청년세대의 진보성에 대해 부정적 시각을 갖고 있는 경우가 많다. 개인주의에 빠져 연대할 줄 모른다는 것이 가장 큰 이유였다. 이런 시각은 그다지 정확하지 않다. 기성세대가 자신들의 기준을 지나치게 앞세운 것도 있지만, 청년세대의 특성을 제대로 파악한 것도 아니기 때문이다. 한마디로 청년세대는 이전

세대와 다른 방식으로 사람들과 연대할 뿐이다.

그런데 청년세대가 매우 진보적임을 입증하는 사건이 발생했다. 2013년 12월에 있었던 철도노조 파업이었다.

당시 코레일 측은 서울 수서에서 출발하는 별도 KTX 노선을 신설하면서 이를 자회사로 분리하는 방안을 추진하고 있었다. 수서발 KTX 노선은 기존 노선의 고객까지 상당 정도 흡수하는 수익성 높은 알짜배기 노선으로 평가받았다. 이를 자회사로 분리할 경우 코레일은 수익이 크게 줄어들 수밖에 없는 처지였다. 논리적으로 쉽게 설명이 안 되는 일이 벌어졌던 것이다.

노조 측은 이 사태를 민영화로 가는 수순이라고 규정했다. 결국 철도노조는 민영화 반대를 내걸고 전격적으로 파업에 돌입했다. 파업은 23일간 지속되었는데 이는 역사상 유례없는 장기 파업에 해당하는 것이었다. 반면 정부는 대응력을 잃고 전전긍긍했다. 이 같은 상황은 파업에 대한 여론의 지지 없이는 도무지 불가능한 일이었다. 과연 여론의 지지는 어디서 어떻게 만들어진 것일까?

파업 마지막 날인 12월 30일 〈중앙일보〉는 파업에 대한 여론조사 결과를 발표했다. 그에 따르면 40대 이상은 77퍼센트가 파업에 공감하지 않는다는 반응을 보였다. 반면 2, 30대는 66퍼센트가 파업에 공감한다는 반응을 보였다. 철도노조 파업에 대한 반응이 세대별로 극명하게 갈렸던 것이다. 철도노조 파업에 대한 지지 여론을 만들어낸 주인공들은 다름 아닌 2, 30대였다. 도대체 이들은 철도파업에 대해 왜 이런 반응을 보였던 것일까?

이유는 간단했다. 외환위기 이후 신자유주의 광풍 속에서 희생양으로 전락한 청년세대는 신자유주의의 본질을 온몸으로 깨닫고 있었다. 자연히 신자유주의의 일환인 민영화에 대해서 본능적인 거부감을 갖고 있었고, 그랬기 때문에 민영화 반대를 내걸고 진행된 철도노조 파업에 쉽게 공감했던 것이다.

3

청년 안에 새로운 세계가
꿈틀거리고 있다

청년세대가 주도한 2008년 촛불시위는 이전 시기 집회와 시위에 관한 통념을 뒤집은 완전히 새로운 현상이었다. 그 새로움 속에서 우리는 청년세대 안에 깃든 놀라운 비밀을 들추어낼 수 있다.

전통적 집회 시위는 소속 단체가 있는가 여부에 따라 참가자와 구경꾼으로 나뉜다. 반면 2008년 촛불시위는 이러한 경계선이 전혀 존재하지 않았다. 누구든지 촛불만 들면 당당한 촛불시위의 일원이 될 수 있었다. 그런 점에서 촛불시위는 지극히 개방적이었다.

또한 전통적 집회 시위는 단상의 지도부와 단상 아래 대중 사이에 수직적 위계질서가 확립되어 있다. 그러나 2008년 촛불시위에서는 이 같은 위계질서가 완전히 제거되어 있었다. 촛불시위 참가자 모두는 동격이었으며 그들의 관계는 지극히 수평적이었다. 국회의원이 오거나 중학생이 오더라도 똑같은 촛불의 한 명이었다.

다음으로 전통적 집회 시위는 통일성을 중시했다. 지도부의 지휘에 따라 통일적으로 움직였고 구호도 통일적으로 외쳤다. 그러나 2008년 촛불시위에서는 이러한 통일성을 찾아볼 수 없었다. 촛불시위는 참가자 각자가 자기 입맛대로 판단하고 행동했다는 점에서 다양성이 극대화된 시위 형태였다.

창조경제의 주역

이렇듯 2008년 촛불시위는 '지극히 개방적이고 수평적이며 다양성이 극대화된 전혀 새로운 관계'를 거대한 행위예술로 표현해낸 사건이었다. 개방성, 수평성, 다양성을 바탕으로 누구든지 시위대의 일원이 될 수 있었으며 모두가 시위의 중심에 설 수 있었고 각자 자신의 속성에 맞게 시위를 연출할 수 있었다. 이는 곧 촛불시위가 지도부와 대중, 주체와 객체의 분리를 온전히 극복했음을 말해준다. 시위대 모두가 기획의 주체였으며 스스로를 이끈 지도부였던 것이다.

이 같은 촛불시위의 역사적 의미는 무엇일까. 촛불시위는 어떤 점에서 새로운 시작을 알리는 신호탄일 수 있을까?

지금 우리는 창조력이 가치 창출의 주요 원천으로 떠오르는 창조경제 시대로 진입하고 있다. 여기서 창조력이 어떤 환경에서 제대로 발산될 수 있는지 주목할 필요가 있다. 기본적으로 세 가지 조건을 필요로 한다.

> 창조력 형성에 필요한 조건과
> 촛불시위의 패턴은 놀랍도록 일치한다. 둘 다
> 개방성, 수평성, 다양성을 요체로 삼는다.

첫째, 개방적 환경이 필요하다. 콘텐츠는 언제나 안보다 밖이 훨씬 풍부하다. 그러니 개방적 환경에서 콘텐츠를 풍부하게 확보할 수 있는 것이다. 폐쇄적 환경에서는 창조력이라는 꽃이 제대로 피어날 수 없다. 둘째, 수평적 환경이 필요하다. 사람의 창조력은 각자가 중심인 조건에서 자발적으로 몰입할 때 최대로 발휘될 수 있다. 그러자면 수평적 관계가 필수적이다. 수직적 위계질서에 입각한 엄격한 통제 시스템 아래서 창조력은 질식할 수밖에 없다. 셋째, 다양성이 극대화된 환경이 필요하다. 창조는 그 자체로서 다양성을 키워가는 과정이며 동시에 다양한 요소들이 융합해 새로운 것을 창조하는 과정이다. 획일적 환경에서 창조력이라는 꽃은 앙상하게 말라버린다.

우연의 일치인지 모르지만 창조력 형성에 필요한 조건과 촛불시위의 패턴은 놀랍도록 일치한다. 둘 다 개방성, 수평성, 다양성을 요체로 삼는다. 그런데 촛불시위 패턴은 전적으로 그 주역인 청년세대의 속성이 발현된 결과였다. 결국 2008년 촛불시위는, 청년세대가 창조경제 시대가 요구하는 창조력을 발휘하기에 매우 적합한 속성을 지니고 있음을 입증한 역사적 사건이었다. 요컨대 청년세대는 2008년 촛불시위를 통해 자신들이 창조경제 시대 주역임을 선포한 것이다.

생태계 지향성

앞에서 살펴본 것처럼 창조경제가 꽃필 수 있는 환경은 사람 중심 사회이며 그 핵심 전략은 플랫폼 기반 생태계 형성이다. 다시 한 번 확인하자면 생태계에서는 각자가 중심인 조건에서 수평적 협력을 바탕으로 상생을 지향한다. 그런데 바로 여기서도 매우 놀라운 사실이 발견된다.

청년세대는 각자가 중심이면서 수평적으로 소통 협력하는 데 매우 능숙하다. 반면 수직적 위계질서에 입각한 통제 시스템에는 잘 적응하지 못할 뿐만 아니라 생래적으로 강한 거부감을 드러낸다. 이 모든 것은 청년세대가 생태계 지향성이 매우 강할 수 있다는 것을 말해 주는 것이다. 다시 말해서 청년세대는 플랫폼 기반 생태계를 형성하는 데서 주도적 역할을 할 잠재력을 지녔다.

다소 어려운 표현일 수 있으나, 청년세대 안에는 새로운 발전 단계의 생산력인 창조력과 사람 중심 사회로의 전환의 핵심인 생태계 지향성이 변증법적으로 통일되어 있다. (마르크스주의의 이론 도구를 빌리자면 생산력과 생산관계가 변증법적으로 통일되어 있다.) 그 자신들도 미처 눈치채지 못한 사이에 청년세대 안에 새로운 세계가 꿈틀거리고 있는 것이다. 청년세대 안에 새로운 사회를 여는 핵심 동력이 깃들여 있음을 입증하는 데에 이보다 더한 과학적 논거가 또 있을 수 있을까.

전통적 계급 담론에 익숙한 사람들은 청년세대의 역할을 강조하는 것에 대해 다양한 이의를 제기한다. 하지만 노동자와 자본가라는 단순한 계급 규정으로는 창조경제를 설명할 수 없다.

전통적 의미에서 노동자 계급은 생산수단을 갖지 못해 노동력을 판매하지 않으면 생존할 수 없는 존재이다. 그런데 청년세대는 대개 창업을 꿈꾼다.* 노동력 판매와는 다른 방식의 생존을 추구하는 것이다. 이는 창조력이라는 생산수단을 지니고 있기 때문에 가능한 일이다. 비록 법적으로는 노동자 지위를 갖고 있더라도 전통적 의미의 노동자와는 질적으로 다른 것이다. 이 모든 것은 청년세대가 전혀 다른 정체성을 지닌 새로운 계급 주체로 진화할 가능성이 크다는 것을 예고하는 것이다.

> 청년세대 안에는 새로운 발전 단계의 생산력인
> 창조력과 사람 중심 사회로의 전환의 핵심인
> 생태계 지향성이 변증법적으로 통일되어 있다.

청년세대의 사고 또한 변곡점 이후의 새로운 국면을 반영하고 있다. 기성세대는 자신의 프레임에 비추어 청년들을 인위적으로 구분하기를 즐긴다. 좌파 청년, 우파 청년이라는 구분이 대표적이다. 그러나 심층 취재를 해보면 대부분의 청년들이, 좌우 구도 자체가 시대에 뒤떨어진 낡은 것임을 감지하고 있다. 새로운 시대 상황에 맞는 개념 정립과 논리 구사에서 적지 않은 곤란을 겪고는 있지만 청년세대의 사고는 좌우 구도를 넘어서는 지점에서 펼쳐지고 있다.

물론 '금수저 흙수저론'에서 드러나듯이 청년세대를 단일하게 파악할 수는 없다. 그럼에도 청년세대 안에서 미래를 열 새로운 정체성

---

* 취업포털 인크루트가 2010년 11월, 직장인 526명을 대상으로 설문조사한 결과에 따르면 창업을 하고 싶다고 답한 응답자가 전체의 97.1퍼센트에 달했다.

을 지닌 주체가 형성되고 있음은 매우 분명해 보인다. 이는 우리의 미래를 희망적으로 보게 만드는 가장 확실한 징표이다. 청년세대는 역사의 산물이면서 동시에 선물이다.

모든 도약은 새로운 에너지를 결집하고 발산시킬 최적의 조건을 만들 때 가능하다. 과거 한국의 산업화가 도약을 거듭할 수 있었던 것도 이러한 점에서 성공했기 때문이었다. 지금 새로운 도약에 필요한 에너지는 청년세대 안에 풍부하게 비축되어 있다. 향후 한국 사회의 재구성은 바로 청년세대가 자신의 잠재력을 최대한 발현시킬 수 있는 방향으로 이루어져야 하는 것이다.

그럴 때 작금의 위기를 타개할 수 있으며, 한국 사회가 정체와 퇴보에서 벗어나 새로운 도약의 길로 나설 수 있다. 일자리 문제 등 청년세대를 짓누르고 있는 각종 문제들도 순차적으로 해결될 것이다.

청년세대의 잠재적 에너지가 제대로 발산되려면 기존 돈 중심 사회에서 벗어나 사람 중심 사회로 바뀌어야 한다. 하지만 지금의 이 나라는 그럴 능력도 의지도 없다. 완고하기 짝이 없는 기득권 논리, 낡은 관성, 아집이 사회의 전환을 가로막고 있는 것이다. 사람 중심 사회로의 전환을 주도할 수 있는 것은 과거 유산에서 자유로우면서 변화를 갈망하는 청년세대일 수밖에 없다.

그동안 수많은 사람이 청년세대를 향해 메시지를 던졌다. 기존 룰 (rule) 안에서 다투지 말고 룰 자체를 바꾸기 위해 노력하라! 말 자체는 틀림없이 맞는 이야기였다. 그러나 이는 쉽사리 실천할 수 없는 말이었다. 이유는 간단했다. 도대체 어떤 룰을 어떻게 바꾸라는 것인가?

기왕의 지적 유산에 의존해 문제를 풀기 어려운 청년세대로서는 스로 답을 찾기가 쉽지 않았던 것이다.

이제 우리는 분명한 관점을 갖추게 되었다. 노트북의 운영체제를 바꾸듯이 돈 중심 사회를 사람 중심 사회로 전환해야 하는 것이다. 곧 기존 사회를 유지해온 룰을 총체적으로 바꾸는 바로 그 과정이다. 이는 사회 전체를 청년세대의 속성에 맞게 재구성하는 과정이기도 하다. 변화를 만드는 주역은 청년 자신일 수밖에 없는 명백한 이유이다.

"나라가 청년을 구하는 것이 아니라 청년이 나라를 구한다. 그리하여 청년 스스로를 구한다."

사람 중심 사회의
사상

이제 우리는 마지막 작업에 착수할 것이다. 그동안의 논의를 총결산하여 세상을 보는 틀로서 새로운 사유의 집을 만들어보고자 한다. 보수는 물론이고 진보를 관통했던 기왕의 사상 이론을 뛰어넘는 내용이 될 것이다. 서문에서 밝혔다시피 사상의 역사에 새로운 막이 오르고 있다.

1
새로운 '사유의 집'

이제 독자 여러분은 역사의 진행 방향이 급격히 바뀌면서 기성의 것들이 다투어 낡은 것으로 전락하고 있음을 깨달았을 것이다. 말 그대로 우리는 '역사의 변곡점'을 통과하고 있는 것이다.

우리 모두는 기존 틀 안에서는 해답을 찾기가 어려운 상황에 직면해 있다. 오랫동안 위력을 발휘해왔던 전통적 진단이나 처방마저 무용지물로 변하고 있다. 단적으로 사회과학의 꽃이었던 경제학이, 예측과 처방 기능 모두가 약화되면서 점점 쓸모없는 이론으로 변해가고 있는 것이다. 그 결과 자신만만하던 전문가들은 당혹감에 고개를 떨구고, 정치가들은 남 탓만 하면서 신경질적인 반응을 보이고 있다.

일찍이 없었던 전문가 수난 시대가 닥치면서 진보 세력도 혼란에 빠져들고 있다. 마르크스주의 등 거대담론이 설득력을 상실하자, 많은 진보 인사가 개별 분야에서의 전문성 확보를 통해 출구를 찾아왔다. 전문성은 각자의 생존 기반이자 조직의 기반이 되었다. 하지만 기존 틀의 수명이 다 되어가면서 그 안에 머무르고 있던 전문성 또한 상당 부분 효용 가치가 사라질 운명에 처했다.

진보 세력의 또 다른 일부는 사고가 변곡점 이전 국면에 정지한 채로, 과거 추억 속을 헤매며 회색빛으로 바래가고 있다. 가치는 사라지고 이해관계만 남았거나 사회의 앞날보다는 자신의 살길부터 걱정하고, 미래는 없이 과거만이 새겨져 있는 딱딱한 화석으로 굳어가는 느낌이다.

'선언'은 오랜 시간 광야를 배회하던 한 여행자가 이런 상황을 보면서 세상을 향해 말을 걸고자 내놓은 것이다.

'선언'이 궁극적으로 목표하는 바는 '총체적 인식 체계의 혁신'이다. 단순하게 보자면 그동안 총체적 인식 체계와 관련해 진보 세력이 보여준 태도는 크게 둘로 나누어진다. 하나는 관념적 수준에서 낡은 인식 틀을 고수한 경우이다. 또 하나는 아예 총체적 인식 체계의 필요성을 부정한 경우이다. 전문성 확보를 통해 출구를 찾은 경우가 대체로 여기에 해당한다. '선언'은 이 두 가지 모두, 변화된 환경에서 더 이상 문제 해결 능력을 발휘할 수 없음을 입증한다.

'선언'이 다루는 총체적 인식 체계는 일종의 '사유의 집'이다. 사유의 집은 의식하든 의식하지 않든 사람이라면 누구나 갖고 있는 세상을 보는 일정한 틀이다. 사람은 특정 사유의 집에 의지해 통일된 시각으로 세상을 보고 그에 의지해 문제를 해결할 수 있다. 익숙한 사유의 집 안에 기거할 때 심리적 안정을 누릴 수 있으며, 자신과 동일한 사유의 집을 가진 사람에 대해 쉽게 정신적 유대감을 갖는다.

만약 더 나은 사유의 집이 나타난다면 이사를 가듯이 그곳으로 이동한다. 선진 사상의 유입과 함께 그와 같은 현상이 다반사로 일어난다. 그러나 더 나은 대안이 없다면 사람들은 기존 사유의 집에 계속 머무르려는 경향을 보인다. 설령 문제가 발견되어도 이를 정당화하기 위한 노력을 기울인다. 바로 여기서 인지 오류의 아버지라고 하는 '확증편향'이 발생한다. 자신이 보고 싶은 장면만 보고 자기 입맛대로 해석하면서 기존 사유의 집에 맞는 증거만을 확보하려고 노력하는 반면, 그에 반대되는 것이면 아무리 객관적 사실이라고 해도 애써 무시하는 태도를 보이는 것이다.

역사의 변곡점을 통과하는 시기에 확증편향에 사로잡힌 채 기존 사유의 집에 머물다 보면 객관 세계와 의식세계의 불일치 정도가 갈수록 심해진다. 자칫 역사 발전을 가로막는 장애물로 전락할 수도 있다.

시대는 우리에게 안개 자욱한 미지의 세계로 뛰어들어 새로운 사유의 집을 지을 것을 요구하고 있다. 대부분의 사람들은 이 위험천만한 모험에 몸을 던지지 못한 채 마냥 주저한다. 진정한 선각자는 그 모험을 결행하는 자이다. 모험 도중 벼랑 아래로 추락해 죽을 수도 있음을 각오하는 자이다.

내가 머물고 있던 사유의 집이 시대 흐름에 뒤처진 낡은 것임을 직감했다. 새로운 사유의 집이 절실했다. 결국 곳곳이 손상된 기존 사유의 집을 스스로 허물어버렸다. 폐허 위에서 새로운 사유의 집을 짓는 공사가 진행되었다. 그 과정은 처음 생각했던 것과는 비교할 수 없이 많은 시간과 노력을 요구하는 것이었다. 상당한 고통이 수반되기도 했다. 결국 이에 매달린 지 10년 세월을 훌쩍 넘어서서야 최소한의 꼴을 갖춘 사유의 집을 드러낼 수 있게 되었다.

2
개인-사회 프레임에서
돈-사람 프레임으로

'선언'은 일정한 사유의 집을 전제로 내용을 전개해왔다. 그렇다면 기존 사유의 집과 '선언'이 선보이고자 하는 새로운 사유의 집은 결정적으로 어떤 점에서 다른가?

집 구조를 결정짓는 일차적 요소는 골조이다. 마찬가지로 사유의 집 구조를 결정짓는 일차적 요소는 그 안에 존재하는 '프레임'이다. 근대 이후 진보적 사유의 집을 구성한 대표적 프레임은 "개인이냐 사회(집단)냐"였다. 개인보다는 사회 이익을 앞세우는 것에 진보의 요체가 있다고 본 것이다.

개인이냐 사회냐의 프레임은 여전히 가치가 있고, 실제 효능을 발휘하기도 한다. 하지만 한계 또한 뚜렷하다. 현실 세계의 변화를 일관되고 통일적으로 다루는 총체성을 발휘하기 어렵다는 점이다.

예를 들어보자. '사회적 경제'는 "개인이냐 사회냐"라는 프레임을 기반으로 도입된 새로운 범주의 경제이다. 말 그대로 개인 이익보다 사회 이익을 우선하는 경제라는 의미이다. 사회적 경제에 대한 공감대는 폭넓게 형성되어 있다. 관련 법 제도도 어느 정도 정비되어 있는 편이다. 그런데 사회적 경제로써 전체 경제의 변화를 이끌어낼 수 있다고 생각하는 사람은 아무도 없는 것 같다.

> 개인이냐 사회냐의 프레임은
> 여전히 가치가 있고, 실제 효능을 발휘하기도 한다.
> 하지만 현실 세계의 변화를 일관되고
> 통일적으로 다루는 총체성을 발휘하기 어렵다.

현실 세계의 변화를 통일적으로 해부해 그 해법을 제시하기 어려운 조건에서, "개인이냐 사회(집단)냐"의 프레임은 사회적 독소를 치유하는 보완재 역할을 하는 것으로 위상이 재정립되고 있다. 여기에는 사회 진보의 방향을 좌우했던 생산수단 소유(혹은 통제) 프레임이 '개인 → 사회(집단)'에서 '소수 개인 → 다수 개인'으로 바뀌고 있는 점이 크게 작용하고 있다. 요컨대 개인은 집단으로 대체되지 않고 여전히 사회적 실체로 존속하고 있다. 다만 개인 범주가 소수에서 다수로 바뀔 뿐이다.

새로운 사유의 집은 "돈 중심이냐 사람 중심이냐"라는 전혀 다른 프레임을 채용한다.

돈과 사람, 둘 다 꼭 필요하다. 엄마가 좋아 아빠가 좋아 식의 선택 사항이 결코 아니다. 하지만 세상이 돈을 중심으로 돌아가느냐 사람을 중심으로 돌아가느냐는 180도 다른 성질의 것이다.

현재 한국 사회는 엄연히 재벌을 정점으로 하는 돈 중심 세계에 의해 지배되고 있다. 사람 중심의 새로운 사회를 여는 것은 이러한 기성 질서와의 첨예한 투쟁을 수반할 수밖에 없다. 결코 녹록치 않은 일이다. 이와 함께 기존의 돈 중심 사회 안에서는 더 이상 해답을 찾을 수 없는 상황이 되었다. 사람 중심 사회로 전환하지 않으면 한국 사회는 미래를 기약할 수 없다. 반면에 사람 중심 사회로 전환하면 새로운 도약의 시대가 열린다. 돈 중심이냐 사람 중심이냐 하는 프레임은 너무나 당연한, 하나 마나 한 이야기가 결코 아닌 것이다.

이러한 맥락에서 "돈 중심이냐 사람 중심이냐"의 프레임은 현실 세계의 변화를 통일적으로 분석하는 것에서부터 일관된 대안을 제시하는 것에 이르기까지 총체적 인식을 가능하게 해준다.[*]

지금까지 수사적인 차원에서 '사람 중심'을 이야기한 사람은 많았다. 하지만 돈 중심이냐 사람 중심이냐 하는 프레임을 기반으로 현실 변화를 일관되게 분석하고 대안까지 제시한 경우는 없었다고 본다. 그런 점에서 '선언'이 제시하는 사유의 집은 분명 기왕의 것과 차별되는 새로운 것이다.

"돈 중심이냐 사람 중심이냐"는 프레임은 많은 점에서 강점을 갖

---

[*] 근대 이후 등장한, 사람 중심과 비슷한 표현으로서 인본주의(인문주의, 휴머니즘)가 있다. 인본주의는 사람을 중심으로 접근한다는 점에서는 비슷하지만 우리가 제기하는 사람 중심과는 프레임 기반이 다르다. 인본주의는 스펙트럼이 매우 다양한데, 그 근원은 대체로 신 중심 세계에 맞서 사람 중심의 세계를 추구하는 데 있다. 요컨대 인본주의는 '신 중심이냐 사람 중심이냐' 하는 프레임을 기반으로 하는 것이다.

는다. 먼저 이 프레임은 그동안 살펴본 것처럼 현실 변화에 대한 거시적인 분석을 가능하게 해준다. 그러면서도 기업 경영에 적용했을 때처럼 미시적 영역에서의 세부적인 문제 해결에도 도움을 준다. 실제로 사람 중심의 경영이론은 풍년을 맞이하고 있다. 거대담론과 디테일 모두에서 힘을 발휘할 수 있는 것이다.

"돈 중심이냐 사람 중심이냐"의 프레임은
현실 세계의 변화를 통일적으로 분석하는 것에서부터
일관된 대안을 제시하는 것에 이르기까지
총체적 인식을 가능하게 해준다.

"돈 중심이냐 사람 중심이냐"는 프레임은 설득 논리 측면에서도 우월성을 보인다. 그동안 진보 진영을 지배해온 "개인이냐 사회(집단)냐" 하는 프레임은 특히나 청년세대의 사고 전환을 이끌어내는 데서 뚜렷한 한계를 드러내왔다. 스스로를 중심으로 세상을 보는 데 익숙한 청년세대는 개인보다 사회(집단)의 가치를 우선하는 것에 대해 강한 거부감을 보여왔다. 기존 진보운동이 청년세대 안에서 호응을 얻지 못한 가장 중요한 요인 하나가 바로 여기에 있다.

그럼 이번에는 "돈 중심이냐 사람 중심이냐" 프레임으로 접근해보자. 먼저 돈이 모든 것을 지배하는 '돈 중심 사회'에서 계속 살아야 합니까? 하고 질문을 던져보자. 다수는 그렇지 않다!라고 대답할 것이다. 이어서 그렇다면 돈 중심 사회가 아닌 사회는 무엇입니까?라는 질문을 해보자. 내가 청년과 많은 대화를 통해 확인했듯이 자연스럽게 '사람 중심 사회'라는 답이 나올 것이다.

비슷한 맥락에서 자본주의라는 용어에 대해서도 되짚어볼 필요가 있다. 자본주의라는 말은 늘 사용하는 일상용어의 하나이다. 그런데 실천적 관점에서 봤을 때 자본주의는 언제부터인가 효용 가치가 없는 비대중적 용어가 되어버렸다. 자본주의 사회에서 계속 살아야 합니까? 하고 질문했을 때 어떤 반응을 보일까? 대부분은 답을 하지 못하고 우물쭈물할 것이다. 응답자의 일부는 아니다!라는 답을 해온다. 그렇다면 이어서 자본주의가 아닌 사회는 무엇입니까? 하는 질문을 던진다면 어떤 반응을 보일까? 대체로 난처한 표정을 지으며 속 시원한 답을 내놓지 못할 것이다.

사실 자본주의라는 용어는 현실 변화를 분석하는 데서도 갈수록 효용성이 떨어지고 있다. 돈 중심 사회에서 사람 중심 사회로의 전환처럼 자본주의가 그다음 어떤 방향으로 변화할지에 대해 딱 떨어지는 답은 없다. 자본주의의 미래를 생각하는 사람들의 혼란은 이런 사정을 반영한 것인지도 모른다.

찬반을 떠나 자본주의라는 용어는 구시대 이념의 잔재가 덕지덕지 붙어 있어 문제 해결에 도움도 안 되고 혁신적이고 창의적인 사고를 가로막을 뿐이다. 학술 용어로는 사용이 불가피하겠지만 실천적 효용 가치가 적다. 자본주의를 대안이라 하거나 적대시하는 것 모두 실천적으로는 이렇다 할 도움을 주지 못한다. 이런 관점에서, 우리 사유의 영역에서 자본주의라는 용어를 점차 축소시켜갈 필요가 있다. 대신 돈 중심 사회와 사람 중심 사회로 새로운 사유 체계를 세워 나가는 것이 옳다. 언제나 그렇듯이 중요한 것은 실천적 효용성이다.

3
새로운
사회 운영체제 선언

어떤 메시지를 열심히 쏟아내다가도 마지막에 스스로에게 던지는 질문이 있다. 이 모든 것을 한마디로 표현하면 무엇이 될까? 혹은 이러저러한 이야기를 많이 했는데 궁극적으로 전하고자 하는 것이 무엇일까? 바로 이에 답을 주는 것이 '개념'이다. 한 권의 책에 담긴 콘텐츠를 단 하나의 단어로 표현하는 것이 개념인 것이다. 사유의 집이 온전해지기 위해서는 그에 맞는 개념 정립이 필수적이다.

'선언'에서는 돈 중심 사회와 사람 중심 사회라는 말이 자주 등장한다. 여기서 그 의미를 다시 설명할 필요는 없겠지만, 문제가 되는 것은 두 사회 모두를 포괄하는 개념이 필요하다는 데 있다. 개념은 이 두 사회가 지닌 위상과 역할을 동시에 설명해줄 수 있는 것이어야 했다. 그러니 새롭게 찾아야 했고, 그 해답의 실마리는 IT에 있었다.

우리가 일상적으로 사용하는 컴퓨터나 모바일 기기 등에는 크게 봐서 두 종류의 소프트웨어가 장착되어 있다. 하나는 앞서 언급한 대로 하드웨어를 제어하고 응용프로그램을 위한 기반 환경을 제공하면서 사용자가 해당 기기를 이용할 수 있도록 중재 역할을 해주는 운영체제(OS, Operating System)이며, 또 하나는 그 위에서 구동되는 응용프로그램으로서 애플리케이션이다.

그동안 우리는 비유적 의미에서 운영체제를 언급해왔다. 이제 운영체제를 사회 변화를 설명하는 정식 개념으로 채택하고자 한다. 사회의 다양한 요소들을 하나의 원리에 입각해 통일적으로 움직이도록 하는 (사회) '운영체제'가 존재해온 것이다. 그러한 운영체제가 존재함으로써 사회를 구성하는 다양한 요소들이 서로 배치되거나 충돌하지 않고 나름대로 조화와 균형을 이루며 맞물려 돌아갈 수 있는 것이다.

다시 한 번 정리하면 제조업 중심의 산업사회로 집약되는 생산력 발전 단계에서는 '돈 중심 운영체제'였다. 그 운영체제 위에서 대기업 중심 성장 모델을 포함한 다양한 형태의 발전 전략과 정책 등이 애플리케이션으로서 구동되어왔다. 즉 생산력 발전 단계와 돈 중심 운영체제, 각종 애플리케이션들은 나름대로 조화를 이루며 고도 산업화를 이끄는 데 기여했다.

하지만 역사의 변곡점을 통과하면서 조화가 깨지기 시작했다. '창조경제'로 표현되는 생산력 발전의 새로운 단계가 열리면서 돈 중심 운영체제가 심각한 기능 장애를 일으키며 정상 작동이 어려운 지경에 이르게 된 것이다. 그에 따라 돈 중심 사회를 대체할 새로운 운영체제 도입이 절실해졌다. 지금까지 우리는 그에 대한 해답이 '사람 중심 사회'임을 거듭 확인해왔다.

'선언'이 초점을 맞추어 기술하고자 했던 것도 바로 이 새로운 운영체제로의 전환이었다. 더불어 '선언'은 경제와 정치를 포함해 사회를 구성하는 다양한 요소들이 어떻게 새로운 운영체제 위에서 통일적으로 움직일 수 있는지를 보여주었다. 이는 똑같이 진보를 추구하면서도 제각기 다른 원리와 방식에 근거해 소통 곤란을 겪었던 그간의 한계를 해소하는 데 기여할 것으로 믿는다.

운영체제라는 신개념의 도입 덕분에 '선언'이 전달하고자 하는 메시지를 단 한 문장으로 표현할 수 있게 되었다.

"돈 중심 운영체제에서 사람 중심 운영체제로 바꿀 때 새로운 세상이 열린다."

소통, 공감, 동행을
통한 사회 전환

4

사람 중심 운영체제로 바꾸는 실행 전략은 플랫폼에 기반한 생태계를 형성하는 것이다. 우리는 이러한 전략이 다양한 영역에서 어떻게 펼쳐질 수 있는지를 확인했다. 그래도 문제는 남는다. 다수의 사회 구성원이 어떻게 플랫폼 기반 생태계 형성에 나서도록 만들 것인가? 또한 플랫폼 기반 생태계 형성을 공고하게 만들 수 있는가? 그에 필요한 조건은 무엇인가?

이와 관련해서 돈 중심 사회나 사람 중심 사회의 운영체제가 어떤 형태로 존재하는지 확인해볼 필요가 있다. 사회 운영체제의 상당 부분은 국가의 강제력을 뒷받침하는 법과 제도 속에 프로그램화되어 있어서 사람들을 강제하고 규율을 부여한다. 좀 더 근원적으로는 사상과 문화 형태로 존재하면서 무언의 명령으로 사람들을 움직인다.

사상 문화 형태의 운영체제란 의식세계와 일상생활 속에 내면화되어 있으면서 사람들이 자발적으로 주어진 방향에 맞게 움직이도록 하는 것이다. 이런 점에서 사상 문화 형태의 운영체제는 법 제도보다 훨씬 강력한 힘을 발휘한다.

사람 중심 사상 문화운동

여기서 우리는 사회 운영체제 전환을 위해 우선적으로 힘을 기울여야 할 지점이 어디인지 알 수 있다. 사상의식과 문화는 사회 구성원이 자발적으로 움직이도록 하는 힘이다. 사상의식과 문화가 바뀌면 사회 구성원들은 자발적 연대와 협력을 바탕으로 다양한 수준에서 사람 중심 사회로 전환하기 위해 노력할 것이다. 결론적으로 사람 중심 사회로 전환하는 데서 일차적 과제는 사상과 문화 영역 운영체제를 바꾸는 것이다. 쉽게 말하면 돈 중심에서 사람 중심으로 사상의식과 문화를 바꾸는 것이 우선이다.

지나온 역사 또한 새로운 사회로의 이행을 촉진하는 결정적 요소는 사상 문화 영역에서의 운영체제 변화임을 확인해주고 있다. 역사가 에릭 홉스봄이 날카롭게 분석한 바, 영국 산업혁명의 배경은 그 단적인 예이다.

단순하게 접근하면 영국이 다른 나라에 비해 산업혁명이 일어나기에 특별히 유리하거나 우월한 요소를 지니고 있었다고 보기는 힘들다. 교역의 요충지를 차지하고 있었던 것도 아니고 남달리 풍부한 자원을 보유하고 있었던 것도 아니었다. 산업혁명의 동력으로 간주되는 과학기술 능력에서 앞서 있었던 것 또한 아니었다. 그렇다고 교육 체계가 발달해 있었느냐 하면 그것도 아니었다. 과학기술의 기초가 되는 자연과학 발달이나 교육 체계 측면에서 보면 도리어 프랑스가 영국을 앞지르고 있었다. 전체적으로 볼 때 영국은 경제적 토대에서 특별히 유리한 점이 없었다. 이는 경제적 토대 변화를 역사 발전의 일차적 요인으로 간주했던 마르크스주의자들의 주장과 실제 역사는 상당히 달랐음을 말해주는 것이기도 하다.

영국에서 산업혁명이 일어날 수 있었던 결정적 원인은 전혀 다른 곳에 있었다. 돈 버는 것이 최고의 가치로 간주되고 마음만 먹으면 크게 돈을 벌 수도 있는 사회적 환경이 바로 그것이었다. 오늘날의 관점에서 보자면 돈 중심 운영체제가 일찌감치 작동하고 있었던 것이다.

영국에서는 일찍부터 상업을 중시했고, 개인적 이윤 추구에 도덕적 가치를 부여한 사상 문화적 분위기가 확립되어 있었다. 상업과 이윤 추구를 경멸한 가톨릭교회 영향력이 여전히 남아 있었던 유럽 대륙과 확연히 달랐던 것이다. 누구보다도 상업 활동을 옹호한 인물은 애덤 스미스였는데 그는 자본주의(이 용어는 이후 비판적 입장을 지닌 사람들에 의해 만들어졌다) 사회를 '상업사회'로 명명하였으며, 상업사회에서 모든 사람은 거래를 통해 이익을 남기려고 한다는 점에서 얼마간은 상인일 수밖에 없다고 보았다. 그러면서 시장에서의 이기적 행동이 모든 사람에게 이익을 안겨다주며 인간의 이기심이 자본주의를 작동시키는 기본 동력임을 밝혔다.

이렇듯 돈 중심 운영체제가 자리 잡으면서 높은 이윤 추구를 위한 도전과 실험이 왕성하게 이루어졌고 그러한 과정은 고스란히 산업혁명의 원동력이 되었다. 그럼으로써 영국 산업혁명은 제조업 중심 산업사회와 돈 중심 운영체제가 상호 조응관계를 형성하는 역사적 출발점이 되었다.

새로운 사회 운영체제에 맞는 사상 문화를 정립하고 이를 전파하는 사상 문화운동이야말로 새로운 사회로의 이행을 촉진하는 첩경이다. 이는 근대 이후 모든 진보운동을 관통하는 철칙이기도 했다.

과거 한국의 진보 진영 안에는 마르크스주의를 포함해 다양한 형태의 진보적 사상 이론이 유입되어 있었다. 하지만 오늘날에 이르러 상당 부분은 대중적 공감을 상실한 채 특정 그룹 안에서 자기들끼리만 통하는 죽은 언어로 전락하고 말았다. 이러한 조건에서 적지 않은 사람이 사상 문화운동을 포기한 채 정치권력 획득에만 집착해왔다. 사람들의 자발적 참여를 이끌어내기보다는 제도적 강제에 주로 의존하겠다는 것에 다름 아니었다. 이는 냉정하게 평가하면 '근본을 상실한 진보'이다.

새로운 사회 운영체제에 맞는 사상 문화를 정립하고
이를 전파하는 사상 문화운동이야말로
새로운 사회로의 이행을 촉진하는 첩경이다.

우리는 사람 중심 운영체제로의 전환을 뒷받침할 사상 문화를 정립하고 이를 전파하기 위해 부단한 노력을 기울여야 한다. 새로운 사상 문화로 '소통'하고 '공감'을 이끌어냄으로써 더욱더 많은 사람의 자발적 '동행'으로 이어질 때 사람 중심 사회로의 전환은 빠르게 진행될 수 있다.

시민의 자발성과 국가의 공공성 결합

우리는 국가의 강제력에 의존하기보다는 사상 문화의 변화를 통해 사회 구성원들의 자발적 연대와 협력을 바탕으로 사람 중심 사회로의 전환을 추구한다. 사실 자유롭고 독립적인 개체들의 연대와 협력이 국가의 강제력을 대체하는 것은 근대 이후 혁명가들이 품어온 보편적인 꿈이었다. 이러한 꿈은 여전히 유효한 사회 진보 방향이라고 할 수 있다. 그렇다면 국가는 무엇을 해야 하는가?

국가는 역할을 축소하고 조용히 뒤로 물러나 앉아야 할 천덕꾸러기인가? 결코 그렇지 않다. 도리어 그 반대일 가능성이 크다. 자유롭고 독립적인 개체들이 연대와 협력을 바탕으로 생태계를 형성해갈 때 이를 뒷받침하기 위해 국가가 책임져야 할 공적 영역이 그만큼 늘어날 수 있기 때문이다. 사회 구성원들의 자발성에 공공성이라는 또 다른 힘을 결합시켜야 하는 것이다. 몇 가지 예를 들어보자.

사회 구성원들이 생태계 형성을 추구할 때 가장 기본이 되는 전제는 쾌적한 자연 환경을 유지하는 것이다. 지난날 역사를 되돌아보면 인간 사회는 자연 환경을 파괴함으로써 이익을 얻는 사람들과 그로부터 피해를 입는 사람들로 갈라져왔다. 이러한 갈등과 대립이 해소되지 않는 한 자연과 사회 생태계 모두 온전하게 유지될 수 없다. 바로 여기서 국가의 절대적 임무가 제기된다. 자연 생태계 파괴를 억제하고 쾌적한 환경을 유지하는 것은 국가의 첫째가는 공적 임무이다.

토지는 인간 노동 이전에 존재하는 자연 그 자체로서 부의 일부가 될 수 없다. 토지는 철저하게 공적으로 관리되어야 할 대상인 것이다. 하지만 현실에서는 토지가 사적 소유 대상이 되어 대표적인 부의 증식 수단이 되어왔다. 그로 인해 한편에서는 막대한 불로소득이 발생하고 그 반대편에서는 살인적인 주거비 상승으로 과잉 출혈이 일어났다. 상생 가능한 생태계 형성을 철저하게 가로막아 온 것이다. 그런 만큼 토지의 공적 관리는 잠시도 포기할 수 없는 국가의 책임 영역이다.

그다음으로, 외환위기 이후 금융이 무분별한 이윤 추구 수단으로 전락하면서 부동자금 양산과 가계부채 급증이라고 하는 극단적인 양극화 현상을 낳았다. 이는 우리 사회가 상생 가능한 생태계로 전환하는 데 가장 큰 장애물의 하나이다. 금융이 사회 생태계 형성에서 순기능을 하려면 공공성 회복이 필수적이다. 본디 금융은 공적 성격이 강한 영역이다. 금융업 자체가 정부 차원의 다양한 보호와 지원 없이는 유지될 수 없기 때문이다. 예를 들면 한국은 예금자보호법에 의해 특정 금융 기관이 리스크 관리 등의 실패로 파산하게 되더라도 예금자에 대해 원리금 5천만 원까지는 정부에서 지급 보장하도록 되어 있다. 마찬가지로 금융 기관이 유동성 위기에 빠졌을 때는 중앙은행이 시중 금리보다 싼 이자로 비상 자금을 공급하도록 되어 있다. 국가는 자신의 권리이자 의무인 금융에 대한 공적 관리 기능을 비상하게 강화해야 한다.

이와 같이 국가가 사람 중심 사회로의 전환을 뒷받침하는 일을 하자면 '공공성 강화'가 필수적이다. 공공성 강화는 불가피하게 국가의 강제력을 수반한다. 공공성을 강화하자면 생태계 형성을 방해하는 개인의 무분별한 이익 추구 억제가 필수적이기 때문이다. 공공성이 자발성과 성격이 다른 이유이다.

돈 중심 운영체제에서 사람 중심 운영체제로 전환하면 운영 원리와 작동 방식 모두에서 이전과는 확연히 다른 장면이 펼쳐질 것이다. 그것은 사회주의와 사회민주주의를 포함해 이전 시대 새로운 세상을 꿈꾸었던 모든 실험과도 구별되는 전혀 새로운 모습이 될 것이다.

우리는 도무지 가능하지 않은, 시장에 대한 국가의 우위 회복에 목을 걸지 않는다. 우리는 사회 구성원의 자발적 연대와 협력을 바탕으로 사람 중심 사회를 이룸으로써 문제를 해결하고자 한다. 그와 함께 국가주의 전략에서 객체로 전락했던 사회 구성원의 주체성을 온전히 회복시키는 역발상 지혜를 발휘한다. 사회 구성원의 자주적 문제 해결 능력이 고도화된 오늘날 환경에서 이는 지극히 현실적이면서도 동시에 당위적으로 요구되는 바이다.

그리하여 사람 중심 사회는 문제 해결의 중심축을 국가에서 사회 한복판으로 이동시킨다. 국가의 강제력에 의존한 위로부터의 길이 아닌 사회 구성원의 자발성에 기초한 아래로부터의 길을 추구한다. 이 점에서 국가의 강제력에 의존해 위로부터의 길을 걸은 20세기 사회주의 및 사회민주주의 모두와 질적으로 구별된다.

물론 그렇다고 해서 국가의 역할을 폄하하거나 도외시하는 건 아니다. 도리어 국가 중심의 공공성은 더욱 강화되어야 한다고 본다. 이러한 방향에서 사회 구성원은 자신의 목표 달성을 위한 도구로 국가를 최대한 활용할 수 있어야 한다. 군림하는 국가는 극복과 청산의 대상이지만 도구로서의 국가는 더욱 날을 세우고 다듬어야 할 대상이다. 정치는 이를 위한 안내자 역할을 해야 할 것이다.

사람 중심 사회를 향한 우리의 도전은 아무도 가지 않은 길을 가는 것이다. 그 누군가는 낯선 세계 앞에서 두려움에 떨며 주저앉을 수도 있다. 또 다른 누군가는 낯선 세계에 강한 호기심을 느끼며 기꺼이 몸을 던질 것이다. 새로운 세계는 그의 몫이다.

진보정당운동의 재결집과 야권의 진보적 재구성

'선언'을 읽은 독자라면 머릿속에 물음표 하나가 생길 것이다. 그렇다면 나는 혹은 우리는 무엇을 해야 하는 것일까? 이런 물음이 생겼다는 사실은 그 자체로 대단히 환영할 만한 일이다. 이 물음은 사람 중심 사회를 현실화시키는 데서 자신이 한몫 하고 싶은 열망을 드러낸 것이기 때문이다.

그렇다면 자신이 발 딛고 있는 영역에서 작은 실천을 시도해볼 수 있을 것이다. 이는 반드시 필요할뿐더러 매우 가치 있는 일이다. 하지만 사람 중심 사회로 가는 지도와 나침반이 먼저 필요하다.

---

* 이 글은 시의성이 매우 강한 글이다. 2016년 4.13 총선 결과를 분석하면서 2017년 대선까지를 염두에 두고 쓴 것이다. 그런 만큼 시일이 흐르면 일부 내용이나 표현에서 부적절한 점이 드러날 수도 있다. 예를 들면 이 글에서는 야권으로 표현되어 있지만 때가 되면 얼마든지 여권으로 바뀌어 있을 수도 있다.

1848년 2월, 카를 마르크스와 프리드리히 엥겔스는 「공산당 선언」을 발표했다. "공산주의라는 유령이 유럽을 배회하고 있다."는 문장으로 시작되어 "프롤레타리아가 잃을 것은 속박의 사슬밖에 없다. 그들은 세계를 얻을 것이다. 만국의 노동자여 단결하라."는 말로 끝나는 「공산당 선언」은 전 세계를 전율로 몰아넣은 마르크스주의의 결정판이다.

우리가 주목해야 할 것은 선언 주체가 공산당으로 되어 있다는 사실이다. 당시는 공산당이라는 정당은 존재하지 않던 시절이었다. 단지 공산주의자동맹이라는 그룹 정도가 활동하고 있었을 뿐이다. 그럼에도 공산당을 선언 주체로 한 것은 분명한 의도가 있었다. 선언의 일차 목표는 공산당 결성이었던 것이다.

「공산당 선언」 이후 새로운 비전을 담은 정당 결성은 세상을 바꾸기 위한 필수 조건이 되었다. 정당 결성이야말로 화려한 유럽의 도시, 아시아의 광활한 농촌, 중남미의 험준한 산악 지대 어디를 무대로 하든 세상을 바꾸기 위해 투쟁하는 사람들이 갖추어야 할 필수불가결의 요소였던 것이다.

왜 정당인가? 정당만이 부문과 지역을 뛰어넘어 전국에 흩어져 있는 동조자들을 하나의 조직 질서 속으로 규합할 수 있다. 정당만이 사회의 모든 분야에 촉수를 뻗치며 영향을 미칠 수 있다. 정당만이 국가 권력 획득이라는 막중한 과제를 효과적으로 감당할 수 있다. 무엇보다도 참가자들에게 이 정도 조직력이라면 능히 세상을 바꿀 수 있다는 확신과 열정을 불어넣어 줄 수 있다. 이를 배경으로 다양한 분야의 종사자들이 유기적인 협력을 이뤄 실질적으로 세상을 바꾸어 나갈 수 있다.

진정 사람 중심 사회를 만들고 싶은가? 그렇다면 그 비전을 담은 정당을 만들어야 한다. 지금 우리가 힘을 집중해야 할 우선적 과제는 바로 이것이다. 이것만이 지금 이 순간 무엇을 해야 하는가라는 물음에 대한 가장 분명한 답이다. 그런 점에서 우리는 근대 이후 전통을 충실히 계승해야 한다.

물론 우리가 만들어야 할 정당은 그동안 경험해온 것과는 전혀 다른 성질의 것이다. 우리의 정당은 선거를 중시하지만 선거에만 매몰되지 않는다. 무엇보다도 우리의 정당은 사상 문화 영역에서의 운영체제 변화를 지속적으로 추구한다. 그럼으로써 사회 구성원들이 자발적으로 플랫폼 기반 생태계 형성에 나설 수 있도록 안내한다. 사회 구성원의 마음을 움직이고 행동하도록 이끄는 것을 정치 활동의 핵심으로 삼으며 선거에서의 승리 역시 이를 통해 일구어낸다.

세상을 바꾸고자 하는 사람들의 결집체로서 정당 건설의 경로는 대체로 비슷했다. 치열한 학습 토론을 통해 비전을 공유한 일단의 그룹을 형성한다. 그런 다음 그룹의 지속적 확대 발전을 거쳐 정당 건설로 나아간다. 사람 중심 사회를 비전으로 삼는 정당 건설 역시 이

우리의 정당은 사상 문화 영역에서의 운영체제 변화를
지속적으로 추구한다. 그럼으로써 사회 구성원들이 자발적으로
플랫폼 기반 생태계 형성에 나설 수 있도록 안내한다.

와 크게 다르지 않을 것이다.

그런데 어려운 문제가 있다. 정당운동을 둘러싼 정세가 너무 복잡한 것이다. 먼저 현재 진보정당운동은 사분오열된 채 극심한 혼란을 거듭하고 있다. 여기에 또 다른 진보정당운동이 가세한다면 혼란만 가중시킬 가능성이 크다. 공감과 지지를 얻기란 쉽지 않을 것이다.

문제가 하나 더 있다. 현재 한국 사회는 매우 중대한 기로에 서 있다. 운영 틀과 기조를 획기적으로 바꾸지 않는다면 대단히 위험한 상황에 직면할 수도 있는 것이다. 그런 만큼 당장 2017년 진보적 정권교체를 포함해서 한국 사회를 새로운 국면으로 이끌 강력한 정당이 절실하다. 이러한 정치적 과제를 실현하자면 '더민주'로 불리는 야당을 배제하고는 쉽지 않다.

우리는 이 같은 복잡한 정세에 매몰되지 않으면서 동시에 이를 외면하지도 않는 방향에서 해답을 찾아야 한다. 다시 말해 사람 중심 사회를 지향하는 정당 건설은 사분오열된 진보정당운동을 결집하면서 2017년 정권교체를 포함한 당면 요구까지를 소화할 수 있는 방향으로 진행되어야 하는 것이다. 이는 일찍이 어느 누구도 경험하지 못했던 전혀 새로운 도전이자 실험이 될 것이다.

사분오열된 진보정당운동을 결집하면서
2017년 정권교체를 포함한 당면 요구까지를
소화할 수 있는 방향으로 진행되어야 한다.

길을 잃은 진보정당운동

문제의 해답을 찾기 위한 노력의 일환으로 진보정당운동으로 불린 일련의 정치 흐름을 냉엄하게 되돌아볼 필요가 있다. 이는 그곳에 몸 담았던 한 사람으로서 제 몫을 다하지 못한 것에 대한 나의 반성문 일 수도 있다.

기존 정치의 한계를 넘어서서 새로운 정치의 전범을 보여주어야 하는 것은 진보정당 고유의 몫이었다. 이를 바탕으로 정국을 주도하는 새로운 대안 세력으로 부상했어야 했다. 하지만 그간의 진보정당은 이러한 임무를 수행하는 데서 이렇다 할 성공을 거두지 못했다. 객관 조건만을 놓고 보았을 때 기회는 충분히 있었다. 문제 요인은 전적으로 내부에 있었다. 간략히 그간의 과정을 되돌아보자.

깨어 있는 대중은 대체로 정세 요구에 비추어 정치적 목표를 정하는 경향을 보여왔다. 1997년 이전까지 진보 성향 대중은 야당으로의 민주적 정권교체를 우선하는 이른바 민주연합노선을 지지하는 경향이 강했다. 하지만 이후 상황이 크게 바뀌었다. 민주적 정권교체로 출범한 김대중 정부와 그 뒤를 잇는 노무현 정부가 신자유주의 정책으로 기울어지면서 그에 대항할 진보정당 육성이 절실했던 것이다. 그 결과 1998년 이후부터는 진보정치 세력이 이전 시기 민주연합의 대상으로 삼았던 세력과 스스로를 차별화하는 '독자성'이 적극적 공감과 지지를 얻기에 이르렀다.

여기에 발맞추어 진보정치 세력은 민주노동당으로 집결했다. 민주노동당을 플랫폼으로 진보정치 생태계도 빠르게 확장되어갔다. 노동자, 농민과 지식인, 문화예술인 들이 진보정치 생태계에 망라되었다.

이러한 가운데 민주노동당이 제시한 "부자에게 세금을, 서민에게 복지를!" "무상교육, 무상의료" 같은 슬로건은 상당한 지지를 얻기도 했다. 신자유주의가 기승을 부리는 분위기 속에서 민주노동당은 복지국가 담론을 점령한 독보적 지위를 확보할 수 있었다. 덕분에 2005년을 거치면서 민주노동당의 당 지지율은 20퍼센트를 넘어서기에 이르렀다.

당 지지율이 20퍼센트를 넘어섰다는 것은 민주노동당이 수권 정당으로서 면모를 갖추어가고 있음을 의미했다. 반면 당시 집권 여당이었던 열린우리당은 신자유주의 정책을 추구한 후과로 급속히 대중의 지지를 상실하며 표류하고 있었다. 더욱이 2008년 글로벌 금융위기와 함께 신자유주의가 몰락의 길을 걸음에 따라 신자유주의에 일관되게 반대해온 민주노동당으로 민심이 크게 쏠릴 수 있는 정세가 조성되었다. 민주노동당으로서는 대도약을 맞이할 절호의 기회가 온 것이다. 이러한 상황에서 민주노동당이 안정적인 궤도 운행을 했다면 자신의 주도 아래 진보적인 정계 개편을 주도할 가능성도 충분히 있었다. 이 순간부터 진보정당에게 요구된 것은 '독자성'이 아니라 '주도성'이었다. 주도적으로 정치판을 새로 짜면서 정국을 이끌어야 했던 것이다.

하지만 결과는 정반대로 나타났다. 대도약의 순간을 코앞에 두고 진보정당이 분당이라는 최악의 상황에 직면한 것이다. 시대에 뒤처진 낡은 정파 구도가 치유 불가능한 갈등으로 비화되면서 빚어진 결과였다. 거듭되는 분당 사태는 확장일로에 있던 진보정치 생태계를 처참하게 파괴했다. 이후 진보정당운동은 정세를 주도하기는 고사하고 생존조차 버거운 상황 속으로 빠져들었다.

더욱 큰 문제는 진보정당운동 주체들이 상황을 심각하게 인식하고 이를 타개하기 위한 방안을 적극 모색하기보다는 그에 순응하고 있었다는 점이다. 진보정당운동 안에는 소수 정당의 위상을 당연시하는 '피터팬 증후군'이 만연되어 있다. 이나마 없는 것보다는 낫지 않으냐며 애써 의미를 부여하기도 한다. 그러면서 자신도 모르는 사이에 국회의원 몇 석에 목을 매는 세력으로 전락했다.

어쩌면 이런 상황은 처음부터 예견된 것이었는지도 모른다. 정당의 성장 발전을 좌우하는 핵심 동기는 강력한 집권 의지이다. 진보정당의 존재 이유도 집권을 통해 세상을 바꾸는 것이다. 그런데 그간의 정황에 비추어볼 때 과연 진보정당운동 주체들이 집권 의지를 갖고 있었는지 의문이 들지 않을 수 없다.

대통령 중심제를 채택하고 있는 한국에서 정권 향배를 좌우하는 선거는 일차적으로 대선이다. 그런 만큼 당선 가능한 대선 주자를 발굴하고 육성하는 것은 정당의 가장 중요한 임무이다. 엄밀하게 말해 정당은 대선 주자를 중심으로 세력을 형성하고 발전하는 것이 정상이라고 할 수 있다.

이런 점에서 민주노동당 이후 진보정당은 결정적 약점을 갖고 있었다. 진보정당 안에서 대선 주자를 육성하기 위한 체계적 노력은 찾아보기 힘들었으며 그나마 가능성 있는 인물들마저 정파 구도가 심하게 파손시켰다. 그 결과 어느 시점부터 진보정당운동 안에는 국민적 지지를 얻는 유력 대선 주자를 찾아보기 힘들어졌다. 이는 객관적으로 볼 때 진보정당운동 주체들이 집권 의지가 없었거나 있었다 해도 매우 관념적 수준에 머물렀음을 말해주는 것이다.

진보정당운동은 끝내 길을 잃고 말았다. 2016년 현재 진보정당운동은 사분오열된 상태에서 출구를 찾지 못한 채 배회하고 있다. 더욱 심각한 문제는 주체들의 시야가 갈수록 좁아지고 있다는 사실이다. 적지 않은 진보정당운동 주체들이 자신이 속한 그룹 심지어 개인의 생존에 초점을 맞추고 있는 느낌이다. 공자에 비유하자면 나라 걱정을 앞세우는 군자가 아닌 자기 살길부터 걱정하는 소인이 되어버린 건 아닌지 걱정스럽다. 정녕 그렇다면 이는 개인이 아니라 대중의 이익을 앞세우고 그에 헌신하는 것을 본령으로 하는 '운동성'을 상실한 것에 다름 아니다.

야권의 진보적 재구성

2016년 4.13 총선은 민심의 준엄함을 일깨워주었다. 한국의 유권자들은 정치권에 끌려다니는 종속변수가 아니라 거꾸로 정치 흐름을 좌우하는 독립변수임을 여실히 보여준 것이다. 4.13 총선에서 유권자들은 정치권에 대해 총체적 심판을 가했다. 정권을 혹독하게 심판한 것은 물론이고 진보정당을 포함한 야당들에게도 매서운 회초리를 들었다.

민심에 부응하면 살고 그렇지 못하면 죽는 것이 정치이다. 민심이 보내는 신호를 정확히 독해하고 실천하는 것은 정치인이 지녀야 할 가장 기본적인 능력이다. 4.13 총선은 기존 정치권을 냉혹하게 심판하면서 숙제를 함께 던졌다. 우리가 주목해야 할 가장 중요한 숙제는

'야권의 진보적 재구성'이다. 2008년 글로벌 금융위기 이후 잠재되었던 민심의 요구가 수면 위로 떠오른 것이다.

현재 더민주로 불리는 야당을 해부해보면 어떻게 이런 모습으로 그간의 정치적 지위를 누렸는지 의문이 들 정도이다. 당이 지향하는 사회가 무엇인지 도통 알 수 없을 정도로 정체성이 모호하다. 당을 실질적으로 지배하는 것은 계파 수장이다. 당원들은 있으나마나 한 들러리에 불과할 뿐이다. 당의 주인이 누구인지 묘연할 때가 한두 번이 아니다. 종종 외부에서 영입해온 인사가 당을 좌지우지하기도 한다. 당내 민주주의 역시 후진성의 극치를 보여왔다. 중앙에서 지역조직책을 임명하면 조직책이 대의원을 선정하고 대의원들이 모여 당 지도부를 선출하는 식이었다. 노조 중앙이 지부장을 임명하면 지부장이 대의원을 선정한 뒤 그 대의원들이 지도부를 선출한 것과 진배없다. 최소한의 민주적 절차도 지키지 못하는 정당이 민주 정당을 자처해온 것이다.

사정이 이렇다 보니 당원이 유권자들의 요구를 반영하고, 당은 당원의 요구를 반영하는 아래로부터의 민주주의는 전혀 기대할 수 없었다. 그 결과는 소수 엘리트 정치인이 특권 유지를 위해 당을 자유자재로 농락하는 것이었다. 특히 만년 여당 지위를 가졌던 호남에서는 그 정도가 매우 심했다.

김대중과 노무현이 지도력을 발휘할 때는 민주주의와 평화, 정치개혁 등 시대정신에 충성하는 모습을 보이면서 종종 뜨거운 감동을 불러일으키기도 했다. 이를 통해 지지자들을 규합할 수 있었고 적극적인 정치행동에 나서도록 할 수 있었다. 하지만 지금의 더민주는 시대정신에 대한 충성은 사라지고 개인 이해가 우선하는 '감동 없는 속물 정당'이 되었다. 소속 정치인 개개인의 면모를 보더라도 가치와 비전 중심으로 움직이는 이는 소수에 불과하다.

지지자들은 이러한 야당 모습에 넌더리를 내기 시작했다. 최선이 아니라 차선 차원에서 마음에도 없는 정당을 선택하는 일도 한계에 이른 것이다. 결국 텃밭이었던 호남에서부터 분노가 폭발하고 말았다. 그렇다고 진보정당운동을 선택할 여지는 전혀 없었다. 진보정당운동은 사분오열되어 있었고 쓸 만한 대선 주자 한 명 없었다. 야권 성향 지지자들이 가장 중시하는 집권 가능성이 전무했다. 야권 전체가 문제였던 것이다.

자연스럽게 야권의 진보적 재구성 담론이 불붙기 시작했다. 이를 둘러싼 의견은 표현과 내용 모두 천차만별이지만, 여기서 말하는 야권의 진보적 재구성은 대략 다음과 같은 의미를 함축하고 있다.*

첫째, 당의 목표를 사람 중심 사회 건설에 최대한 수렴시킨다. 사람 중심을 시대정신으로 삼고 그에 충성하는 정당의 면모를 갖춘다.

둘째, 상생 지향의 사회적 합의를 매개하는 정치문화를 선도한다. 이 같은 능력은 당 스스로 플랫폼이 되어 다양한 분야 종사자들을 연결시키는 생태계 기반을 갖추었을 때 온전히 발휘될 수 있다.

셋째, 당원 주체의 당내 민주주의를 정착시킨다. 당의 실질적 주인

---

* 국민의당은 야권의 진보적 재구성 대상에서 제외했다. 국민의당은 독자적인 길을 걷는 것이 한국 정치 발전에 이롭다는 판단에서이다. 타협과 협력의 생산적 정치문화 정착을 위해 양당제보다 다당제가 이롭다는 것은 매우 분명한 사실이다. 양당제는 소모적인 진영 논리에 빠질 가능성이 크기 때문이다. 이런 점에서 국민의당이 건강하게 발전하기를 진심으로 기원한다. 야권의 진보적 재구성은 그러한 국민의당보다 우월한 정당을 만들기 위한 과정이 되어야 한다.

은 당원이 되어야 하고 당원은 유권자 요구를 반영하여 당을 이끌 수 있어야 한다. 이는 당이 특권의 도구로 전락하는 것을 막는 유일한 길이다.

플랫폼 형 정치단체의 결성과 그 임무

'선언'의 취지에 공감하는 사람들 중에는 뛰어난 정치기획력과 조직력을 갖춘 인물들이 많다. 이들은 정치권을 뒤흔들어놓을 포부를 갖고 일단의 프로젝트를 추진할 준비가 되어 있다. 이들은 '선언'이 출간되면 곧바로 광범위한 학습 토론을 조직할 것이다. 그 과정을 거쳐 사람 중심 사회에 대한 문제의식을 공유한 각계 인사 천 명을 모을 계획이다. 천 명의 임무는 '플랫폼 형 정치단체'를 발족시키는 것이다.

플랫폼 형 정치단체는 촛불시위를 관통했던 개방성, 수평성, 다양성을 기본 운영 원리로 삼는다. 사람 중심 사회에 대한 문제의식을 공유한 사람이라면 누구든지 참여할 수 있다. 마음이 통하는 사람과 자유롭게 커뮤니티를 형성하고 함께 실천을 모색할 수 있는 열린 장이다. '선언'을 읽고, 그렇다면 나는 무엇을 해야 할지 고민이 되는가? 그렇다면 플랫폼 형 정치단체에 참여해 신나게 뛰어노는 것으로부터 시작하기를 바란다. 출발이 재미있어야 끝도 좋은 법이다.

플랫폼 형 정치단체에는 더민주와 진보정당 지지자들, 딱히 지지 정당이 없는 사람들 모두가 폭넓게 참여할 것이다. 말 그대로 야권의 한복판을 가로지르는 새로운 흐름이 형성되는 것이다.

플랫폼 형 정치단체 앞에는 절대 피해갈 수 없는 두 가지 과제가 함께 놓여 있다. 앞서 이야기한 대로 사분오열된 진보정당운동을 혁신적으로 재결집하는 것과 야권의 진보적 재구성이 바로 그것이다. 중요한 것은 이 두 가지 과제는 하나로 통합될 때라야 각각도 활로를 찾을 수 있다는 사실이다. 플랫폼 형 정치단체는 바로 이 두 가지 과제를 통합적으로 해결하는 매개자 역할을 할 것이다.

> 플랫폼 형 정치단체는 촛불시위를 관통했던
> 개방성, 수평성, 다양성을 기본 운영 원리로 삼는다.

플랫폼 형 정치단체는 더민주 지지자들을 최대한 포괄할 것이다. 준비 주체들은 이를 위한 포석을 주도면밀하게 깔아가고 있다. 이러한 과정들이 충분히 진행되면 사람들 사이에서 야권의 진보적 재구성은 충분히 가능한 목표로 인식되기 시작할 것이다. 그에 따라 야권의 진보적 재구성이 자연스럽게 대중적 의제로 부상될 것이다.

그렇게 되면 진보정당의 존립 조건에서 중대한 변화가 불가피해진다. 야권이 진보적으로 재구성될 가능성이 높아지고 있는 상황이라면 진보정당이 독립적 영역을 고수해야 할 근거가 약화될 수밖에 없다. 진보정당이 진보정치를 더 이상 자신의 전유물로 삼기 어려워지는 것이다.

사분오열된 진보정당운동의 재결집과 관련해서도 결론은 다르지 않다. 진보정당운동은 그 책임 소재를 떠나 통합과 분열을 반복하면서 극심한 불신과 반목에 시달리고 있다. 기존 영역 안에서 재통합을 추진하는 것은 결코 쉽지 않은 상태가 된 것이다. 그 영역마저 야권의 진보적 재구성이 가시화되면 더욱더 협소해질 수밖에 형편이다. 이에 아랑곳없이 과거 잣대로 분열의 당사자들끼리 재통합을 추진한다면 국민적 감동은 고사하고 지지자들의 공감을 얻기조차 쉽지 않다. 무엇보다도 정세를 주도할 수 있는 위치에서 너무나 멀어진 선택이기 때문이다. 간간이 표출되었던 낡은 진보를 둘러싼 비판이 격화될 소지도 적지 않다.*

진보정당운동이 건강하게 재결집할 수 있는 유일한 길은 야권의 진보적 재구성이라는 대의에 함께 헌신하는 것뿐이다. 4.13 총선 결과로 3당 체제가 수립되면서 진보정당운동의 입지가 크게 축소되었다. 반면 더민주의 진보성이 강화될 수 있는 여지는 확대되었다. 이러한 조건에서 진보정당운동은 역발상의 지혜를 발휘해야 한다. 야권의 진보적 재구성에 적극 나서야 하는 것이다. 야권의 진보적 재구성은 진보정당운동이 적극 합류할 때 제대로 이루어질 수 있다.

야권의 진보적 재구성에서 가장 어려운 관문은 당원 주체 당내

---

* 그동안 진보정당운동 안에서 가장 강력한 가치 기준이 되었던 것은 '노동 중심 진보정당'이다. 이는 사분오열되어 있는 진보정당의 재통합 노력에서 여전히 무시 못할 힘을 발휘하고 있다. 노동 중심은 사람 중심의 산업사회 버전이라고 할 수 있다. 노동은 자본이 지배하는 산업사회에서 살아 있는 사람을 대표하는 존재였다. 당연히 노동 중심 가치는 계승되어야 한다.

노동 중심 가치는 노동계를 통해 현실 정치력으로 전환된다. 과거 서구 사회에서 노동계는 다수 유권자들이 노동계가 자신의 이해를 대변한다고 여기도록 해서 국민적 대표성을 획득하는 데 성공했다. 이를 기반으로 종종 노동계를 대변하는 정당이 집권에 성공하기도 했다. 문제는 한국 노동계의 현실이다. 현재 민주노총과 한국노총으로 대표되는 한국의 노동계는 국민적 대표성을 얻는 데 실패했다. 노동계가 자신들의 이해를 대변하고 있다고 느끼는 국민은 거의 찾아보기 힘든 것이다. 요컨대 노동 중심의 가치를 현실 정치에 구현하는 데서 실패를 겪은 셈이다.

이 모든 것은 노동 중심 진보정당을 제기할 수 있는 전제 조건이 확보되지 않았음을 의미한다. 이런 상태에서 노동 중심 진보정당론은 의도와 상관없이 정당운동의 외연을 극도로 협소화시킬 가능성이 높다. 기껏해야 '운동권 내부 정치용'이라는 비판으로부터도 자유롭지 않을 것이다. 한층 냉엄하면서도 치열한 성찰이 요구되는 지점이 아닐 수 없다.

민주주의를 정착시키는 것이다. 당내 특권과 정면으로 충돌할 수도 있기 때문이다. 문제는 제도적 장치의 마련보다 그 제도를 책임 있게 운영할 당원을 준비시키는 것이다. 더민주는 이 점에서 극도의 취약성을 보여주고 있다. 훌륭한 자질을 가진 당원은 많았지만 제대로 된 훈련의 기회가 없었던 것이다. 이 문제는 하루아침에 해결되지 않는다. 그동안 당원 주체의 당내 민주주의를 감당할 당원을 폭넓게 육성해온 것은 진보정당운동이었다. 진보정당운동이 수많은 한계에도 불구하고 한국 정치사에 가장 크게 기여한 대목은 바로 이것이다. 즉 현장에서 단련된 진보정당운동 당원들이 씨앗 구실을 할 때 당원 주체 당내 민주주의 토대가 구축될 수 있다.

이로부터 야권의 진보적 재구성은 진보정당운동의 혁신적 재결집까지를 녹여내는 포괄적 과제가 된다. 지금 시기에 야권의 진보적 재구성을 출구 전략으로 삼을 수 있는 이유가 바로 여기에 있다.

방향이 같으면 기꺼이 동행하라!

우리는 진보정당운동의 적극적 합류를 전제로 야권의 진보적 재구성을 시대의 과제로 제출했다. 이 과제를 실현하는 데서 장애가 될 수 있는 것은 비단 속물 정치인들의 정치적 계산만은 아니다. 모든 영역, 모든 수위에 걸쳐 있는 완고한 관성과 타성, 통념 또한 심각한 장애로 작용할 수 있다.

더민주 지지자들 중에는 편협하고 독선적이며 쓸데없이 과격성을 보인다는 이유로 진보정당 사람들과 함께하는 것은 상상조차 하기

싫다는 사람이 적지 않다. 통합진보당 강제 해산이 뿌려놓은 종북주의 악령은 이러한 경향을 더욱 격화시켰다. 거꾸로 진보정당운동 종사자들 사이에서는 더민주 사람들과 섞이는 것을 자신의 본령을 포기하는 것이라 보는 경우도 적지 않다. 김대중·노무현 정부 시절 신자유주의로 치달았던 기억이 아직도 이들을 지배하고 있다.

비슷한 맥락에서 한국 정치 지형을 두고 어디부터 어디까지를 진보로 보는가에 대해서도 극심한 혼란이 일어나고 있다. 아마도 이 문제만큼 극단적일 정도로 각자의 경험과 주관이 지배하고 있는 영역도 없을 것이다. 특정 정치인의 진보성 여부를 놓고 견해가 극명하게 엇갈리기도 한다.

도대체 문제의 근본이 무엇인가? 분명한 것은 진보 여부를 가리는 누구나 인정할 만한 객관적 기준이 없다는 점이다. 문제 해결의 실마리는 그러한 기준을 마련하는 데서 찾아질 수밖에 없다.

그리고 그 해답은 시대정신이다. 해당 시기의 사회 구성원이 보편적으로 지향해야 할 공통의 목표이면서 가치 판단의 기준이자 제반 문제 해결의 원리가 될 수 있는 것이 시대정신이다. 우리가 기억할 수 있는 범위에서 그 같은 시대정신으로서 가장 확실하게 기능했던 것은 1980년대 전체를 지배한 민주화라고 할 수 있다. 민주화는 문자 그대로 공통의 목표이자 가치 판단의 기준이었고 제반 문제 해결의 원리였다. 민주화가 시대정신으로 자리 잡았기에 당시 민주화 세력은 사상과 정견에서의 극심한 차이에도 불구하고 한 몸이 되어 움직일 수 있었다.

그렇다면 지금 시기 진보 여부를 가리는 시대정신은 무엇인가? 해답은 명확하다. 돈 중심이냐 사람 중심이냐 하는 프레임이 작동하는 순간부터 사람 중심은 시대정신으로 자리 잡을 것이다. 사람 중심은 구현해야 할 공통의 목표이면서 가치 판단의 기준이자 제반 문제 해결의 원리인 것이다.

그런데 여기서 매우 중요한 사실 하나를 확인할 수 있다. 사람 중심이라는 시대정신의 전파를 목적으로 교육을 해보면 진보정당 지지자와 더민주 지지자 사이에 차이가 거의 나타나지 않는다. 2008년 글로벌 금융위기를 계기로 신자유주의에 대한 인식의 차이가 사라진 결과라고 할 수 있다.

그동안 적지 않은 사람이 정치 지형을 판단함에 있어서 지나치게 상층부 중심으로 접근한 것은 아닌지 되짚어볼 필요가 있다. 마찬가지로 정치의식 지형을 지나치게 정태적으로 접근한 것은 아닌지 따져보아야 한다. 변함없는 진리는, 역사를 움직이는 기본 동력은 대중으로부터 나온다는 사실이다. 우리는 정치 지형을 판단함에 있어서 상층부가 아닌 지지자와 당원을 중심으로 접근해야 한다. 그것도 정태적 접근이 아닌 시대정신을 공유하고자 적극 노력하는 역동적 접근이어야 한다.

충분한 노력을 기울인다면 진보정당과 더민주 지지자들 다수가 시대정신의 공유를 통해 정치적 입장을 일치시키는 것이 충분히 가능하다. 단지 경험적으로 굳어진 통념과 관성이 두 지지자를 인위적으로 갈라놓고 있을 뿐이다. 경계선을 넘어 대중정치 지형이 통일되면 그에 맞게 정당 지형도 바뀌어야 한다. 진보정당운동과 더민주를 아우르는 방향으로 야권이 재구성되어야 하는 것이다. 이는 대중이 정치의 독립변수로 부상한 시대에 부합하는 합법칙적 과정이다.

물론 시대정신을 공유했더라도 사상과 정견의 차이는 존재할 수 있다. 우리는 이러한 차이를 적극 용인하면서 과감하게 한 배를 탈 수 있어야 한다. 바로 여기서 '동행이론'이 도움이 된다.

목적지는 같아도 경로가 다르면 동행할 수 없다. 가령 똑같이 부산을 목적지로 삼고 있더라도 광주를 거쳐서 가려고 하는 사람과 대구를 거쳐서 가려는 사람은 동행하기 어렵다. 반면 목적지는 달라도 경로가 같으면 동행할 수 있다. 예컨대 부산을 목적지로 삼는 사람과 대구를 목적지로 삼는 사람은 함께 경부선 열차를 이용하는 식으로 동행이 가능하다. 이렇게 동행하다 보면 이동하는 동안 풍부한 대화를 나누면서 서로에 대한 이해를 깊게 하고 유대를 강화할 수 있다. 서로 달랐던 최종 목적지마저 일치시킬 가능성도 더불어 커질 수 있다.

시대정신을 공유하고 있다는 것은 움직이는 방향이 같다는 것을 의미한다. 예를 들어보자. 1980년대 민주화라는 시대정신을 공유했던 사람들의 궁극적인 목표는 매우 다양했다. 기존 자본주의 체제 안에서의 정치적 민주화를 최종 목표로 삼은 사람이 있는 반면 자본주의를 넘어서는 것을 목표로 삼았던 사람들도 있었다. 그러나 당면한 과제로 민주화를 우선하고 그에 힘을 집중했던 점에서는 일치를 보였다. 그랬기 때문에 민주화 세력이 폭넓은 동행을 통해 승리할 수 있었던 것이다.

마찬가지이다. 사람 중심이라는 시대정신을 공유하고 있다고 하더라도 궁극적인 목표 지점은 매우 다를 수 있다. 그동안 살펴본 것처럼 사람 중심 사회는 자본주의 안과 밖에 두루 걸쳐 있다. 따라서 인적자본 중심 자본주의를 추구하는 사람들처럼 자본주의 틀을 크게 벗어나지 않으려는 사람이 충분히 있을 수 있다. 이와 달리 자본주의 자체를 넘어서는 한층 급진적인 입장을 취하는 사람이 있을 수도 있다. 이 차이는 구시대 이념 스펙트럼에서는 대단히 큰 것이었을 수 있다. 하지만 역사의 변곡점을 통과하는 시기에 그러한 차이는 갈수록 의미가 줄어든다. 멀리 동행하다 보면 실천적 차원에서 차이가 점차 해소될 가능성이 크기 때문이다.

이러한 맥락에서 사람 중심이라는 시대정신을 공유하고 있으면 능히 정치적 동행이 가능하다. 요컨대 정당이라는 같은 열차에 몸을 실을 수 있는 것이다. 이 같은 전제 위에서 야권의 진보적 재구성을 시도한다면 포괄 범위가 매우 커질 수 있다. 야권의 진보적 재구성을 진보의 헤게모니가 확립되는 과정으로 이해한다면 스펙트럼은 더욱 넓어질 수 있다.

그대의 손에 쥐어진 초대장

야권의 진보적 재구성과 관련해서 누구나 다 할 수 있는 이야기 몇 가지를 해보자.

어느 누구도 야권의 진보적 재구성이 몇 차례의 이벤트만으로 이루어질 수 있다고 생각하지 않을 것이다. 야권의 진보적 재구성은 정해진 시간표가 없다. 오직 목표와 방향만이 있을 뿐이다. 그것은 쉬이 마침표가 찍히기를 기대하기 힘든 지난한 투쟁의 역사가 될 수밖에 없다.

모든 정치 세력의 환골탈태 없이 야권의 진보적 재구성은 가능하지 않다. 야권의 진보적 재구성이란 각자 지금의 모습을 간직한 채 한 울타리 안으로 모이는 과정이 결코 아니다. 그것은 기존의 낡은 질서, 관행, 문화를 철저하게 혁파하고 모두가 전혀 다른 모습으로 재탄생하는 고강도 혁신의 과정일 것이다. 모두가 자신의 낡은 살가죽을 벗겨내는 고통스런 과정을 겪어야만 한다.

야권의 진보적 재구성이 상층부의 협상이나 지도부의 결단만으로 이루어질 수 있다고 생각하는 사람은 없을 것이다. 거꾸로 상층부에서 갖가지 장애를 조성할 가능성이 더 크다. 하지만 국민을 이기는 권력이 없듯이 대중을 이기는 엘리트도 없다. 야권의 진보적 재구성은 오직 대중의 힘으로 이루어질 수 있다. 4.13 총선에서 매서운 심판을 내렸던 유권자들의 보다 적극적인 행동이 필수적이다.

그런데 어느 누구도 야권의 진보적 재구성이 어떤 경로를 거쳐 어떤 방식으로 이루어질지 쉽게 단정하지 못한다. 야권의 진보적 재구성이 이루어질 수 있는 경우의 수는 매우 많을 것이기에 그 어떤 예단도 금물이다. 특정 경우의 수에 집착하는 것은 매우 위험할 수도 있다. 다만 한 가지만은 염두에 두어야 한다. 바로 2017년 대선이다.

2017년 대선은 한국 사회의 방향을 놓고 다투는 첨예한 선거가 될 것이다. 또한 기존 정당 질서를 뛰어넘는 국민참여형 선거판이 되어야 한다. 총력전을 펼쳐야 하는 대선 국면은 작은 차이나 협소한 이해관계에 대한 집착을 억제시킬 최고의 기회이다. 먼저 제반 정치 세력이 함께 어우러져 대선이라는 큰 경기를 치르고 나면 관계에서 질적 변화가 일어날 수 있는 것이다.

야권의 진보적 재구성은 반드시 되어야 하고 될 수밖에 없으며 또한 될 것이다. 그것만이 선택 가능한 유일한 전략이기 때문이다. 야권의 진보적 재구성을 향한 노력은 때가 되면 들불처럼 번져 나갈 것이다. 거대한 들불을 일으킬 불씨가 곳곳에서 지펴지고 있다.

역사의 거대한 흐름은 결코 기획될 수 없다. 역사는 너무나 많은 변수들이 작용하는 지극히 가변적인 영역이다. 하지만 역사는 다음 장면을 기획하고 결단력 있게 밀고 나가는 사람들을 주인공으로 받아들인다. 더불어 역사는 특정한 시기 수많은 사람들에게 초대장을 보낸다. 지금이 바로 그때이다. 혹시 당신의 손에 그 초대장이 쥐어져 있는 건 아닌지 차분히 살펴보기 바란다.

선언

초판 1쇄 인쇄 2016년 6월 10일
초판 1쇄 발행 2016년 6월 20일

지은이   박세길
디자인   표지 아이디스퀘어, 본문 정진선

펴낸이   윤지환
펴낸곳   윤출판
등록   2013. 2. 26. 번호 제2013-000023호
주소   경기도 성남시 분당구 불곡남로 29번길 8, 1층
전화   070-7722-4341   팩스 0303-3440-4341
전자우편 yoonpub@naver.com

ISBN   979-11-87392-00-2   03300

이 도서의 국립중앙도서관 출판사도서목록(CIP)은 e-CIP 홈페이지(http://www.nl.go.kr/ecip)와
국가자료 공동목록시스템(http://www.nl.go.kr/kolisnet)에서 이용하실 수 있습니다.
(CIP 제어번호 : CIP2016013397)